中國學術思想 研究輯刊

八 編

林 慶 彰 主編

第 16 冊

朱熹「心與理一」思想之研究

王 惠 雯 著

論吳澄的學術歸向與教育理論

黃 煌 興 著

花木蘭文化出版社

國家圖書館出版品預行編目資料

朱熹「心與理一」思想之研究　王惠雯　著／論吳澄的學術歸
向與教育理論　黃煌興　著 —— 初版 —— 台北縣永和市：花木蘭
文化出版社，2010〔民 99〕
序 2+ 目 2+118 面 + 目 2+124 面；19×26 公分
（中國學術思想研究輯刊 八編；第 16 冊）
ISBN：978-986-254-200-2（精裝）
1.（宋）朱熹　2.（元）吳澄　3. 學術思想
125.5　　　　　　　　　　　　　　　　　　99002377

ISBN - 978-986-2542-00-2

中國學術思想研究輯刊
八　編　第十六冊　　　　　　　ISBN：978-986-254-200-2

朱熹「心與理一」思想之研究
論吳澄的學術歸向與教育理論

作　　　者	王惠雯／黃煌興
主　　　編	林慶彰
總 編 輯	杜潔祥
出　　　版	花木蘭文化出版社
發 行 所	花木蘭文化出版社
發 行 人	高小娟
聯 絡 地 址	台北縣永和市中正路五九五號七樓之三
	電話：02-2923-1455 ／傳真：02-2923-1452
網　　　址	http://www.huamulan.tw 信箱 sut81518@ms59.hinet.net
印　　　刷	普羅文化出版廣告事業
封 面 設 計	劉開工作室
初　　　版	2010 年 3 月
定　　　價	八編 35 冊（精裝）新台幣 58,000 元

朱熹「心與理一」思想之研究

王惠雯　著

作者簡介

王惠雯，現任華梵大學佛教學系、人文教育研究中心合聘專任副教授，圓光佛學院兼任教師。1989 年自政大哲學系畢業（輔修新聞系），1992 年、1998 年自輔仁大學哲學研究所取得碩士、博士學位。研究領域包括：中國哲學方法論、佛教倫理學等與實踐方法相關的主題。學位論文及著作有：《朱熹「心與理一」思想之研究》、《宗喀巴菩薩戒思想之研究》、《大乘佛教教育實踐理論論文集》（中壢：圓光佛學研究所，2006）。

提　　要

本文主旨在探究先秦到宋明的哲學史發展脈絡及意義呈顯之背景下，朱熹所形成的「心與理一」思想特色。透過對於「心」及「理」等概念分析，及運用程朱思想範疇的架構，可以了解朱熹主張「心與理一」的論題焦點，仍在強調證成道德實踐的理論與方法。其透過「性理內存於心」的設定，開展傳統「天人合一」的概念，進而形成兼具本體論、認識論及工夫實踐論的詮釋系統，因而形成其獨特的思想。

和宋明時期的理學家相較，朱熹並未輕易主張「心即理」，藉以保任成聖、成德的必然性；僅管其似乎視「理內存於心」為理所當然。這是因為朱熹相當重視「心與理不一」的現象問題，所以他極力指出實踐工夫的必要性，亦即透過居敬窮理，將心提升至理的規範性及超驗性層面－藉由「心」的實踐工夫，將「理」真正內化於「心」，進而達成超越（克服）自我私蔽的實踐目標（成德、成聖）。

因此，朱熹「心與理一」的思想即在強調將凡聖同一的成德之基礎（存有論式的觀點），開顯為真正成聖的實踐工夫（認知論、修養論式的觀點）。其所重視的「成德實踐」，不能僅僅只是透過對於道德理性存於「心」的肯定而已；欲成德、成聖者，應當充份體現「理有未窮，仍需實踐」的意義，此即是朱熹主張「心與理一」的特色所在。

朱熹的上述思想中，並未明白地指出：以心之自決力做為成德實踐的優先條件，易被評為有所不足；但其強調「心與理合一」的看法，卻是能在一般極易落入「理一於心」和「心一於理」的兩種對立觀點中，找到一條避免「主體性自我膨脹、道德價值失落」的出路。

目

次

自 序

　　朱子的「心與理一」思想，基本上具有道德精神的展現之指向意義。它不僅是肯定人性之中具有向善成德的可能性；並且特從現實的觀點，指出人心具有為惡的可能，這樣才能突顯道德的價值意義，而「居敬窮理」即是兼合內外之道的涵養方式。

　　如果只是強調一偏，便是落入兩邊，而未能合乎中庸之道。同樣的，我們若只掌握到其中之一的概念，也不能算是真的了解朱熹思想。依朱子的觀點，人之心性中具有為善為惡的可能基礎。這種看似矛盾的觀念，是事實所呈顯的自然現象。不過，我們可藉此提醒而深省自己的內心，並用來看待別人和自己的善與惡：肯定人性之善，即在當下承擔自己的道德使命，並平等地看待他人；反省己心之惡，即在激發去惡向善的決心，並且更能體諒他人。

　　而「心與理一」的要求，即是定位在理論與實踐的融合。雖然哲學的思維只能含括「實踐」理論的架構，而非即是實踐；但它卻能指出實踐的方向和目的。

　　對我來說論文的完成，事實上是代表另一個開始。因為在學習的過程中，永遠有更重要的里程碑，必須不斷地去前進突破。而論文寫作的經驗之所以寶貴，不僅在于呈現自己的思維成果，重要的是，藉此可以令自己更清楚地發現許多尚待學習之處。

　　感謝在這段期間一直支持、鼓勵我的－父母、師長，以及同學、朋友。因為除了剛開始短暫的孤軍奮鬥外，到後來，幾乎在周遭的所有人、事、物，皆融入、參與了論文寫作的每一點每一滴。

　　這些都讓我深深地相信，並感受到人心慈悲的力量。而一切的關卡，都不過是緣生緣滅的一環而已。能夠持平地掌握環中的轉機，才是意義的真正所在。

　　感謝該感謝的，雖然言辭未盡，而心意已然常存！

緒　論

　　本文對「心與理一」思想的探究，將分成三大部分來進行：

　　（一）「心與理一」思想在歷史脈絡中意義的呈顯

　　（二）「心與理一」思想在程朱理學範疇中的展現

　　（三）朱熹「心與理一」思想之詮釋

　　第一部分主要是從先秦天人合一概念內涵的轉化，以及「心」、「理」概念的形成背景的探討，將「心與理一」思想的意義置於哲學史的脈絡中，期能顯化其思想的理論內涵及概念範疇。

　　第二部分則是透過二程對「理與心一」的提出，而對朱子思想的形成，進行初步的理解；同時將朱子「心與理一」思想之內涵前提——心與理間的關係，予以顯化。此外在程朱特有的思想範疇中，藉由善與惡概念內涵的討論，將可展現出朱子「心與理一」思想的論題焦點，即在於實踐理論的架構之中。

　　而在第三部分中，將正式進入朱子的系統思想，探究其「心與理一」概念意義的內涵，並針對其做為實踐理論基礎的本質性問題，如普遍性、應然性、及價值性等，進行詮釋。而最重要的是朱子論心與理的思想特色，在此將有一整合性的理解。

　　基本上，這些概念的呈展，都涵蓋在以下五個論點的探討中：

　　1.「心」與「理」的存在意涵是否具有同質性？

　　2.「心」與「理」如何相合為一？

　　3. 朱子論述「心與理一」的觀點和立場為何？

　　4. 朱子的「心與理一」思想是否內含矛盾？

5. 朱子的「心與理一」的意義指向性是什麼？

本文將首先對「心」與「理」間的關係，進行詳細的討論。此外，並旁及朱子思想系統中，相關概念的討論。最後，藉由王陽明的思想模式，與朱子的「心與理一」進行對比，以期呈顯朱子特有的思想風格。

第一節　研究動機及目的

> 半畝方塘一鑑開，天光雲影共徘徊，問渠那得清如許，爲有源頭活
> 水來。──朱子

中國哲學的人文精神，蘊含在歷代先哲不斷承先啓後，所開展出的成德之實踐中，其價值不只在于它昔日所顯發的光芒，重要的是，它引領學子走向生命內在精神探索的體驗，與超越凡俗生命之路。

自先秦諸子學以降，歷經道家、佛學思想主導的興盛時期，新儒學（理學）所蘊含的思想層級，也因而更加深廣。以朱子爲定點，一方面可深入研析儒學在宋代的發展面貌；另一方面可以探究其與釋氏、道家間的相關性。因爲朱子思想，不可否認的，受到佛、老思想相當程度的影響，然而他仍然堅定儒家的本位，開創思想融合的豐富體系，因而其思想相當值得探究。

本文以「心與理一」爲研究主題，一方面是由於這一論題的內涵牽涉到「爲學」的理論基礎。「爲學」對朱子所承傳的儒家傳統來說，即是成聖、成德的道德使命。朱子曾明白地揭示：「人之所以爲學，心與理而已矣。」〔註1〕而朱子之爲學乃「窮理以致其知，反躬以踐其實」，可知「心與理一」問題的探討，實可貫串朱子思想的系統與道德實踐哲學，亦即一方面可以澄清朱子道德形上學的架構，並驗証其與其它範疇之間的一致性。

另一方面則是因其具有爭議性，〔註2〕如果能夠加以澄清，則有助于朱陸、

〔註1〕參見《大學或問》卷一。《通志堂經解》第三十八冊。台北：漢京，1980 年。
〔註2〕關於朱子「心與理一」思想中所涵的心、理之概念，及其關係，歷來許多學者皆曾提出他們的理解和詮釋。幾乎從王陽明開始，批判朱子思想爲「析心與理而爲二」的意見，佔盡絕大多數。其論點可以大致歸納成兩方面：一是著眼於朱子之分言心與理，而認爲二者間爲斷然之分割。如徐復觀以爲朱子的「心與性（理）屬兩層」，而將「倫理的理，也當作物理的理，而推到心的外面」。（參見氏著，〈象山學術〉，《中國思想史論集》。台北：學生，1983 年，頁 41。）或如劉述先以爲，朱子所論之心，「肯定是氣」而不是理。（參見氏著，《朱子哲學思想的發展與完成》。台北：學生，1984 年，頁 233。）二是

朱王異同等論題的探討，並且可以突顯朱子思想特色，為「陽儒陰釋」〔註3〕的質疑進行更深一層的論究。而研究這些問題，將可深入理解朱子思想的內涵，並可將其豐富的學說價值開展在當代的人文處境上！

第二節　本文的研究方法及進路

　　基本上，本文擬採「詮釋」的方法呈展朱子「心與理一」思想的內涵意義。

　　所謂的「詮釋」即是透過主體性的參與，理解、創造、傳達其對象的意義。〔註4〕然而當代詮釋學的發展，並未定出此一套明確的方法，但就其不同派別的主張，則可綜合為：解釋──理解──批判的步驟，〔註5〕就本文的論題而言，「解釋」即在顯豁「心」與「理」等中心概念間的關係與其涵意（sense）、指涉（conferrence），並旁及澄清該論題所引申的相關問題；「理解」即是體察「心與理一」的人文意涵；至于「批判」則要進入朱子的思想系統，透顯其內含蘊的結構及其間的相關性。

　　實際來說，解釋仍未脫離分析、綜合和比較的範圍，而理解則牽涉到個人的學力和學養的問題，和歸納方法的應用較有關；批判便包含邏輯的檢證及歷史脈絡的澄清，因此本文將以「意義的呈顯」為目標，解析「心與理一」的概念，並回應時代性與歷史性，再批判、了解其思想系統的內在理論。

　　　　認為朱子雖有見於心與理的相關性，但其內涵僅只是認知活動的攝具關係，而不是「本體的即一、自一」。此即牟宗三對朱子「心具眾理」的詮釋。（參見氏著，《心體與性體（一）》。台北：正中，1985年，頁86。）此外亦有另一種看法，以為朱子的「心與理一」是指「心中之理，光明朗徹無有隱蔽，主觀與客觀渾然一體。」（如蒙培元著，《理學的演變》。台北：文津，1990年，頁58。）在這些不同的詮釋觀點中，可以看出朱子「心與理一」思想的分歧性，然而，這是否來自於朱子本身思想的矛盾？或者是源於朱子概念意義的運用所造成的？本文以下將再做進一步的探究。

〔註3〕「陽儒陰釋」一辭，朱子曾在《雜學辯》中，用來批評張九成逃儒以歸釋，而言「凡張氏所論者皆陽儒而陰釋。」（〈張無垢中庸解辯〉）不過，其後的學者卻以朱子的某些思想為「陽儒陰釋」，認為朱子不自覺地贊同，或主張佛家的某些看法。關於此質疑，可以轉從另一個角度來看，即：朱子在《語類》中有諸多對於釋氏之說的贊同或反駁，然在此語述的表面下，是否可能潛藏對某些問題的共同看法？而這種同質性的意義又具有何種指向？這都是欲深入了解朱子思想，所必須面對的論題。

〔註4〕參見沈清松著，《現代哲學論衡》。台北：黎明，頁292～293。

〔註5〕同上作者，《當代西方哲學方法論》。台北：東大。1988年，頁27～31。

此外，針對朱子博大龐雜的思想風貌，必須特別注意詮釋合理形式的要求，必須以清楚的概念解釋不清楚的部分，並且應避免任意裁定詮釋對象所造成的自相矛盾。〔註6〕所以本文將特別掌握朱子學說的中心概念為判準，以篩檢、過濾朱子隨機而發，未能圓融的思想概念。然而這一權宜的方法，並不是用來主觀地判分朱子主流和非主流的思想，只是避免衝突而對立的詮釋情境產生；而希望能更進一層地將之納入系統思考中，以彰顯其中的意義，而開拓思想的發展空間。

第三節　本文的論題主旨及其開展

本文以「心與理一」思想的詮釋為論題主旨，期能藉此論題的延伸而更深入理解朱子的思想內涵，以展現朱學的系統思想特色。

朱子可謂集宋代理學之大成的一代儒將，他的思想融合了傳統儒學的內涵及使命的傳承，以及中國哲學各個時期發展的不同主流導向；再加上宋代社會的時空因素，因而交織出朱學博大龐雜的特殊風貌。此外，朱子本身的思想發展亦曾歷經階段性的轉變期；然而到了晚期，似乎有會歸成「為學之道」的立論傾向。〔註7〕朱子明白地主張「居敬窮理」的方法，以做為修身治學之要旨。事實上，這個方法的內涵又以朱子對「正心誠意」的體驗為前提，並且歸結自他本身思想體系的要求而成，而做為道德實踐的指向和依據。

這一方法的提出，實含括朱子對「格物致知」和「心、性、理」等概念的發展，其中又以「心與理一」為最基層的主要概念。它的重要性在于：它不只是朱子思想體系所要達到的最後結論，同時又是整個體系的基本前提。〔註8〕

〔註6〕袁保新認為詮釋的合理形式要求有六：一是邏輯的一致性，二是文獻的廣度，三是以清楚的概念解釋不清楚的概念，四是避免將詮釋導向自相矛盾，五是既能符何合時空的要求，又能超越時空性本身的限制，六是運用對比的詮釋。參見袁保新撰，《老子形上思想之詮釋與重建》。文化哲研博士論文，1983年，頁100～101。

〔註7〕江永，《考訂朱子世家》曾提到朱子臨終前告誡學者：「為學之要，唯事事審求其是，決去其非，積集久之，心與理一，自然所發皆無私曲。聖人應萬事，天地生萬物，直而已矣。」另外，《文集》卷四十二，答石子重則提到：「人之所以為學者，以吾之心未若聖人之心故也，……心未能若聖人之心，是以灼理未明，無所準則，……若吾之心即與天地之心無異矣，則尚何學之為哉？」由此可見為學的實踐理論，為朱子所深切關懷的論題。

〔註8〕參見蒙培元著，《理學範疇系統》。北京：人民出版社，1989年，頁455。

　　表面上看來，「心與理一」的內涵似在指明「心」與「理」的同一性，但它在朱子的思想範疇中所展現的意涵，卻不單純僅有這種意義而已。事實上，此一由二程所開啓的概念，早已呈現出可以區分的不同層次，但二程並未加以圓融和發展。而朱子從二程處承襲了這個論題，但又將之轉化而使它呈現更豐盛、明確的意涵，可以說，「心與理一」是隨著朱子的思想架構，而有更深廣的意義呈展。因此，深入地探究「心與理一」思想，必須旁及其涵蓋的範疇與外延概念，才能釐定朱子系統思想的特色，並加以詮釋和發展。

　　以下即就本文的論述內容，做一提綱式的呈展：第一章先從「天人合一」概念的演化，尋出「心與理一」的歷史意義，將其論題的指向，確立在主體理論的自覺精神，亦即主體與超越、形上根源間的價值關係之探究上。第二章藉由二程理學範疇的提出以呈展出朱子「心與理一」思想的前奏，並歸結出朱子對二程繼承發展的論題──理、氣、心、性關係的進一步確認，及對成德理論、方法的思維。第三章則從朱子理論思維的觀點：兼含形上與現實的層面，而呈展心與理的關係性；理內存於心、心有善惡、理本至善，指出心與理間可以相合，而又不等同的意涵。

　　第四章探究心和理在「心與理一」思想中的定位，以心具知覺、主宰的功能，而貫通、含具「理」的本質、規範義，呈顯出合內外之道的意義指向，並開展出「心與理一」的思想，在本體論、實在論以外的認識論特色。第五章則整合詮釋朱子「心與理一」內涵蘊義，即在以心與理之間的相合性，作爲實踐（爲學）理論中人性的本質基礎，並且含蘊應然性與價值義。

　　而朱子指出現實層面中「心不是理」，則突顯道德實踐的精神，乃在於由心可與理一的本質基礎上，透過居敬窮理的工夫，而學爲聖人，達到「心與理一」的境界。這即是本文研究朱子「心與理一」思想所獲致的結論。

　　儘管朱子未專論心即理，但仍不能否認他是個「心與理一」論者，而陽明的批判可以說只見朱子「分論心與理」，而未見其兼言「本心」的思想。不過，由此正可以看出朱子的思想特色，即展現在：將「心與理一」做爲後天的道德實踐之判準與目標，所開顯出的務實精神中。

第一部分
歷史脈絡中「心與理一」意義的呈顯

第一章 「天人合一」思想的開端及傳承

　　由先秦時期儒道兩家的思想源流及發展，可以看到以「天人合一」做為其哲學基礎概念的共同特點。事實上在中國文化的傳統中，天人關係論的觀念發展相當源遠流長，早在孔子以前，已有「天道」和「人道」的討論。〔註1〕尤其在周初到戰國末時期的某些典籍〔註2〕便相當有代表性，其中天人關係論的幾個不同類型已可見到。〔註3〕然而基於各家思想特色的不同，雖然同以「天人合一」為思維模式，卻各有其不同的意義內涵。不過，以「天人合一」為最高的理想目標，一向是孔、孟、老、莊所共同追求的，而他們的思想深深地影響宋代理學的內涵發展，可以說「天人合一」這個範疇所代表的意義，即是從「天、人開始，經過主體自身的認識和實踐，重新實踐兩者的合一」。〔註4〕

　　以下所進行的討論含括兩方面的思想和層面：

壹、「心與理一」的思想，如何自儒道兩家的「天人合一」論發展，蛻變而成？

　　就此一論題所及，首先將略述先孔時期典籍思想，再深究孔、老、孟、莊的天人合一思想，並含括漢代到魏晉時期的天人論發展史的簡述。

〔註1〕　參見蒙培元著，《理學範疇系統》，頁425。

〔註2〕　此所言之典籍包括：《詩經》、《書經》、《左傳》、《國語》、《論語》、《墨子》、《老子》、《莊子》、《孟子》、《荀子》、《中庸》、《易傳》等。

〔註3〕　參見楊慧傑著，《天人關係論——中國文化一個基本特徵的探討》。台北：大林出版社，民國70年，頁1、4～9。

〔註4〕　參見湯一介著，〈論中國文化傳統哲學中的真善美問題〉，《中國哲學範疇集》。北京：人民出版社，1985年。（引自蒙培元著，《理學範疇系統》，頁425。）

貳、在思想演變、轉化的過程中，「天人合一」論發展出的觀念和它所涉及的層面，又賦與「心與理一」思想哪些多元化的豐富意涵？基於此一思考，本文將特別列舉「天人論」和「心理論」〔註5〕所共有的思想範疇，加以澄清和比對。

第一節　「天人合一」論史的發展

（一）先秦時期

1. 孔子以前的天人關係論

此部份的探討旨在追溯天人合一思想在先秦早期的源流及特色，其範圍包括殷代宗教信仰的神人關係，以及《詩》、《書》、《左傳》、《國語》典籍中天人關係論的演變。〔註6〕

基本上，天人合一思想可說是源于早期宗教的人文化，〔註7〕殷人崇拜祭祀祖先，以之爲信仰中心，而天神則爲最高的權威和主宰，可令雨、旱、禍、福，但人對天神並沒有直接的關係。而到了周代則漸漸發展出至上神的特性，並強調天帝愛民的特性，〔註8〕就此意義而言，神與人具有一致性的目的。〔註9〕

此外在《詩》、《書》的許多篇章中可以看到天人關係的發展特性：（1）天生烝民；（2）德命相符；（3）天失人信。

人爲天所生，且其內在的法則可與道德相映，如《詩》〈大雅・烝民〉所言：「天生烝民，有物有則，民之秉彝，好是懿德」以及〈大明〉：「天生烝民，其命匪諶」。此外，在《召誥》中則有：「王其德之用，祈天永命」的說法出現，此乃基于天命德于王的前提下，王若修德可以永保王位。

〔註5〕　以下爲了方便論述，將「天人合一論」簡寫成「天人論」，而「心與理一論」則簡稱爲「心理論」。

〔註6〕　參見同註3，頁23～46。本文以下的討論，引用楊慧傑先生的論述成果頗多，特此註明。

〔註7〕　參閱徐復觀著，《中國人性論史——先秦篇》，第二、三章所述。台北：商務，東海大學版）民國58年。

〔註8〕　由《詩》、《書》內容可見：「皇矣上帝，臨下有赫，監觀四方，求民之莫。」（《詩經》〈大雅〉皇矣）以及「天亦哀於四方民，其眷命用懋。」（《書經》〈詔告〉）此外，《書經》〈洪範〉亦言：「惟天陰騭下民，相協厥居。」《詩經》〈小雅・桑扈〉：「君子樂胥，受天之怙。」

〔註9〕　此即就天帝藉著王者愛民來表現其仁愛而言。參見同註3，頁28。

　　此時，個人的「天」、「人」概念，藉由命與德的關係，而更形密切，這不但使天命的意義有新的轉化，同時亦賦予人生命的價值。由以下的《尚書》引文，可以顯現這些西周文獻所彌漫的道德氣氛：

　　　　天亦哀四方民，其眷命用懋，王其疾敬德。（〈召誥〉）

　　　　有殷受天命，惟有歷年，我不敢曰知，不其延，惟不敬厥德。（同上）

　　　　古之人迪惟有夏，乃有室大競，籲俊尊上帝，迪知忱恂于九德之行。

　　　　（〈立政〉）

此外在《詩》，〈大雅‧文王〉篇中亦言：

　　　　無念爾祖，聿修厥德；永言配命，自求多福。

這裡的天人關係表明了天命「有德」的必然性，同時又顯出人（王）能否修德，亦為「天」是否予其「命」的原因。這即是西周天人合一論的主要模式——天人相應型。

　　以上所論的「天」，多半具有知能和意志的位格特質。〔註10〕然而，在《詩經》中則有些怨天詩〔註11〕的出現，值得注意的是，此被怨憤的「天」應是指人們對天的公道正義之質疑，當「天」失去人們的全然信服，便蘊釀著新的天人關係的演變。但總結《詩》、《書》的天人關係來看，人仍相當程度地從屬於天，並未真正的返回認識人的內在特性，只是對天的公義特性開始產生質疑罷了。

　　《左傳》、《國語》中的天人關係論則有新的發展，「此時已逐漸擺脫了天的神性觀念，而明顯的表現出人的地位之提昇，並且出現天道的觀念」。此外，並主張「遵循天道」，而當人行為的合理化，或經由道德實踐使上下一心便是天道。〔註12〕由以下《左傳》所引，可以顯見神、人「主從易位」的思想：

　　　　神，聰明正直而壹者也，依人而行。（〈莊公三十二年〉）

　　　　祭祀以為人也。民，神之主也。（〈僖公十九年〉）

─────────────

〔註10〕依據項退結在《人之哲學》書中所言：「天與人之間具有位格際的關係，像『其香始升，上帝居歆』（《詩經》〈生民〉）」。可知上帝被視為「昊天」或「蒼天」，並非將之等同「物質的天空」。台北：中央文物供應社，民國71年，頁134。

〔註11〕如《詩經》〈小雅‧雨無正〉：「昊天疾威，弗慮弗圖。捨彼有罪，既伏無辜；若此無罪，淪胥以鋪」又〈小雅‧小旻〉：「昊天疾威，敷於下土，謀猶回遹，何日斯沮」以及〈大雅‧瞻卬〉：「瞻卬昊天，則不我惠，孔填不寧，降此大厲」。

〔註12〕同註3，頁40～41。

此外天道一方面雖有代替天帝的用法，〔註 13〕而與人道相對；〔註 14〕但是從其具有道德法則的意義來看，則可說人道即天道。〔註 15〕然而，這並不表示說人可等同於天，只是「強調道德律則所具的天然性或權威性」。〔註 16〕此雖尚未發展成道德內化的思想，但是由君臣信恭的人之道，以及「禮以順天」，即以能盡人道即是天道，而將「天道予以道德化，為『與天合德』的思想提供超越的依據」，這可以說是天人關係的一個新進展。

另外，必須附帶一提的是：在《左傳》、《國語》中還提到自然的天道，〔註 17〕此中所隱含的天人關係，或許是道家思想的先驅，大抵具有「人法天」的指向，亦即「用自然的天道觀表達對人事的洞見，……並為道家的天人合一論奠定了基礎」。〔註 18〕

2. 孔子的天人關係論

孔子思想一方面繼承了傳統的信念，但又揉合了具體實踐的體驗心得，因此，他的天人關係論屬於天人合德的道德形上學之修證理論。

儘管孔子仍未排除「天」的神性本質，〔註 19〕但孔子在言「天命」時，則更突顯了個體與「天」的關係，這和《詩》、《書》時期，特就「王命」、或者「國命」、「政命」所言又不同。〔註 20〕以下引文可以看出，此一意義的呈展：

> 五十而知天命。（〈為政篇〉）

> 君子有三畏：畏天命、畏大人、畏聖人之言。（〈季氏篇〉）

此外，孔子亦繼承了「天」的自然義之觀點，如：

> 大哉，堯之為君也。巍巍乎，唯天為大，唯堯則之。（〈泰伯篇〉）

〔註 13〕此乃指「天道賞善而罰淫」（《國語・周語》）。亦即天帝所具的主宰、權威力，已為天道所取代。

〔註 14〕如《左傳》昭公十八年：「天道遠，人道邇」之說。

〔註 15〕如《國語・越語下》：「蚤晏無失，必順天道」。《左傳》襄公二十年：「君人執信，臣人執恭，忠信篤敬，上下同之，天之道也。」

〔註 16〕同註 3，頁 44。

〔註 17〕如《左傳》莊公四年：「盈而蕩，天之道也。」《國語・越語下》：「天道盈而不溢，盛而不驕，勞而不矜其功」所言。

〔註 18〕同註 3，頁 46。

〔註 19〕參見《論語・八佾篇》：「獲罪於天，無所禱也」。述而篇：「天生德於予，桓魋如其何？」以及憲問篇：「下學而上達。知我者，其天乎？」孔子在此所言「天」的概念，似仍繼續了《詩》、《書》及春秋時人以天為神的意義。

〔註 20〕參見李杜，《中西哲學思想中的天道與上帝》。台北：聯經，民國 67 年，頁 61～62。

天何言哉？四時行焉，百物生焉。天何言哉？。(〈陽貨篇〉)

孔子處在「禮壞樂崩」的時代裏，他為「人」生存所需的理念，植入了以「天」為基礎所建立的道德之普遍要求；並且想指出：這種道德意識的根基在于人性。〔註21〕

透過「禮」和「人」概念意義的呈顯，可以看出二者與「天」之間的密切關係，亦即人性傾向于仁，因而人本身便有可完美性。〔註22〕其展現成外在的修為，即是作到克己復禮。換句話說，孔子以天作為人之道的依據而將禮的精神予以內化。儘管在《論語》中孔子並未明確表明性與天道之關係，但可以從孔子對「天」的虔敬和對「天命」所賦予的使命感上，而了解孔子思想中的天人關係之意境。

以上的討論所呈現的意義，可知孔子豐富了人之道的內涵，並將之融攝在天之道的超越性中，因為「道德是以天作為最後依據」。〔註23〕

3. 孟子的天人關係論

孟子的「天」之概念，是做為肯定「仁」為人性普遍所具的憑藉。〔註24〕而「天人合一」理想的實現之可能性基礎，即在于：

> 盡其心者，知其性也；知其性，則知天矣。存其心，養其性，可以
> 事天也。(〈盡心上〉)

以上這句話點明了天與人的親密關係。

孟子主張性善說，此一理論的架構必須建基在「心」的能思，以及天所保證的普效性上，亦即藉由人的反省意識，透過自覺而展現人之所以為人的本質之性，並且明白提出：

> 心之官則思；思則得之，不思則不得也。此天之所與我者。(〈告子
> 上〉)

關於天的內涵意義，孟子一方面徵引《詩》、《書》所言，一方面則將「孔子對天的個人認知，擴展為人的普遍意義」，並連結天命與人之道，而深化了

〔註21〕參考傅佩榮著，《儒道天論發微》。台北：學生，民國74年，頁95～96。但項退結在《人之哲學》中則指出《論語》對道德的基礎並無清楚的交代」、「《論語》在理論上不夠圓滿」(頁141)不過我們仍可以從《論語》中歸結出：人之德乃人所固有，且為天所賦予，如「天生德於予」所言。

〔註22〕同註21，傅佩榮著，前揭書，頁106。

〔註23〕同上，頁113。

〔註24〕同上，頁132。

「天」概念的意義。〔註25〕

總之，孟子認爲藉由人的「反身而誠」，〔註26〕可體認其自身來自於「天」的本性，再透過心不斷的發用與提升，便可達到天人合一的境界。這個「盡心、知性、知天」的進路，實則是含融深刻理論基礎與實踐方法的雙向意義，也由此可以看出孟子逐漸把天人合一的重心，由「天」轉換到「人」的傾向。

4. 荀子的天人關係論

和孟子性善說相對的，荀子主張「性惡」的看法；然而他卻同樣地站在儒家的立場倡言道德禮法的重建。

了解荀子天人論的關鍵，即在于他對「天」的定義。基本上荀子極力排除「天」的神性和位格義，並且相當經驗主義式的就「天行有常」而論「天」的自然義。此外，並特別主張「明于天人之分」，以及「制天命而用之」的思想。〔註27〕

但是不可否認的，荀子也有天人合一的思想，〔註28〕只不過他是基于「天人相分」所根據的聖王隆禮義的「人爲」前提下，而由社會政治層面的意義上談天人的關係；儘管在《荀子》書中提到不少神性義之「天」，〔註29〕但在他的思想中，這個觀念的意義並非其所最重視的。反而，在事天、祭天的過程中，最重要的是盡禮以文之，以及人道的展現。〔註30〕

〔註25〕同上，頁139。

〔註26〕《孟子》〈離婁上〉：「誠身有道，不明乎善，不誠其身也。是故誠者天之道也，思誠者人之道也。」此外〈盡心上〉亦言：「萬物皆備於我矣。反身而誠，樂莫大焉。」由此二句更可顯見孟子思想中，天與人性的內在關聯性。

〔註27〕《荀子‧天論篇》之首段言：「天行有常，不爲堯存，不爲桀亡……故明於天人之分，可謂至人矣」，以及「不與天爭職」。由此可見，荀子所言的天人之分，是就經驗實然層面而言。此外，又言「大天而思之，……從天而頌之，孰與制天命而用之。」荀子在此所言的「制天命」，並沒有宰制的意味，只是強調去除天之神密性，而了解天之運行變化的常軌，並將之應用在人文社會的日常生活中。

〔註28〕此是就「禮有三本」而言：「天地者，生之本也；先祖者，類之本也；君師者，治之本也」（禮論篇）。當荀子承認了「天」是禮之本，則可以說天是道德的最後根源。以此而言，天和人便藉著道德的聯繫而有相合的基礎。參見蒙培元著，《中國心性論》。台北：學生，民國79年，頁93。

〔註29〕如：「天生烝民，有所以取之」（榮辱篇）；「郊者並百王於上天而祭祀之也」（禮論篇）所言的「天」。

〔註30〕參見《荀子‧天論篇》：「雩而雨，何也？……非以爲得求也，以文之也。故君子以爲文……」以及禮論篇言：「祭者，志意思慕之情也，……其在君子，

因此，我們可以歸結出荀子的天人關係思想，主要是「天生人成」的概念，透過虛意而靜的修養歷程，以達到如天地化萬物般地「化萬民」，及「通神明而參天地」的境界。〔註31〕

荀子的「天人合一」所展現的意義，即顯示出相當外向的人文化成之氣象，和孟子內在修證之氛圍，截然不同。

5. 老子的天人關係論

由老子思想中可以明顯看出傳統「天」之概念的式微，代之而起的是「道」的思想。「道」乃「先天地而生」，並且「象帝之先」。〔註32〕而人和道的關係乃「人法地，地法天，天法道，道法自然」（〈二十五章〉）。

「道」所展現的主要意義是「自然無為」，它跳出「天」原來的主宰和神性義，並且和「天」的自然義也不同。然而「道」並不是指在天之外的另一種存在。〔註33〕「道」在老子思想中具有超越性與內在性。〔註34〕所謂的內在性，是指道所分殊的「德」而言，是萬物得之於「道」以存在的根據。因此天人合一的概念，在老子是從本體論上談道與德的關係，並且透過「致虛極，守靜篤」而達與道合一。

老子所主張的「道德」也和傳統中的規範法則義不同，因著「道」的特性，而蘊含有自然超越的意義，是與「人為」相反的「無為」。因而老子所言的天人合一，即是指人等同於「道」，體道之無為所展現的境界。

6. 莊子的天人關係論

莊子和老子一樣，強調「自然無為之天」。「天」事實上在莊子思想中是多義名詞，然而就天人關係而言，他主要是透過「天」來說明人的本性，並主張人藉由精神境界的提升而與大自然同遊共化。他一方面主張天與人是對立的概念，如：

　　　　以為人道也」
〔註31〕　〈不苟篇〉曾提到：「君子養心莫善於誠，致誠則無它事矣。……誠心守仁則形，形則神，神則能化矣；誠心行義則理，理則明，明則能變矣。變化代興，謂之天德。」以及「天地為大矣，不誠則不能化萬物；聖人為知矣，不誠則不能化萬民」。由此可知，荀子重「誠」，並藉此可看出其論證「天人合一」思想的端倪。
〔註32〕　參見《老子》第二十五章及第四章。
〔註33〕　參見同註20，頁116。亦即老子「由天的自然無為而說『道』，以『道』即為萬物的自然表現」。
〔註34〕　參見同註21，頁213。

何謂天？牛馬四足是謂天；落馬首，穿牛鼻是謂人。(〈秋水篇〉)

不以心捐道，不以人助天。(〈大宗師〉)

另一方面則主張人可入于天，與天爲一的眞人境界：

天與人不相勝也，是之謂眞人。

夫形全精復，與天爲一。

以上看似兩種矛盾的觀念，實則是莊子反對人的有爲去干預自然；應該透過心齋、坐忘等無爲的方式，以達到全形保眞的境界，體悟「天地萬物並生爲一」而達到天人和諧。

由此可見，莊子的天人合一思想並沒有以天取代人，或以人取代天的意思。他和老子一樣，避開了具宰制性的天道人道之義，跳脫出儒家的人文風格，而開展出形上本體和心性修養的另一番風貌。

(二) 漢 代

1. 董仲舒的天人關係論

董子主張「天人相類」的思想，其立論的依據在于「人副天數」，他認爲：

天地之精，可以生物者，莫貴於人……觀人之體，一何高物之甚而類於天也 (《春秋繁露》) 〔註35〕

爲人者天也……天亦人之曾祖父也。此人之所以乃上類天也。(《春秋繁露》)

天亦有喜怒之氣，哀樂之心，與人相副。以類合之，天人一也。(同上，〈陰陽義〉)

由以上不難看出董子的思考模式乃應用類比的概念，將自然宇宙的現象，歸約爲人之身心的各種具象表現。

這種天人合一的思想意義，一方面點明了人在宇宙萬物中的地位；一方面則巧妙地融合了《易傳》與五德終始說，〔註36〕突顯陰陽五行及道的思想，闡述了天人一體的觀念，這或許間接地影響宋代理學宇宙論的思考範疇和模式。

2. 王充的天人關係論

〔註35〕 以下所引的《春秋繁露》原文，皆見於余雄，《中國哲學概論》，頁 173～174。
（金門：源成出版社，民國 66 年。）

〔註36〕 參見同註10，頁 165～166。

王充主張自然主義的氣論思想，反對「天生人」的概念，認爲「天地合氣，萬物自生」（《論衡·自然篇》）。依其「自然無爲」的道家觀點，乃否定天地萬物有任何超越或內在的主宰力量；善惡吉凶禍福和「性」「命」有關，但並非必然關係，而是「不求自全，不作自成」的「偶會」。

這種思考，打破了人與天之間的必然連繫，可以說否認了天人之間存有的目的性，而由「氣」的自然無爲，取代了天的主宰運作，這暗示了思考天人關係的另一種可能性。

（三）魏晉時期

此時期清談之風盛行，新道家之思想興起，專尚周易、老、莊。尤其王弼、郭象、何晏等人透過註解，而探究「道」的本根性及有無概念，更加發展了形上思維的特色。其天人合一論的重點乃在強調人需合于道之自然無爲。

王弼與郭象爲魏晉玄學著名的代表人物，他們透過註解《老子》與《莊子》而提出自然論的主張，以下即略分述其天人合一思想。

1. 王弼的天人關係論

王弼的自然本體論主張「萬物以道爲體，以無爲體」：

> 道不違自然，乃得其性。

> 自然者，無稱之言，窮極之辭也……。（《老子註》二十五章）

可見王弼以「自然」爲道的本質，亦是萬物的本質；因此他說：「萬物以自然爲性」（《老子註》二十七章）。此外並言：人若能「任自然之氣」便能達到「物全而性得已」（《老子註》十章）。

大體而言，王弼之天人合一思想，乃是就道（無）之本體而言人具有自我超越的本質存在，當達「以無爲心」（《老子註》三十八章）則能「與道同體」，而實現人性的價值。〔註37〕

2. 郭象的天人關係論

和王弼思想同樣是主張「自然論」，但郭象對「自然」的解釋，則不將之視爲道的本體。在追溯「何者爲先」的思考時，他說：

> 吾以至道爲先之矣，而至道者乃至無也，既以無矣，又奚爲先？然則先物者誰先乎？而獨有物無矣。明物之自然，非有使然也。（《莊子》，〈知北遊註〉）

〔註37〕參見蒙培元著，《中國心性論》，頁 188～189。（台北：學生，民國 79 年。）

郭象主張道乃自本自根者，否定其爲萬物之本根，而天地亦只是「萬物之總名」（〈逍遙遊註〉）而已。此外，在這樣的自然觀中，他認爲：

> 凡所謂天，皆名不爲而自然……自然耳，故曰性。（〈山木註〉）

> 人之所因者天也，天之所生者獨化也。（〈大宗師註〉）

> 物各有性，性各有其極。（〈逍遙遊註〉）

> 天性所受，各有本分，不可逃亦不可加。（〈養生主註〉）

性各有本分，而人和天有「因與所因」的關係性。當能「無心」，則可達「與物冥而未嘗有對于天下」（〈齊物論註〉）的天人合一境界。

和莊子一樣，「天人」之際就「道通」的角度言：性即是天；但是人因有「心知」的作用，則無法達「冥」的境界，因爲「冥」是指「得之不由知」（〈知北遊註〉）之意。因此對郭象而言，天人合一的境界，即是「與道爲一」，無心而不用知，得其自然之性而與萬物冥合。〔註38〕

第二節　「天人合一」到「心與理一」的轉化

（一）歷史發展的結果

由前述天人合一論史的發展，可以看出「天」的轉化，無論是主宰義、超越義或自然義，「人、道」是一組既相對立、可以區分的概念，又是絕不矛盾的兩者，因而在中國哲學內在的心靈及脈動中，「天人合一」有其先驗的可能性。

就發展趨勢而言，儒家的走向乃較強調天人合一的內化性；而道家則提倡人的自我超越至道的境界。但就兩者皆主張人性的提昇做爲天人合一思想的目標而言則是一致的。可以說成就道德典範，即是人性提昇的具體化。

因而宋代哲學承襲了對人性道德的主要關懷是相當自然的，只是由于時代環境和歷史的種種因素，〔註39〕使得天人論，轉換成更理論化，更形上化的「心理論」之思考。基本上，宋代以前就中國哲學本身的發展，對人性的討論皆不脫善惡價值規範的模式，此外就動機論和效果論的差異來看各有其道理，在這樣的窠臼下，很難去突顯中國傳統道德的理論發展性，而只是呈

〔註38〕同上，頁 219～220。

〔註39〕這是指中哲人性論史的眾說紛紜，以及佛教傳入中國所帶來的刺激和挑戰而言。有關後者將在下一節詳細討論。

現道德實踐之境界光輝是不夠的。因而新的思想範疇及模式的提出有其必要性。或許可以說宋代哲學即是基于此，而對傳統人性論加以思考，並重新再出發，以建立其特有的學風。

（二）範疇的形成

從論史的演變來看，天人關係論的模式不外是依「天」的意義轉換，而呈現不同面相，大抵可以從「超越」性和「內在」性兩個角度來看；而「人」的思考層面則全落在「心」、「性」道德的角度。因此，繼「天人論」之後的「心理論」，或多或少批判繼承了前者的思想層面，以下將天人論發展的模式加以範疇化，用來對照「心理論」的觀念內涵。

1. 超越性：此乃屬於形上思考中「本根論」的範疇而言。
2. 內在性：此即含括在本體論中的存有學。

以上二者可對照出「心理論」中「理」的範疇。

3. 主體性：此屬存有學的範疇。
4. 主宰性：此屬倫理學的範疇。
5. 知覺性：此屬認識論的範疇。

前者為「心理論」中「性」的意涵；後二者乃指「心」。

事實上，在宋代理學中可運用的範疇並不如此的單純，但由此可對照出其尚融合與創新發展了先秦儒道兩家所未臻圓融之處：宇宙緣起（理氣論）或宇宙發生論。而這些可以說是隨唐五代佛學盛行所影響的成果。

下一節即從唐末宋初振興儒學運動中，探討「心」與「理」思想的初步形成。

第三節　「心」與「理」思想的形成

在中國哲學史上，宋代理學一向被視為繼隋唐佛學大盛後，代之而起的新儒學體系。它一方面融合佛學思想，一方面又企圖與之抗衡。無論造成這種演變的歷史因素是什麼；事實上透過這些影響，佛學已經中國化，並且融化成中國思想的新內容，而有其自主性的發展。〔註40〕不可否認地，宋代學術思想早已籠罩在中國化佛學思想的氛圍之中；然而這並不是對佛學積極肯

〔註40〕參見荒牧典俊撰，〈中國對佛教的接受——『理』的一大變化〉。參見《世界宗教研究》，31，1988年1月，頁37。

認的發揚；反而經由這一挑戰，刺激了傳統哲學思想範疇領域的擴大，以及更深一層地重視理論的圓融與實踐的問題。

基於以上的背景，可以說：宋儒思想中「心」與「理」概念意義的形成，除了是對先秦「天人合一」論的深化發展外，其特重「窮理盡性」的論說，很有可能是來自佛教的刺激。〔註41〕此外，就理學的內在淵源來看，除了遠溯孔孟道統之傳外，其近代的先導，則首推唐末宋初韓、柳等人提倡的「古文運動」，所為理學奠下的理論基礎。〔註42〕此即北宋慶曆年間，學術思想界興起的一股疑經風潮，引發了重新研討儒家經典的治經方法——特重發明經旨、強調義理之學。〔註43〕尤其是從《學》、《庸》、《論》、《孟》，以及《周易》中，發掘出符合時代特點和需求的思想，而創造新的學說。〔註44〕

有了以上幾層認識後，以下將分從兩大部份，來探究「心」和「理」的意義，及其在唐末宋初的展現。此處將先就二者的字義演變，以及其意義轉化的情形略加論究，最後並嘗試尋出「心與理一」思想在此一階段的發展軌跡。

（一）「理」的形成

宋代理學基於以上的時代背景和條件因素，開創儒學嶄新風貌的一股強大思潮於是應運而生。「理學」顧名思義是以「理」為中心的學術思想，然而「理」這一字詞與概念並非宋儒所獨創，事實上應可溯自先秦。在先秦的經籍中（包括《詩》、《書》、《傳》、《庸》、《易傳》、《禮記》），皆曾出現「理」字。〔註45〕但其涵義則多半指稱「治理」、「文理」、「道義」等。到了墨、莊、孟、荀等諸子的思想中，「理」的觀念內涵則漸趨豐富，其運用的範疇則包括天與人、事之間的關係。〔註46〕經過漢代對人性問題的重視之後，「理」的發

〔註41〕參見范壽康著，《朱子及其哲學》第二章所言：宗密對宋儒影響之深處，包括「相反相成」及「相近相融」兩方面。

〔註42〕參見徐遠和著，《洛學源流》。山東：齊魯書社，1987年，頁5。

〔註43〕此乃參照王應麟著，《困學紀聞》卷八所引陸游之言：「……自慶曆後，諸儒發明經旨，非前人所及。」（參見同註42，頁6。）

〔註44〕同註42，頁7。

〔註45〕如《詩經》〈小雅〉谷風信南山之「我疆我理」。以及《書經》周官：「燮理陰陽」與《中庸》三十一章「文理密察」中的理字之出現。此外《易傳》則多見「道義」之「理」，如繫辭上第一章：「天下之理」、第二章：「窮理盡性以至於命」；說卦：「順性命之理」。以及〈禮運〉之「義理」；〈樂記〉之「倫理」與「天理」、「萬物之理」，多指道義之理。（參見陳榮捷撰，〈理的觀念之進展〉，香港：《崇基學報》四卷一期，1964年11月，頁1。）

〔註46〕參考唐君毅撰，《論中國哲學思想中理之六義》，香港：〈新亞學報〉一卷一期，

展趨勢一方面走向性與理的聯合；另一方面則開展出「一」與「多」的哲學思考空間。魏晉時期新道家，如王弼、郭象等，將「理」明確地轉向形上之思考，此乃延續道家進路的發揮；在此同時，佛學對「理」的論究，亦融合在道家的思想中；其後佛學則轉客為主，取代了儒道家的地位，「理」之觀念發展遂由此進入佛家的範圍。〔註47〕

歷經魏晉玄學及早期佛學的發展，「理」已然明立了「絕對」和「本體」的義涵；並且由先秦以來的「就人事論『理』的傾向」，轉而重視「理」的超越本體性。〔註48〕至隋唐佛學大興的結果，「理」的觀念亦演進成「理事齊現，皆悉相融」〔註49〕的理事圓融之意涵。

唐代大乘佛學八宗爭鳴，各擅其長。其中尤以華嚴宗為大乘佛學理論發展的頂點。它是以中國原有的儒道思想之精要，將印度佛教的思想材料整理而成。〔註50〕它屬於有宗哲學，藉由緣起觀及實相論而論說大千世界互攝性的組織，以及無窮的生機作用。〔註51〕其理論的開展乃含融宇宙論及本體論，從「四法界」〔註52〕的立論來看，其主要的精義在於法界圓融觀；依其思想的內涵，則含括「有無」、「動靜」、「體用（理事）」等概念的論究。基本上，華嚴宗佛學思想所明立的「理」，是指「體同之性」而言。然此必須置於佛學的思維體系中來了解，如《清涼新經疏》云：「統唯一真法界，謂總該萬有，即是一心，然心融萬法，便成四種法界。……理法界，是性義……無盡事法，同一性故」。〔註53〕由於萬物是因緣所生，物我之變化及存在的本質即是「理」的作用；而這又是歸屬在「一切唯心造」〔註54〕的理論基礎中。因此，「理」

民國44年8月，頁53。
〔註47〕同註45，頁3～5。
〔註48〕同註45，頁8。此指王弼注乾、復二卦所提及的「必然之理」與「所以然之理」。
〔註49〕參見〈金獅子章〉，《大藏經》卷四十五，頁665。
〔註50〕參見金忠烈著，〈華嚴思想背景及其理論構造〉，收錄於張曼濤編，《華嚴思想論集》。台北：大乘文化出版社，民國67年，頁117～118。
〔註51〕同上，頁137。
〔註52〕四法界指（1）事法界：是分義；一一差別，有分齊故。（2）理法界：是性義；無盡事法，同一性故。（3）理事無礙法界：具性分義；性分無礙故。（4）事事無礙法界：一切分齊事法，一一如性融通，重重無盡故。
〔註53〕同註50，頁311。
〔註54〕參見《華嚴經》，〈夜摩宮中偈讚品第二十〉：「若人欲了知，三世一切佛，應觀法界性，一切唯心造。」

乃指「平等眞如」〔註55〕的法性而言，而其所指稱的「本體」之意涵，是在「緣起性空」的前提底下所言的實體性。

這和儒道傳統的思維方式有相當大的差異，依照唐朝宗密大師的看法：儒釋道「三教皆可遵行」；但「推萬法窮理盡性至於本源，則佛教方爲決了。」〔註56〕且「外教宗旨，但在乎依身立行，不在究竟身之原由」；「所說萬物不論象外」。〔註57〕他判定儒道與佛教之別，即在儒道不備明「順逆起滅、染淨因緣」。〔註58〕

或許由於此一刺激，宋儒遂起而邁向更理論化的復興儒學之途。

宋初范仲淹曾提出，將事物運動變化的規則稱爲「理」；〔註59〕此外歐陽修亦言：「物無不變，變無不通，此天理之自然也」，〔註60〕以及主張「窮極天地人神事物」。〔註61〕而胡瑗、孫復、石介等理學先驅，對於道德修養性命之學、君統、道統等則大爲提倡，〔註62〕此亦開展了理學思想的思考內容。這些都是影響其後理學家，有關「理」概念意涵的重要環節及形成背景。

此後周敦頤開創理學思潮，但他並沒有明顯地確立「理」的範疇，然而卻藉由對無極太極和陰陽五行的提及，而間接影響理學的理氣論，此外在《通書》中他曾提出「理性命」的範疇，以「厥彰厥微，匪靈弗瑩」說明「理」乃可顯可微，又非獨立的精神存在。〔註63〕這樣的看法，或許是得之于佛學的感想。〔註64〕其後的張載則主張氣本體論，對於「理」主要是從理氣關係的角度而論：「天地之氣，雖聚散、攻取百塗，然其爲理也順而不妄」（《正蒙》、《太和》），此理乃指氣的規律而言。並且「理不在人皆在物，人亦物中之一物耳」（〈語錄〉上）。「理」具有客觀性，乃相對于佛教就唯心、因緣觀而論

〔註55〕〈華嚴經義海百門〉，《大藏經》卷四十五：「事者，心緣色礙等；理者，平等眞如。」

〔註56〕唐・宗密著，元・圓覺解，《華嚴原人論合解》。台北：廣文書局，民國66年，頁15。

〔註57〕同上，頁24。

〔註58〕同上，頁25。

〔註59〕參見范仲淹著，《范文正集》別集卷二〈乾爲金賦〉。同註42，頁8。

〔註60〕參見歐陽修著，《歐陽文忠全集》卷十八〈明用〉。同註42，頁8。

〔註61〕同註60，卷一二四〈崇文總目敘釋〉。同註42，頁8

〔註62〕參見同註42，頁8～9。

〔註63〕參見蒙培元著，《理學範疇系統》。北京：人民出版社，1989年，頁9。

〔註64〕參見明・朱時恩著，《居士分燈錄》周敦頤條：「……嘗與常總（禪師）論性及理法界、事法界，至於理事交徹。」

「理」的主觀性。但基本上在張載思想中，「理」乃從屬于「氣」，「氣」具有更根本的意義和範疇。

二程則確立了理的範疇和本位，「理」的概念意義在他們的思想中更形豐富與複雜化，並且更直接地影響朱熹的理學內容。但此在下節將特別析論其說，以明朱子

1. 「理」在先秦儒家思想中特重其「道義」的人文意義→倫理學。
2. 先秦道家則開闢出形上本體的思考空間→形上學。
3. 經由秦漢魏晉的初步融合及發展，則結合存有學及人性論的思考方式。
4. 藉佛學理論的刺激，本體、現象界的判分，及對人性來源的論究，宇宙論及本根論日見雛形。
5. 宋初諸儒則言理性命、天理、窮理等概念→實踐論。

這些有關「理」的思考以及概念的轉化，使得以下的問題呼之欲出、躍然紙外：

1. 理如何既具本質性、又具規範性？
2. 理如何成為各種事物（天、地、人）之原因？
3. 人性和「理」的關係是什麼？
4. 「理」展現出許多不同面相，是否有其統攝的中心概念？

這些問題都有待更系統化的理學思想形成之後，才能加以解答。

（二）「心」的形成

歷經中國大乘佛學禪宗的影響，「心」的概念意義逐漸轉向，超越本體意涵。無論如何，宋儒已不得不在此基礎上對「心」的本體義做一番更深刻的探究。

在理學思想中，「心」是一個相當重要的概念，可以說這是沿襲先秦以來對人性論——人本身的道德價值的關懷。

「心」字在先秦經典中已被普遍使用，〔註65〕其字義的引申可做為人的主宰及動力根源。此外，並具有覺知、意念、情感等涵義。〔註66〕中國哲學有關「心」的爭辯不多，大部分都主張心是能知能思之官，而為身之主宰。〔註67〕

〔註65〕如《尚書‧大禹謨篇》：「人心惟危，道心惟微，惟精惟一，允厥執中」以及《易傳‧復卦》：「復見天地之心乎！」《易傳‧咸卦》：「天地感而萬物化生，聖人感人心而天下和平。」
〔註66〕參見陳英善著，〈從「心」論中國哲學基本型態之開展〉。文化哲研博士論文，民國76年，頁4～5。
〔註67〕參見余雄著，《中國哲學概論》，頁228。

基本上，先秦儒家強調以「心」做爲道德主體的實踐依據，而道家則重視心的無爲虛靜之功能，孔孟荀、老莊諸子皆曾針對「心」的概念做精微的闡發：

> 七十而從心所欲，不踰矩。（《論語·爲政》）

> 心之所同然者何也？謂理也，義也。（《孟子·告子》）

> 盡其心者，知其性也，知其性則知天矣！（《孟子·盡心》）

> 人何以知道？曰：心。心何以知？曰虛壹而靜。（《荀子·解蔽》）

> 心者形之君也，而神明之主也，出令而無所受令，……是之則受，非之則辭，故曰心容其擇也。（《荀子·解蔽》）

由以上可見代表儒家立場之主體性理論的確立。而在道家方面則特重自然無爲之心，反對智巧之成心、機心：

> 聖人無常心、以百姓心爲心……聖人在天下，歙歙爲天下渾其心，聖人皆孩之。（《老子》四十九章）

> 隨其成心而師之，誰獨且無師乎？……未成乎心而有是非，是今日適越而昔至也。（《莊子》〈齊物論〉）

秦漢魏晉時期，則多論心能宰制及其靈妙，並嘗言心中含理：

> 衽眾惡于內，弗使得發于外者，心也。（董仲舒《春秋繁露》）

> 或問神，曰：心。……人心其神乎矣！……聖人存神索至……和同天人之際，使之無間也。（楊雄《法言》〈問神〉）

> 人心莫不有理道，至乎用之則異矣。（徐幹《中論》〈修本〉）

> 心者，神明之主，萬理之統。動而不失正，天地可感。（傅玄《傅子》，葉德輝輯本）〔註68〕

「心」的意義由道德價值主體擴向認知主體，以及可爲「和同天人」的主體，這些概念已然爲宋代理學奠定了相當明確的基礎。

佛學思想中有關「心」的解釋相當複雜，〔註69〕然而仍有其主要的涵義。〔註70〕現依唐宋兩代皆盛行的禪宗思想稍作了解。

〔註68〕以上諸引文皆參考自余雄之《中國哲學概論》，頁 231～233。

〔註69〕依唯識學的解說，如窺基大師的〈大乘百法明門論解〉，就以六義來解釋八識心法。參見《大正藏》卷四四，頁 47 上。

〔註70〕基本上，「心」的主要意義可歸爲三類：（1）緣慮心，乃心識的了別作用。（2）集起心，乃指積集種子起現行。（3）堅實心，指理、真如、自性清淨心。參見同註 66，頁 101。

　　禪宗主要以心性論為其理論核心，它以「明心見性」為根本宗旨。〔註71〕在《六祖壇經》中，慧能大師言：「菩提般若之知，世人本自有之，既緣心迷，不能自悟，須求大善知識示道見性。善知識，遇悟即成智。」（〈第十二〉）又言：「佛是自性作，莫向身外求。自性迷，佛即眾生；自性悟，眾生即佛。」（〈第三十五〉）此言明佛及眾生的體性無二，皆具清淨真如本性，所差乃是迷、悟有別而已。由此可見，「心」的概念層次便又推擴成具有「本性」意涵，並有真、妄之別。〔註72〕證之其他宗派、經典亦然。〔註73〕從華嚴宗及禪宗有關「理事圓融無礙」的思想，及禪定修心的實踐方法盛行的結果來看，「心」已然成了圓融「理事」的所在。〔註74〕而對于「心識」分析的深入，則更確立了實踐認識論的思考範疇。

　　北宋時期，周敦頤提出以「誠」為核心的心性本體論，透過「主靜立極」的命題，「將人『心』提昇為本性存在，並和宇宙本體合一」，〔註75〕由周子《通書》，〈誠上第一〉可知：

> 誠者，聖人之本，大哉乾元，萬物資始，誠之源也。乾道變化，各正性命，誠斯立矣；純粹至善者也。

「誠」是源于萬物化生的乾道之變化，是聖人所本的至善之道；而其在人性之中，是正性命的內在基礎。此外又言：

> 寂然不動者，誠也；感而遂通者，神也；動而未形有無之間者，幾也。（《通書》〈聖第四〉）

> 誠無為，幾善惡。（同上，〈誠幾德第三〉）

雖然，周子未明言「心」，但是從他主張純粹至善的「誠」體，以及明示在變化作用（萬物化生、感通、幾）中的善惡對立，似乎融合了儒釋、關於「心」的本體與道德之範疇，只是以中庸之重要概念——誠，來加以整合，然而，這對于「心」的概念演進，在「本體」之外，則增添了「善惡」與「動靜變

〔註71〕參見蒙培元著，《中國心性論》，頁267。
〔註72〕依大乘佛經，如《楞伽經》所言：心識乃有相續滅，以及真相不滅兩種。且真識並非離八識外而有，乃是不隨妄念轉、不習於無明者稱之。反之，則為妄識。真、妄二者，此乃一體之兩面。
〔註73〕如華嚴宗的主張，參見唐‧澄觀著，《華嚴經略策》，〈生佛交徹〉言：「夫真源莫二，妙旨均常，特由迷悟不同，遂有眾生及佛。」以及「迷真起妄，假號眾生；體妄即真，故稱為佛。」
〔註74〕參見同註66，頁4～5。
〔註75〕同註71，頁311～313。

化」的思考空間，對宋代思想家的影響甚鉅，至少這是在佛學深刻影響下的儒家新思想。

另一位重要思想家——張載，主張「爲天地立心」(《西銘》)。他所確立的道德主體性，即在「人之心」。〔註76〕從心性的關係來看，他認爲：

> 心能盡性，人能弘道也；性不知檢其心，非道弘人也。(《正蒙》〈誠明〉)

「心能盡性」之「心」，在張載的思想中，包括經驗知覺之知以及先驗的道德之心，並且同時是「超越本體」之心。〔註77〕此外，張載尚提出「心統性情」的命題，〔註78〕說明了「心」的主體能動作用。而「心」的內涵，實則融合了「性」，他如此論述：「由太虛，有天之名；由氣化，有道之名。合虛與氣，有性之名；合性與知覺，有心之名。」；合性與知覺，且「能盡性」，可知「心」爲道德之體，能含「性」以及性之「虛與氣」。

由前文引述可見：從先秦到北宋周張二子，「心」論的思想已有相當的發展。大體而言，「心」做爲道德主體的意義，由先秦時的隱含性被漸漸開展出來，而歷經各家諸子的思考，更增添了其他豐富的意涵，牽涉的範疇也更加深廣。尤其北宋時期將之含融成「道德本體」的意涵，可說是一大發展，至于其他發展，和「理」一樣，「心」的概念亦牽涉到「體用」、「動靜」等相關的論題，皆可歸結在倫理學、認識論及形上學的討論範疇中。

「心」與「理」的概念，在宋代理學派形成前的發展可由以上的討論得見一斑。而「心理論」的思想雖未見突顯，然其所涉的概念、範疇，和「天人論」有許多近似之處。可以說，「心理論」實已立基在「天人合一」思想的架構中，透過新範疇——存有論、宇宙論的運用，而開展出道德形上學及實踐方法論的新方向。〔註79〕因此，可以看到「心與理一」思想的出現，實有其歷史因素和進程。

以下即就前文所討論的「心理論」之相關論題加以彙整，並嘗試解析化

〔註76〕參見張載著，《經學理窟·詩書篇》：「天無心，心都在人之心。」
〔註77〕參見同註71，頁320。
〔註78〕《理性拾遺》：「心統性情者也。有形則有體，有性則有情，發於性則見於情，發於情則見於色，以類而有應也。」此乃表達心性情三者的關係，而心統攝二者。(參見同註32)
〔註79〕參見同註71，頁309。「理學心性論就實質而言，仍是儒家的道德人性論，它以『天人合一』爲整體框架，建立了系統的宇宙本體論，因而使其心性論具有形而上學本體論的特點。」

現爲朱子「心與理一」思想的可能性進行初步的了解。

（三）「心與理一」思想轉化之淺探

從孔、孟以降，爲「道德」尋求、建立內在必然性，可謂儒家一脈相承的使命。而最早形成討論及爭辯的主題是「心性論」，如：孟荀的「盡心知性」、「化性起僞」，以及《中庸》的「天命之謂性，率性之謂道」，《易傳》的「窮理盡性」等等，皆就其思想理路的發展，而提出對人性、道德內涵的不同看法。然而，整個思考方向及實踐目的，仍以「天人合一」爲成德目標，及其相關的論題爲範疇，至于學哲論辯的關鍵點，即在于「心性關係」的不同見解上。

而道家則是從超越的形上觀點來探究「道」與「德」的問題，雖然仍是「天人合一」的思想模式，然而卻躍過了儒家以「天」與「人」爲限的思路。老子強調「無爲」，而回歸「道」所在的價值根源，雖仍是以「人」體道，但卻削減了人做爲「主體」的自我膨脹。其後莊子及魏晉的新道家雖各有詮釋觀點的發展，但強調「道體」及「自然無爲」則相當一致。而其「人觀」所言，從「道」體之內化和殊化在人謂之「德」的立論，則在王弼及郭象的思考中有另一番的展現。〔註80〕

無論如何，以上許多概念的提出，如：心、天、性、道……等，代表道德理論的喜惡問題，在中國哲學家的思維中有其內在的基礎；並且又與「超越的存有」問題間具有其緊密的相關性。當「理」以一種「超越」、「必然」的涵義出現後，〔註81〕更將此種思考化隱爲顯。漸漸地，道德思想的內涵亦開始明確地走向「必然」與「應然」的思考模式。

此外，由孔子所哲明的「下學上達」，以及孟子「盡心、知性、知天」的實踐進路，則更指出了道德主體自我超越的方向；當宋代哲學置身在由「天」→「道」→「理」的思想轉折所造成的影響之下，「天人合一」的思想，遂轉成「心與理一」的思維，而以嶄新的面貌呈現出來；亦即「心與理一」一方面透過對自覺精神的思考，一方面又著眼于探究主體與超越、形上根源間的關係，因而蒙培元先生認爲「心理合一」論乃「表現出理學形而上的特點，

〔註80〕參見陳榮捷著，〈理的觀念之進展〉所論：王弼及郭象提出的「至理」與「必然之理」的涵義。（參見《崇基學報》4：1，頁3～4）

〔註81〕這是指先秦「理」的「道義」意涵──道德價值的應然性，與魏晉所發展出的「超越」、「絕對」之意涵──必然性，兩者的融合而言。

是天人的真正完成」。〔註 82〕

　　顯然其思想的論題，仍和先秦以來所關心的「性」、「道」等並無太大的不同，然而卻擴展成宇宙論及形上學的視野，而從不同的觀點來加以論述、詮釋及發展，並且走向更理論化、系統化的建構。

　　由此可見「心與理一」的思想論題及其內涵的輪廓大要。

　　當宋代理學派——二程的思想興起後，他們明確地提出「理與心一」的概念，並且強調「理」的範疇思維，以及心的本體意涵及知覺作用。其「心理論」已然日趨成熟；並且透過他們對各個理學概念的分析、詮釋，可說是為朱子做好鋪路的準備工作，並且擴展了往後理學發展的視野。因而欲了解朱子「心與理一」的思想，從二程的理論，可以得見其梗概；並且能夠預見朱子的思想理路。

　　以下即進行對二程更進一步的分析研究。

〔註 82〕同註 63，頁 423。

第二部分
程朱範疇思想中的「心」與「理」

第二章　二程「心理論」思想的提出

　　二程是宋代理學派的奠基者,「心理合一」的概念已在他們的思想中明確地表現出來。對二程而言,這一概念的意義代表「天人合一」的最高形式。〔註1〕

　　從前面兩節的論述中可以顯見「天人論」轉化成「心理論」的過程。到了二程,他們以「心與理」的概念來確立「天人合一」的理論和實踐方法的架構,則更形嚴密;這或許可以說是以佛學禪宗及華嚴宗思想爲借鑒,〔註2〕並加上自己的創見,而提出「理」、「性」、「心」等概念思維的完整體系。因此可以說,二程在廣度及深度上,都大大地發展了舊儒學。〔註3〕然而,不可否認地,二程思想終究屬於儒家(儘管他們也曾受到道家思想相當大的影響),因爲他們繼承了儒家經典而開創出成聖成賢的義理之學,仍以「人」爲關懷的首要目標,並且強調人倫道德價值的提昇;這種不脫離「人本」思想的濃厚色彩,和佛教及道家所展現的思想理趣,事實上有其明顯的不同。

　　有了以上的概念澄清之後,便可進一步地了解二程的思想,首先將就其「心與理」論所涉及的思想及觀念範疇,略作闡述;然後再進行分析其「心理論」的中心意旨。最後則論述二程「心理論」對朱子的影響性。

第一節　二程哲學思想及觀念範疇之簡介

　　二程是「理」本體論的確立者,他們將倫理道德予以本體化的特點,克

〔註1〕　參見蒙培元著,《理學範疇系統》,頁452。
〔註2〕　二程在《遺書》中曾多次提到閱讀《華嚴經》;此外,《妙喜竹庵集》亦提到:程頤曾向黃龍山的晦堂祖心禪師問佛道。參見劉象彬著,《二程理學基本範疇》。河南:河南大學出版社,1987年,頁16。
〔註3〕　同註2,頁23。

服了周敦頤以「無極」為本體，和張載以「氣」為本體的心性論，所造成的理論矛盾。〔註4〕然而，二程雖同是主張道德本體論者；但基本上，他們的思想仍各有其特色。明道強調合一之道，認為「上下、本末、內外，都是一理也」；而伊川則言「心有體用之分」，故有性情之別；就工夫論而言，前者以體證「與萬物一體」為涵養；後者則重視「格物致知」窮理的實踐方法。然而，二者皆是以實踐「天人合一」的境界為歸宿則無庸置疑。〔註5〕

首先，明道以「道」貫通天地萬物而言體與用；就「道之用」來看，又可區分道在萬物與在人心的展現兩者。基本上，他認為「神、天、性、命、易、誠、天道、天理、心」皆為道之別名；〔註6〕因為「其體皆同」之故。然而就道展現在天地人物之中時，則稱之為「性」；「道」因而可說是「既超越，又內在」。明道先生將「道」的內涵，用「一以貫之」的方式含括「心、性、理」的概念，後三者即是「道」的不同面相之展現。

雖然如此，但明道卻並未輕易地將這些概念畫上等號，反而在「同道體」的基礎下，去思維其殊別性：

> 天降是于下，萬物流行。各正性命者，是所謂性也。循其性而不失，是所謂道也。（《二程集》遺書卷二上）

「性」是萬物之所以然的本質所在，並且根源于天之道。當能順其本然之性的發展，則可開顯出具有價值義的道德。然而，這種實踐的必要性，是立基在「失其本性，故修而求復之」〔註7〕的前提中。

> 萬物一體者，皆有此理，……『生生之謂易』，先則一，一時生，皆完此理。（〈同上，《遺書》卷二上〉）

「理」具有本體意涵，萬物之化生，皆完具此理。此外：「萬物皆有理，順之則易；逆之則難。各循其理，何勞于己力哉？」此乃以「理」為一切萬物存在及運行的原則，又言：「天理具備，元無少欠，不為堯存，不為桀亡。父子君臣，常理不易。」這是將「理」置于人事軌則中，而言其規範性。由此可

〔註4〕 參見蒙培元著，《中國心性論》，頁333。

〔註5〕 參見同上，頁334。

〔註6〕 參見孫振青著，《宋明道學》。台北：千華，民國75年，頁147。此外，《宋元學案》中的〈明道學案〉亦提及：「『上天之載，無聲無臭』，其體則謂之易，其理則謂之道，其用則謂之神，其命於人則謂之性；率性之謂道，修道之謂教。」參見黃宗羲撰，《宋元學案》。台北：河洛，民國64年版，頁14。

〔註7〕 參見《二程集》，〈遺書〉卷第二上，二先生語，頁29。《二程集》部分所引皆依據台北：里仁書局，民國71年版。

見，明道思想中的「理」乃指含攝規律義與規範義的本體。

而「心」則和「性」、「理」有密切的關係，他說：「聖人至公，心盡天地萬物之理，各當其分。」又「嘗喻以心知天，猶居京師往長安。……只心便是天，盡之便知性，知性便知天，當處便認取，更不可外求。」（《宋元學案》，〈明道學案〉）「心所感通者，只是理也」「心」是箇實踐的動態主體，能夠盡理知性。天、性、理可做為「心」感通的內在，從「只心便是天」的角度而主張「不可外求」，似乎是認為：在實踐的過程中，「心」的感通能夠將「天、理」含融在主體範疇中。

因此，從工夫論的角度言，「心」是能知、體證的主體；就本體論而言，「心」和「理」皆因「道」而在存有上互相含融。

大體而言，明道之「理」的觀念仍未取代「道」的本根、實體義，但他將「心」置予「有道有理，天人一也，更不分別」〔註8〕的意義下而論其涵養，則大為有功。總之，其「心理論」的思想特色，是在「道論」的思維模式下，所展現出來的「心理合一」論。

而伊川對道體的概念，則明顯地區分「所以陰陽者道」與「陰陽」兩者，主張其為形上和形下的差別。這是與明道言：「器亦道，道亦器」所重不同之處。〔註9〕然而，對于道的一貫性，伊川仍認為：「『道』也。未有盡人而不盡天者也。以天人為之，非道也。」（《粹言》卷一，〈論道篇〉）至于「理」，伊川則將之視為「人物之性理」：

> 天下物可以理照，有物必有則，一物須有一理（同上，《遺書》卷十八）

> 物我一理。明此則盡彼；盡則通。此合內外之道也（《粹言》卷二，〈人物篇〉）

> 至顯莫如事，至微莫如理。而事理一致也，顯微一源也。古之所謂善學，以其能通于此而已。（《粹言》卷一，〈論事篇〉）

伊川特重將「理」視為事物之本質，並且認為：從理之「顯現」而言，一物有一理；從理之「本體」言，則萬物之理是同一。〔註10〕其中，「物我一理」

〔註8〕《宋元學案・明道學案》，頁22：「敬以直內，義以方外，敬義立而德不孤。至於賢人亦如是，更無別塗，……故有道有理，天人一也，更不分別。」

〔註9〕同註6，孫振青著，前揭書，頁202～203。

〔註10〕同上，頁209。

之說曾被朱子引至《大學或問》中，〔註11〕朱子認為「觀物察己」不必然由見物而返求諸己；而是由于「物我一理，纔明彼，即曉此，此合內外之道也。」這和伊川所言的「彼、此」雖倒置，但是二者重視「物我一理」的「體同之性」則無二致。

此外，伊川又論及「心、性、理、道」間的同異關係：

> 理也、性也、命也，三者未嘗有異。窮理則盡性，盡性則知天命矣。天命猶天道也；以其用而言之則謂之命。命者造化之謂也。(《遺書》卷廿一下)

> 性即理也。所謂理，性是也。(《遺書》卷廿二上)

> 稱性之善謂之道，道與性一也。……性之本謂之命，性之自然者謂之天，自性之有形者謂之心，自心之有動者謂之情。(《遺書》卷廿五)

同明道一樣，伊川主張「性、理、心、命」皆是一體，因事以制名才有所別。但他似乎特別點明「『窮理』以盡性知『天命』的主張，並且突顯出「性」的地位，將「心、天、命」皆置于「性」的角度而言其區別。而最為朱子所重視的「性即理」說，其意似將「理」的概念，用「性」來加以界定、詮釋。若依當時佛教所盛行的「理事說」，將「理」視為本體意涵的「性」義而言，伊川似將之涵融在儒家傳統的語辭──「性」之中，而賦予其明確的本體意涵，而原本明道所言「循性不失，謂之道」，在伊川則直截言「性之善。謂之道」，而使「性」與道德打成一片。

也因此，可以看出由明道到伊川「道、性、理」三者之間概念及地位的轉化，明道似乎是以「道」所具的內涵來賦予性、理二者的本質、規律及規範義；而伊川則以「性」的角度來涵攝道的「善」義，與理的「本體義」。

如此一來，要掌握二程的「心理合一」思想，便容易有個下手處了。

關於「性」，伊川曾基于善惡問題的考量，而言「性字不可一概而論」。他說：

> 「生之謂性」，只訓所稟受也。「天命之謂性」此言性之理也。(《遺書》卷廿四)

> 氣有善不善，性則無不善也。(《遺書》卷廿一)

〔註11〕參見趙順興著，《四書纂述》。台北：新興書局，民國61年，頁35。

性無不善，而有不善者才也。性即是理，理則自堯舜至于塗人，一
也。(《遺書》卷十八)

由以上可以看出二點：一是伊川以「理氣」的概念來詮釋「生之謂性」與「天
命之謂性」的不同；二是稟性之氣有善不善之別，性理則是無不善。

至于「心」的概念，在《粹言》，〈心性篇〉曾言：

天下無性外之物，……心則性也。在天爲命，在人爲性，所主爲心，
實一道也。通乎道，則何限量之有？必曰有限量，是心外有物乎？

「心」爲主宰的能動性，而心、性、命皆根於「道」，但就「心」能以道爲用
而通於「道」，則「心」即無限量。其前提乃在于「心則性也」，而所有天下
之物皆有其內在性，故曰「無性外之物」。

伊川在此指出「心」的可能性是無限的。然而，「心」果眞全然等同「性」
嗎？在論及心有無善惡時，伊川認爲：

心本善。發爲思慮，則有善有不善。若既發，則可謂之情，不可謂
之心。(《遺書》卷十八)

已發之有善惡乃是就情而言，不能說是心有善惡。因爲心本善。而前面亦論
及「性無不善」，可見伊川並未嚴分「心」與「性」。「心性」對他來說，往往
可合而言之，如孫振青在《宋明道學》中即認爲：「性，就其有意識，而能爲
一身之主宰，稱爲心。」〔註12〕

由以上的推衍來看，當伊川言：「心則性」，又說：「性即理」，似乎易讓
人聯想成「心即理」的概念。事實上，《粹言》中曾提到：「理與心一」的概
念，接著又說：「而人不能會爲一者，有己則喜自私，私則萬殊，宜其難一也。」
在此可以看出「心與理」概念間有兩種層次，一是就「性」之本體的角度言
「理與心一」；但在現實層面來說，則其有不能會爲一的可能性。不過，兩個
層次配合起來看，卻因此而突顯了道德實踐的重要性——難行而能行。但是
此一思想的論證，則有待更進一步的發展及解釋。

以上是二程思想的簡介。基本上，二程彼此間似乎沒有存在著「背道而
馳」的思想差異；只是著重的概念不同而已，亦即伊川比明道更進一步地推
擴其道學信念，而灌注在「性」、「理」的概念內涵上而有所發展。因此以下
乃就二程的思想，進行對其「心理合一論」的了解。

〔註12〕此關於伊川對「心性」的看法，參見孫振青著，前揭書，頁221。

第二節　二程的「心理論」

　　根據前文所論及的觀念，可知二程思想的範疇，不出於天人之際的本體論及道德實踐的基礎論題。而「心理論」做爲「天人論」思想的轉化，亦顯見於二程的思維範疇中，並爲其重要的論題。以下先就二程原典中可見的「心理論」之相關論述條列出來：

1. 「理與心一；而人不能會爲一者，有己則喜自私，私則萬殊，宜其難一也」（《粹言》卷二，〈心性篇〉）
2. 「聖人與理爲一，故無過無不及，中而已矣。其他皆以心處這理，故賢者常失之過；不肖者常失之不及。」（《遺書》卷廿三）
3. 「大而化之，只是謂己與理一。」（同上，卷十五）
4. 「大而化，則己與理一，一則無己。其未化者，如人操尺度量，物用之尙不免有差；若至于化者，則己便是尺度，尺度便是己。」（同上）
5. 「聖人之心，與天爲一。或者滯心於智識之間，故自見其小耳。」（同上）
6. 「純於敬，則己與理一，無可克者，無可復者。」（《粹言》卷一，〈論道篇〉）

　　其中，1.已於前略論過，指明了己私故不能會理爲一。其他則指出「己與理一」是聖人的境界，藉由以「敬」涵養，則能無己、大而化之，所發皆中節，無過與不及，便如天下萬物之標準尺度，不需再用克己復禮的方式去除私蔽，可說是「從心所欲，不踰矩」，且爲「天下之矩」，所發皆無私曲。這種境界的描述，是基于對先秦以來思想的融合。

　　和先秦儒家不同的是，宋理學的特色乃在境界的描述之外，亦重視理論的架構問題。因而「境界如何可能」的論題一旦出現後，便必須做更多的哲學思維。

　　基于對宋代理學的這層了解，以下即就三方面來對二程的「心理論」進行分析探究：（1）從「本體論」，即「道體」的角度來談；（2）從「心性論」，即「道用」的層面而言；（3）從「實踐論」，即「學爲聖人」的角度來看。透過這三個面相的詮釋，以期呈顯二程「心理論」的內涵。

（一）二程「心理論」的詮釋

1. 本體論的詮釋

就「心」與「理」皆爲「道」的殊化而言，兩者在存有上具有同質性，

因此在本體上有相合的必然基礎。但是這種套套邏輯（tautological）的解釋並沒有多大的意義；而事實上，二程也並不就此走上泛道論，而是運用各種概念範疇來進行思考有關天人、道德等問題。對他們來說，正因爲「天命之謂性」而應該「率性之謂道，……在人則爲人道」（《遺書》卷廿二），所以「修道之謂教」，即是要修復本性而行仁義道德。〔註13〕

由此可以看出其「天人合一」思想所蘊含的「目的論」〔註14〕意涵。而做爲「天人論」之轉化的「心理論」亦可納入此種思維模式下，可知二程的「心理合一」思想有其目的論的基礎。

這種目的論思想的來源或許可溯自老子的影響：「夫物芸芸，復歸其根」（十六章）；然而在主張歸復本性的過程中，必須面臨二個問題來進行思考：（1）爲何本性會失？（2）以何種方法去實踐？很顯然地，二程曾提出了「理氣」的觀念，以及「持敬」、「格物窮理」的方法來圓融。其中「理氣」可含括本體及心性兩個論題的思考。此處僅討論本體論中的理氣概念，其餘則留待後兩部分再進行了解。

二程的「理氣」思想在本體論上的發揮並不多，明道曾言：

> 生之謂性，性即氣，氣即性。人生氣稟，理有善惡，然不是性中元有此兩物相對而生也。……是氣稟有然也。（《宋元學案》卷五，〈明道學案〉）

大抵上，明道認爲「氣」是人的天生稟賦，就此而言氣是性。這乃就「道」落實爲人性時，因有「氣稟」故而導致善惡的形成，這是由于氣之「理」所使然，並不是由於有善惡二元的對立所造成。而伊川則進一步明確指出：

> 性原不可一概而論，「生之謂性」止訓所稟受也。「天命之謂性」此爲性之理也……若性之理也則無不善。曰天者，自然之理也。（《遺書》卷廿四）

伊川由此指出：所謂的稟受乃指「性之理」與「氣」結合後而言，此即明道

〔註13〕　參見《二程集·遺書》卷二上，頁29：「修道之謂教，此則專在人事。以失其本性，故修而復之，則入於學。若元不失，則何修之有？是由仁義行也。則是性已失，故修之。」（有關二程之引述，皆出自《二程集》，台北：中華書局，1981年）

〔註14〕　參見商務印書館編著，《哲學辭典》，〈目的論 Teleology〉條：即以目的或究竟原因爲說明宇宙之原理者。或者指出其究竟原因爲超絕的，或内在的，而萬有的全體或一部分，即爲此目的而存在。

所言之「氣之理」；另外他尙分別出無不善的「性之理」，以及「天之理」。

「氣」的概念是人物之生的現實條件，這可以解釋爲何「人性」在未修道成教之前，有善、不善的區別。但使之如此然的卻是「理」的關係，因此「理」是更究竟的根源所在。

然而，我們必須再追問：理與氣的存在意涵如何？爲何理無不善，而氣卻有善不善？伊川所分別的「理」，意義有何不同？

事實上，二程的思想承襲了孟子的性善論，從「性即理」的角度言萬物時，會「使」人物的氣稟有清濁偏正之別。此言「使」，必須將之看成一種「原因性」的意涵，眞正造成善惡之別者，應該另有所指。「氣」的善不善即就此而言，這並不即是一般道德所定義的善惡。因此「理」做爲「氣」的原因，並不在善惡的範疇中形成矛盾。此外，「理」雖代表絕對，無二的「理體」，但在二程思想中卻有「原因」、「規範」及「規律」的意義差別。

基于以上，可以看出二程「心理合一」思想的本體基礎。

2. 心性論的詮釋

二程論「性」，基本上有兩層含義，一是五常之性，稱爲性之本；一爲萬物所稟受之性，稱爲才。〔註15〕例如《遺書》卷十九）所言：「性相近也，此言所稟之性，不是言性之本。孟子所言，便正言性之本」又言：

> 性出於天，才出於氣。氣清則才清，氣濁則才濁。（《遺書》卷十九）
>
> 受于天之謂性，稟於氣之謂才。（《粹言》卷二，〈心性篇〉）

而所謂的「性即理」，乃將「理」視爲「性」，而強調其未有不善，伊川明言：

> 性即理也，所謂理，性是也。天下之理，原其所自，未有不善。喜怒哀樂未發，何嘗不善？發而中節，則無往而不善。（《遺書》卷廿二）

由此引文與前三者對照來看，將可發現在「善不善」的範疇中，「性」的內容包含較廣，「理」充其量只是「性」所涵括的一個概念而已。但若就其爲「道」在萬物之展現，而爲物之則或人之本性來說，則「理」與「性」並無二致。因此必須特別注意，二程所有提及「理」或「性」的概念，並不能任意地畫上等號，因爲三者皆非僅有單一的指涉意義，否則便容易斷章取義地混淆對二程的理解。

前文曾提及二程有關「性」的概念，可有兩個涵義，「心」亦然。「心」

〔註15〕同註6，孫振青著，前揭書，頁218。

就其能爲主宰之性而言：

> 心本善，發爲思慮則有善不善。若既發則可謂之情，不可謂之心。（《遺
> 書》卷十八）此外又有：

> 問：「仁與心何異」？曰：「心是所主處，仁是就事言」（《遺書》卷
> 十八）

乃就「心」與「仁」（四端之一）二者關係而言，就「心」的本體言善，而實
際上心落實在人性之中時，則不得不說：

> 理與心一，而人不能會爲一者，有己則喜私，私則萬殊，宜其難一
> 也。（《粹言》卷二，〈心性篇〉）

> 心本至虛，必應物無跡也。蔽交於前，其中則遷。（《釋言》，〈心性
> 篇〉）

當有私蔽、人欲時，「心」便偏離了「性」，因此當「心」發爲情時，則有善
不善產生。由此可知「心」亦如「性」般，依其殊化與否而有兩個層次。

3. 實踐論的詮釋

儒家所開展下來的道德理路，是以成就聖人之典範爲目的，對二程而言，
「人皆可以爲聖人。而君子之學必至於聖人而後已」，〔註16〕爲學目標即在求
「聖」的境界。

孟子曾標舉出：「大而化之謂聖」，而伊川則加以詮釋爲：

> 大而化之，則己與理一，一則無己。

將己同化于「理」，亦即與道合一，則不復有私蔽，而能大化天下。「知天命，
達天理」。〔註17〕然其前提乃在於：

> 人心：私欲；故危殆。道心：天理；故精微。滅私欲，則天理明矣。

> （《遺書》卷廿四）

「心理合一」乃是要克制己心的私蔽，而順應天理。由「心」與「理」二者
同爲道的展現而言，去心之私和順天理是一體兩面，那麼這即表示「理」具
有內在的超越性，定不是客觀外在的實體。而當言「己與理一」時所透顯的
意義即是「道德主體自我實現」而達到「超凡入聖」的境界，這可由明道和
伊川所言之誠敬工夫，特重「心」的涵養而得到理解；並且二程亦曾極言「天

〔註16〕參見〈遺書〉卷十八，頁204：「孟子曰：『盡其心，知其性』，心即性也。在
天爲命，在人爲性，論其所主爲心，其實只是一個道。」
〔註17〕參見〈遺書〉卷二十五，頁318。

下無性外之物」，以及「事外無心，心外無事」。〔註18〕

可見「心理論」乃是就「心」上做工夫，循理而行、克制私慾。然而，伊川又明言「格物致知」的窮理方法，是透過心思以明理，並窮究事物所以然之理而達到「心與理一」的境界。而格物必須「物物格之」，「今日格一件，明日又格一件，積習既多，然後脫然自有貫通處。」〔註19〕而格的對象——「物」，可包括「外物」與「性分中物」，因為凡眼前皆無非是物，物物皆有理。〔註20〕伊川認為不能只格一物，必須格得多了才能夠脫然貫通。這可能是因為物各有一理，沒有一物能夠表現「理」之全體，〔註21〕如此一來，則「理」與「分殊之理」又有層級上的差別了。

綜觀前言，可以得見二程「心理論」之內涵相當豐富，他們開啟了本體論的理路思考，用以詮釋先秦以來的典籍思想，並加以創造發揮，雖然仍未形成系統化的哲學理論，但卻提出許多論題，留待後起學者加以融會，朱子即是其中的佼佼者。〔註22〕

以下將歸納二程「心理論」所引發的思考，做為理解朱子「心理論」的形成背景。

（二）二程「心理論」對朱子的影響

根據前文的探討，可以很明顯地發現二程深受《中庸》思想的影響，而特重闡揚其微言大義之性理之學。〔註23〕

在「理氣問題」方面，「二者的關係」，以及「其性質為何」，與「如何構成萬物」的解釋，二程皆未加以釐清或發揮。〔註24〕而關於「心理論」的建立，則必須進一步深化其本體論的架構，如此始可交待「理」的存在意涵而予以定位。否則僅單純地將「理」等同「道」，又從分殊化後的現象描述「理」的展現，而言其具有規律、規範、本質義的差別，那麼以「一理」來融貫此

〔註18〕參見〈遺書〉，卷十五，頁 160。

〔註19〕前者參見《二程集》〈粹言〉，頁 1252。後者參見〈遺書〉卷十九，頁 264。

〔註20〕參見〈遺書〉，卷十八，頁 188。

〔註21〕〈遺書〉卷十九，頁 247，問：「格物是外物？是性中分物？」曰：「不拘，凡眼前無非是物，物物皆有理；如火之所以熱，水之所以寒，至於君臣、父子間，皆是理。」

〔註22〕同註 6，孫振青著，前揭書，頁 256。

〔註23〕參見唐君毅著，《哲學論集》，〈略述伊川之學〉。台北：學生，民國 79 年，頁 351。

〔註24〕同上，頁 352。

二者的解釋的可能性條件是什麼呢？這些都有待進一步地發展。

　　而最重要的「心」之概念，二程幾乎僅就中哲史上的一般看法來理解「心」的功能、意義，他們反對當時佛家對於心性（以心論性）的看法，〔註25〕但卻仍將心侷限在能知、主宰的見解上，雖則有「見天德」、「能應物」的思想，卻未見發揮，更遑論徹底地將「心」納入嚴謹的本體論的架構中加以論述。〔註26〕而心做為道德理論中的主體因素卻是相當重要的，但這必須等到朱子出現後才有更恢閎的學說出現，因為朱子可以說是荀子之後，論「心」最為詳備的第一人。〔註27〕

　　另外，二程也影響到朱子，促其對善惡問題做更深刻的思考。而合內外之道所牽連的主、客觀問題，以及天理、私慾相對等的相關論題等等，都是引發朱子更豐富、更嚴密地架構其心理論的思想前奏。

　　因此基本上，二程「心理合一論」即是對「天人合一」論的轉化，他們從道通為一的立場，論述天人本來合一（亦即心理本一），然而現象界的真實卻是天人為二（心理不能會為一）；然基于人性道德的要求，天人（心理）應該合一。因此這個思考模式，必須藉著提出「為何不能合一的理由」來加以圓融，才能將理論予以系統化。

　　不過，這一理論在證成之前，必須通過層層的關卡，諸如：心理本來合一，是一元或二元的相合？以及不能合一的理由有沒有必然性？此外，還必須提出「心理合一」的可能性條件，以及實踐方法的種種考量等等。

　　這些都是朱子即將面對的問題，也是本文研究朱子「心與理一」思想的主要論點，以下即透過解析的方式，進行對朱子思想的詮釋。

〔註25〕二程反釋氏的言論，如明道以為：「釋氏說蠢動含靈，皆有佛性，如此則不可。」（參見《遺書》卷二上）

〔註26〕雖則伊川曾言：「心，一也。有指體而言，寂然不動是也；有指用而言，感而遂通天下之故也。」（《伊川文集》卷五）但基本上，其「心」皆被視為「已發」。參見陳榮捷著，《朱學論集》中，萬先法譯，〈新儒家範型：論程朱之異〉，頁83。（台北：學生，民國77年再版。）

〔註27〕參見余雄著，《中國哲學概論》，頁235。

第三章　朱熹思想範疇中的「心」與「理」之概念意涵

　　朱子曾經多次明白提及「心與理一」的思想，其中尤以臨終時告誡學者所言，特別重要：

　　　爲學之要，惟事事審求其是，決去其非，積集久之，心與理一，自

　　　然所發皆無私曲。聖人應萬事，天地生萬物，直而已矣。〔註1〕

這裡指出「心與理一」是爲學之目的，透過審事而求是去非的方法，並且經過不斷地積累，那麼便能達到聖人應事無私，如天之德的境界。

　　其中須特別指出的是，朱子言「所發」的意義。這在朱子的語用中是就「心」之動〔註2〕來說的，因此似乎可以說「心與理一」是落實在「心」的層面而言其主要的涵義。和二程的「理與心一」（《粹言》卷二）、「己與理一」（《遺書》卷十五）；以及李侗的「理與心爲一，庶幾灑落」（《延平答問》）較之，在意味上更明確地突顯「心」的角色。但是，就其理學派的立場來考量，朱子絕非主張像陸王般的心學理論——「心即理」；因爲「理」的概念有其超越的意涵，至少就「善」的觀點來看，「心」因有其形氣之限，〔註3〕故不若「理」概念所涵的超然性。

〔註1〕　見江永著，《考定朱子世家》。此文所引可參見余雄著，《中國哲學概論》，頁349。此外，陳來《朱熹哲學研究》（頁191）中，亦見此段引文。

〔註2〕　依朱子《中庸章句注》第一章：「喜怒哀樂，情也；其未發則性也。……發皆中節，情之正也。」此外，朱子亦主張「心統性情」之說，皆是就「心」之已發、未發的情形加以論究。

〔註3〕　由《語類》卷五，甘節錄：「心有善惡，性無不善。」可見「心」、「性（理）」的差別，即在於善惡問題上有所區分。

此即「心」與「理」在概念意涵上的不相等同。而朱子如何主張以「心與理一」的思想別于「心即理」而開展出理學派的心理論，可以說是朱子的論題中心。然而，朱子做為集宋代理學之大成者，他所面臨到的論題、概念範圍牽涉相當廣，因而想要解析其思想內涵，往往必須隨著論題的延伸而牽扯出許多枝節問題；如此一來，便易造成朱子思想的支離，以及詮釋上的矛盾衝突。

事實上，朱子的觀念是緊密連繫，環環相扣的。不過他的思想觀點通常不是侷限在單純的角度上；且新的意義往往隱含在舊命題的表面下，因而必須審慎地考察其概念間的相關性，及其涵融的關係。

因此，本文擬在進入朱子「心與理一」思想的剖析之前，先就其思路所及的論題層次加以廓清，並對其重要概念進行討論，〔註4〕期能將朱子既成的出發點予以明顯化，而除開不必要的誤解。

基于前文對二程思想分析所歸納出的範疇，配合朱子本身的理論層次，本章特將「心與理一」思想所含的概念，化約成：（1）理氣論；（2）心性論；（3）格致論；（4）修養論四個部分來進行討論。透過這些範疇中各個觀點層次的釐清，便能了解朱子的立場及思想架構，將有助于進一步了解「心」與「理」在朱子思想中的定位，而能夠使「心與理一」的意義更加明顯地呈現出來。

第一節　理氣論中的「心」與「理」

理氣論係朱子思想體系的基礎，而朱子的理氣論之形成與北宋諸子，特別是張載和二程的影響有關；此外，也可說是在潛移默化中受到佛家思想的刺激，〔註5〕而提出的一種綜合創見。

〔註4〕此一區分是來自於前節中，二程思想範疇的歸納結果。然而必須加以說明的是，這四個範疇並非互相排斥，然而卻是相容而不窮盡的，因而這不屬於邏輯式的劃分；甚至其中有許多基礎性的概念互相重疊。不過，有關「心理論」的討論仍然可釐出四個面相：形上本體意涵以及倫理道德的基礎性，與認知、實踐的不同層面。

〔註5〕儒學所受的這種刺激，對宋代理學的影響可說是一種「對反構設」，亦即「橫渠、明道、朱子三人……都曾出入釋老，……在他們開始認同儒學之時，其本身理論應還只是在發展的起點，然而其反對釋老的態度、意識卻已清楚。這種意向性使得宋理學家在構設自己理論時，預先決定了其理論的某些重要論點，與佛老的對反性。」參見祝平次撰，《朱子理氣心性說與明初理學的發展》。台大中研所碩士論文，1991年，頁2。

朱子認爲宇宙萬物爲理氣所成，而有性與形：

> 天地之間，有理有氣；理也者，形而上之道也，生物之本也。氣也
> 者，形而下之器也，生物之具也。是以人物之生，必稟此理，然後
> 有性；必稟此氣，然後有形。（《文集》卷八五〈答黃道夫書〉）

此處將理與氣分從形上與形下的觀點來看，基本上，這是來自〈繫辭〉的「形
而上者謂之道，形而下者謂之器」的推衍。而事實上在張載和伊川，便已發
展出「形上、形下」的概念運用：

> 形而上，是無形體者，故形以上謂之道；形而下，是有形體者，故
> 形以下者謂之器。無形跡者，即道也，如大德敦化是也；有形跡者，
> 即器也，見於事實，如禮儀是也。（《張子全書》，易說下）

> 離了陰陽更無道，所以陰陽者是道也。陰陽，氣也。氣是形而下者，
> 道是形而上者。（《遺書》卷十五）

前者的「形上、形下」之概念乃以「有形、無形」而別，此外「形上」乃具
有「超越」的意涵；而伊川則明白指出形而上之道是形下之氣的「所以然」，
且道與氣是「不離」的關係。

朱子則綜合此二者而言「理」是形而上，「氣」是形而下，而「人物之生」
乃必然稟賦「理與氣」二者。而就物之生來看，乃兼融了形而上與形而下的
條件因素。這樣的看法同時涵蓋了明道的「一陰一陽之謂道，道亦器，器亦
道。」不相離的思想，並進一步明確地以「理、氣」的概念來轉化「形上與
形下」與「道器」的傳統論述，〔註6〕朱子認爲：

> 形而上者是理；才有作用，便是形而下者。（《語類》卷七五）

> 道，須是合理與氣者。理是虛底物事，無那氣質，則此理無安頓處。

> 易說：一陰一陽之謂道，這便兼理與氣言。陰陽氣也；一陰一陽則
> 是理也。（《語類》卷七四）

由此看出，在這個轉化的過程裏，「形而上者」乃指稱在道的實現中的「無形」、
「所以然」〔註7〕的「理」而言：這才能圓融解釋「道須是合理氣看」與「理

〔註6〕《語類》卷七十五：「器亦道，道亦器也。道未嘗離乎器，道亦是器理。理
　　　只在器上，理與氣未嘗相離，所以一陰一陽之謂道。」

〔註7〕「無形」乃就「理無形，氣便粗」（《語類》卷一）；以及「理無形，而氣卻有
　　　跡」（《語類》卷五），而言理和氣的不同。此外，理亦可當作道理來解：「理
　　　是道理，事事物物皆有個道理」（《語類》卷七十五）。

也者，形而上之道也」及「形而上者指理而言」（《語類》卷七五）三者看似矛盾的思想。而當其註解《易》〈繫辭〉之「形而上者謂之道」，認為「陰陽皆形而下者，其理則道也。」（《周易本義》十一章）此即指出：「道」乃氣之理也。

　　因此，可知朱子將「道」落實下來，而將「形上」歸「理」，「形下」歸「氣」，故他又說：

　　　　道字包得大，理是『道』字裡面許多理脈。（《語類》卷六）

因此，可知朱子乃以「理」解釋「道」的形而上意涵，但「理」卻並不完全等同于道。這個分析所透顯出的意義，一方面將「道」的內涵加以確立成具有「條理的法則之個別存在」；〔註8〕另一方面則拉低了「道」與「形而上者是理」字面上的超越性，亦即「理」並不是「超越宇宙萬物而獨存的實體」。

　　另外，「器亦道」對朱子來說即是「器中有理」之意，但二者仍有分別：

　　　　形而下之器之中，便有那形而上之道。若便將形而下之器作形而上
　　　　之道則不可。（《語類》卷六二）

因為「形」是指形質，就有形無形言，器與道的「分際甚明，不可亂也」（《文集》卷五八）。依此，「道器」的概念才和「理氣」對等。

　　然而，從朱子解釋張載「氣」論的角度而言，「氣」亦有可能是未成形者：

　　　　問：「氣塊然太虛，升降飛揚，未嘗止息。」曰：「此張子所謂虛空
　　　　即氣」也，蓋天在四畔，地居其中，減得一尺地，遂有一尺氣，但
　　　　人不見耳。此是未成形者。……及至浮而上，降而下則已成形者。「若
　　　　所謂山川之融結，糟粕煨燼」，即是氣之渣滓。（《語類》卷九八）

基本上，朱子的氣論主張「氣」有兩種存在形式，即有形和無形，而無形之氣經過凝聚又形化為萬物：

　　　　人物之始，以氣化而生者也。氣聚成形，則形交氣盛，遂以形化而
　　　　人物生生變化無窮。（《文集》卷五二〈答吳伯豐書〉）

因此，可以說朱子「理氣關係」置于「形而上、形而下」的概念思考中，一方面同于傳統中對「道器」之「有形、無形」的分別；另一方面，他更提出了就「觀念」層面而言「理氣」，認為二者皆屬無形的概念；因此，形而上的「形」乃指超越與後設之意，〔註9〕這指出「理」為「氣」的超越本質；理在

〔註8〕此語參見崔知泰著，《由朱熹形上結構論解析其心性論》一文中對「理」的描
　　　　述。輔大哲研所博士論文，1991年，頁36。
〔註9〕這一解釋正好可以參照西洋哲學中，形上學（Metaphysics）有關 Meta 的字義：

氣中則是個無造作、無形跡的淨潔空闊世界，〔註10〕「理」是「虛」，然又「渾是道理」。〔註11〕

　　若就「氣」的角度來看，則理在氣中，他明白指出：

　　　　理與氣不相離。(《文集》卷四六，〈答黃伯商書〉)

　　　　既有理便有氣；既有氣，則理又在乎氣之中。(《語類》卷九四)

「氣」能凝結造作，「一元之氣，途轉流通，略無停間，只是生出許多萬物而已」(《語類》卷一)。而造成「氣」生物的所以然乃是理；如此言「理在氣中」相當合理，然而卻容易引發「理氣是一元或二元？」的疑點。

　　朱子以「觀念」與「現實」二個層次來澄清，他認爲：

　　　　所謂理與氣，此決是二物。但在物上看，則二物混淪不可分開；各
　　　　在一處，然不害二物之各爲一物也。(《文集》卷四六，〈答劉叔文〉)

這大概可引用「一體兩面」的概念來解釋，亦即理與氣間「共在」的關係，此乃預設了理氣有分別，亦即其爲二個不同的概念，但在現實之物的角度而言，則共成一體而不可分。

　　基本上，朱子理氣論的思想結構，屬於形上學的思考方式，他的論述相當清楚地區分了邏輯思考的觀念層次，以及現實界的不同。此外，他似乎嘗試用「理、氣」概念來詮釋宇宙論，並且建構人觀思想，〔註12〕後者的思考往往以道德論爲中心。當「理氣論」的概念套用到善、惡問題時，朱子必須面臨一個兩難命題：「氣之惡是否亦來自其中的理？若是，則理有善有惡。若不是，則理便失去了決定氣的意義。」

　　然而，他並未輕率地直接解決這個問難，而是開發另一個範疇，迂迴地

　　「將 Meta 解釋爲 Trans，即超越之意；……亦可解爲 After。」參見沈清松著，
　　《物理之後／形上學的發展》。台北：牛頓，1987 年，頁 24。依此，若將「形
　　上」看成是 Meta 的概念，則可說形上之理超越形下之氣；但就認識的次第來
　　說，理則在氣之後。

〔註10〕參見《語類》卷一：「蓋氣則能凝結造作，理卻無情意、無計度無造作。只此
　　　　氣凝聚處，理便在其中。……若理，則只是個潔淨空闊底世界，無形跡，他
　　　　卻不會造作；氣則能醞釀生物也。」

〔註11〕引自《語類》卷七十五，頁 1935。

〔註12〕即言人物之殊別是由氣稟而異，而人性之同乃「理」之故。參見《朱子全書》
　　　　卷四十二，頁 31；卷四十三，頁 18；以及《語類》卷四，頁 74。此外，卷四，
　　　　頁 65：「人之所以生，理與氣合而已，……凡人之能言語動作、思慮營爲，皆
　　　　氣也；而理存焉。」

進行討論。朱子似乎無法放棄「理是善」以及「理為氣之所以然」的看法，因而解決的契機便在于「理是否決定『氣』而具有主宰能力？」這一命題的論究上。

朱子註解周敦頤《太極圖說》中「無極之真，二五之精，妙合而凝」時，認為：

> 真以理言，無妄之謂也。精以氣言，不二之名也。凝者，聚也，氣聚而成形也。蓋性為之主，而陰陽五行，為之經緯錯綜，又各以類凝聚而成形焉。〔註13〕

關鍵即在于「性」為之主，可否代以「理」的概念。雖然朱子極言「性即理」，但卻不是像數學般，可以任意代換「性」與「理」所在文句中的位置而涵義仍然不變。事實上，這正是朱子思想之所以複雜而值得分析之處。

以下即從心性論的範疇來看「心、性、理」間的關係，一方面思考「主宰」問題的解決；另一方面則分析由理氣論過渡到心性論範疇時，朱子觀念層次的轉換。

第二節　心性論中的「心」與「理」

朱子前有關「人性」問題的哲學思想，多半限定在「性」之善惡問題討論上，對于「心」的看法則就其本身的功能及「心性」關係而立論。明顯的二派看法：如孟子主張「性」根于心，一旦經過道德實踐，便具有形而上的必然性。而荀子則主張心具有主宰「性」的作用，藉此而論道德的實踐。基本上「性」這一儒學傾向的思考範疇，在經過佛學將「心」視為「體」，而以「心體」為「性」——做為超越、普遍的絕對主體精神——的發展之後，便直接影響理學的心性論。〔註14〕

關於心性論的建構目的，朱子做為一個理學家絕不放棄對傳統儒家的認同，然而其思維方式及內容，透過歷史的演變，卻不得不有所改進及擴充，尤其北宋諸子從宇宙論及本體論的角度立說，增加了心性善惡本體意涵的討論，以及確立了「心」的實踐主體之地位，與心的涵養及境界的論述。對朱子而言，「心性」的本體意涵和「理氣」以及「體用」的概念思考有關，而「性」

〔註13〕《朱子全書》卷一，此係朱熹註解《太極圖說》之引文，頁14。
〔註14〕參見蒙培元著，《理學範疇系統》，頁197。

的概念則逐漸地被從「心」與「理」的觀點來立論，而使得道德實踐的主體理論走向對「心」之善惡的探討，這即轉化了原本在性上論善惡的層次，也因此對於心性關係的討論更形複雜。（至於心的涵養及境界問題，乃屬於方法論及工夫論的範疇，將置於後文再行討論。）

　　朱子承襲了以上論題的發展，並且更綜合前人的看法，特別是張載的「心統性情」以及二程的「性理說」：

　　　　心統性情。（《張子全書》卷十四）

　　　　天之付與之謂命，稟之在我之謂性，見於事業（物）之謂理。（《二程集》，〈遺書〉卷一）

　　　　性即理也，所謂理，性是也。（《二程集》，〈遺書〉卷廿二上）

朱子讚服張載的「心統性情」說，將之用在對孟子的解析上，[註15]指出「心包性情」，而「性是體，情是用」。對於伊川的「性即理」的發展則從「理氣」的角度而言「心具理」。[註16]

　　關於「人物之性」，朱子認為：

　　　　人物之生必稟此理，然後有性；必稟此氣，然後有形。（《文集》卷八五，〈答黃道夫書〉）

　　　　性即理也。天以陰陽，五行化生萬物，氣以成形，而理亦賦焉。於是人物之生，各得其所賦之理以為健順，五常之德，所謂性也。性雖相同，氣稟或異，故不能無過不及之差。（《中庸章句》第一章註）

由以上可以看出，從「性即理」的角度言，「性」具有「所以然」以及「本質」二個意義層次上的差別，前者指出人之性來自「理」而為人之所以生之原因；後者則指出人之所以為人的道德本性。然而朱子並不主張將之區分，他認為：性與德並行，無知覺之物亦有其理，雖「不復可論仁義禮智之彷彿，然亦不

[註15]　參見劉述先著，《朱子哲學思想的發展與完成》。台北：學生，1984 年，頁 195～196。此外，《語類》卷五，沈僩錄，朱子認為：「舊看五峰說，只將心對性說，一個情字都無下落。後來看橫渠心統性情說，……與孟子一般。孟子言：『惻隱之心，仁之端也。』仁，性也；惻隱，情也。此是情上見得心。又曰：『仁義禮智根於心』，此是性上見得心。蓋心便是包得那性情。性是體，情是用，心字只一個字母，故性情字皆從心。」

[註16]　《宋元學案‧晦翁學案》，頁 73，答徐子融：「伊川先生言性即理也，此一句自古無人敢如此道。心則知覺之在人而具此理者也……蓋天之生物，其理固無差別，但人物所稟形氣不同，故其心有明暗之殊，而性有全不全之異爾。」

可謂無是性」，若區分了，則物只一性，人卻有兩性了。〔註17〕

事實上，從「性」是人物之生以後的角度言：

> 才說性，便是以人所受而言，此理便與氣合了。（《晦翁學案》〈答李晦叔〉）

> 非氣無形，無形則性善無所賦。故凡言性者，皆因氣質而言。但其中自有所賦之理爾。（同上，〈答王子合〉）

這表示不能懸空說性，懸空說只能說理，理墮入氣中稱爲「性」，才說性便帶著氣質。〔註18〕

朱子乃是站在「人性本善」的立場去看待氣質之性與本性的分別：

> 才說性，便有不是。人性本善而已，才墮入氣質中，便薰染得不好了。雖薰染得不好，然本性卻依舊在此。（《語類》卷九五）

此外他又提出性之本體與兼乎氣質之性有別，並言其不雜卻又不離的關係。〔註19〕因此，「只有性之本體才是理，氣質之性則是理之墮於形氣，便不那麼純粹了。」〔註20〕

這些繁複的概念分析，事實上都來自其理氣論「二而一」的思考模式，同時也是爲了保住「性善」立場，又不得不從實然的經驗觀點而言「繼之者善」，因此他說：

> 論性不論氣不備，論氣不論性不明。蓋本然之性只是至善。然不以氣質而論之，則莫知其有昏明開塞剛柔強弱，故有所不備。徒論氣質之性，而不自本原言之，則雖知有昏明開塞剛柔強弱之不同，而不知至善之源未嘗有異，故其論有所不明。須是合性與氣觀之然後盡。（《語類》卷五九〈程端蒙錄〉）

至善的本然之性和依現實殊化的氣質之性，雖同是「性」，但卻必須區分二種

〔註17〕同上，頁74：「若所謂仁，……非在性外別爲一物，而與性並行也。……若生物之無知覺者，則又其形氣偏中之偏者。故理之在是物者，亦隨其形氣而自爲一物之理，雖若不復可論仁義之彷彿，然亦不可謂無是性也。又謂枯槁之物只有氣質之性，而無本然之性，此語猶可笑。若果如此，則是物只有一性，而人卻有兩性了。」

〔註18〕參見孫振青著，《宋明道學》，頁316～317。

〔註19〕參見《語類》卷九十五：「纔說是性，便已涉乎有生而兼乎氣質，不得爲氣之本體也。然性之本體亦未嘗離，要人就此上面見得其本體，元未嘗離，亦未嘗雜耳。」

〔註20〕參見劉述先著，前揭書，頁200。

不同的層次。既然「性」能夠分成二個層次而仍是一個「性」，那麼「性即理」
所指稱的是哪種涵義呢？從《語類》卷五有關性與理的引文：

> 在心喚做性，在事喚做理。
>
> 生之理謂性。
>
> 性是天生成許多道理。
>
> 性是實理，仁義理智皆具。

可知從「本然之性」及「德性」兩方面來看，性即是理，即是孟子論性的角
度。然而前面朱子曾經提到的「落入氣質之中」而「不爲性之本體」（同註19）
者——亦即有「昏明開塞剛柔強弱的氣質之性」，如何能夠等同「性之本體」
的「理」？

　　這種分別如同性善說和性惡說二者對「性」的觀點不同，是因其「性」
有不同層次之故。朱子欲具足論「性」的不同層面，還批評孟子「有些是論
性不論氣」。〔註21〕

　　因此，朱子雖一方面認爲氣性與性理有別，而言至善之源與其流的不同，
但卻又標舉「性即理」，可知「性即理」的意義與「氣質之性」的概念層次不
同，因而當論及氣質之性的「性」時，並不能以「理」字替代。因此可以說：
「性只是理，有此理才有此實際的存有，此理是實際存有之所以然的超越形
而上的依據」。〔註22〕如此一來，則「理」的「善性」的絕對性便超越了氣質
之性的會有善惡相對的可能性了。

　　「性」與「理」的關係確定之後，可以看出「性即理」僅表明了本體上
的性質概念，仍然不脫「理氣論」的思考模式——形而上的超然。然而就道
德理論而言，善惡形成的特別過程必須加以合理化解釋。由二程思想體系的
模式來看，這是「氣」的問題，〔註23〕朱子繼承了這樣的思想，〔註24〕亦言
有善不善，是「氣稟所染」之故。而根據前面的分析，「不善」的可能根源便
在「氣之性」——具有昏明開塞剛強柔弱之分別者。很明顯地，這就不能只

〔註21〕參見《語類》卷五十九，程端蒙錄。

〔註22〕參見同註20，頁266。

〔註23〕如明道言：「人生氣稟，理有善惡；然不是性中元有此兩物相對而生也，是氣
　　　　稟有然也。」

〔註24〕如其言「才」時，認爲：「才之初亦無不善，緣他氣稟有善惡，故其才亦有善
　　　　惡。」（《語類》卷五十九，頁1383）。以及「才本是善，但爲氣所染，故有善、
　　　　不善，亦是人不能盡其才。」（同上）

從「性即理」的概念的架構得到圓融的看法，必須另外提出一個主體性的實踐基礎。這即是「心」所負擔的任務。

　　朱子明顯地接受橫渠「心統性情」的思想，並從「體用」的角度加以分析「心、性、情」之間的關係：

　　　　性情皆因心而後見。心是體，發于外謂之用。孟子曰：「仁，人心也」
　　　　是說體，「惻隱之心」是說用。必有體而後有用，可見心統性情之意。
　　　　（《語類》卷九八）

　　　　心便是包得那性情，性是體，情是用。（《語類》卷五）

如此一來，「心」的重要性被突顯，而「性、情」則就「體用」的角度而打破「性情不分」的局面，將之構造成一有機整體，〔註25〕因此朱子認為：

　　　　性是未動，情是已動，心包得已動未動。蓋心之未動則為性，已動
　　　　則為情。（《語類》卷五）

　　　　性者心之理，情者性之用，心者性情之主。（同上）

　　　　心者主乎性而行乎情，故喜怒哀樂之未發則謂之中，發而皆中節謂
　　　　之和。心是做工夫處。（同上）

「性即理」透過「心統性情」的詮釋架構，已然找到一個「能動」的基礎，即在「心」的主宰性。「統」除了「兼」的意義外，朱子特重其「統率」的主宰義。因而性理成了「心」所兼攝的形上意涵，「情」則是就其為心所統以應物的已動層面而言。此外，「心」的特性亦可就「理氣論」而言，即「心為內具眾理而通于理，更表現之於外以通於氣」，〔註26〕也就是說，心的作用如同氣一般，就其能知覺而言，乃為「氣之靈」，所謂：

　　　　氣聚成形，理與氣合，便能知覺，……蓋所覺者，心之理也；能覺
　　　　者，氣之靈也。（《朱子全書》卷四九）

　　　　虛靈不昧，具眾理而應萬事。（《大學》明德章注）

　　　　心之知覺，即所以具此理而行此情。（《朱子大全》卷五五）

可知「心」就其能知覺而言，能夠合氣理，將所覺之「理」行之於外。

　　所以，儘管從形而上的角度言「人之性理乃上通太極之理之全者」，〔註27〕

〔註25〕參見陳榮捷著，《朱學論集》。台北：學生，民國77年再版，頁82。
〔註26〕參見唐君毅著，〈朱子理氣心性論〉，《中國哲學原論——原性篇》。台北：
　　　　學生，1989年，頁401。此乃是就「相應於心統性情，寂感、內外」而言。
〔註27〕同上，頁396。

但是欲實現「理」，則有賴于「心之動靜感應」：

> 易中只是陰陽變異而已，……在人言之，其體謂之心。……心只是
> 動靜感應而已。（《語類》卷六十五）

> 其體則謂之易，在人則心也；其理則謂之道，在人則性也；其用則
> 謂之神，在人則情也。（《語類》卷九十五）

所以就「心」能動靜感應，且爲主宰性情而言，便爲道德實踐的能動之主體性基礎。

由此，孟子與荀子的心理論思想便在朱子的實踐理論中被加以綜合而轉化：他一方面從先天的角度，保留了性善之理的絕對性；另一方面則從「心」的角度，分析其爲善爲惡（後天）的可能性條件；並透過「理氣」形構的意義而使「心與性」二者「不離不雜」的思想內涵朝理論化發展也因此孟子的「心性合一」論所強調的，人之所以爲人的道德精神；與荀子著眼於現實的「心性爲二」論所主張的由心宰道之克己精神，全都涵融在朱子「性即理」以及「心統性情」的理氣心性論的思想結構中，而充分解釋善、惡的根源性，以及實踐的基礎性問題。

然而完整的道德理論除了對人性的根源、內容加以解析以外，尚須涉及如何爲善、去惡的方法，以及價值規範等種種問題。在此，儒家傳統終極關懷的「成德」理論中，朱子「心與理一」思想的論題焦點乃指向「道德主體的超昇過程」，亦即在其理氣心性論的思想架構中，如何開顯出自我成德的問題。

而「心與理一」做爲從孟子開展下來的「盡心知性」的使命傳承，在理氣論與心性論兩個範疇中僅得到平面結構性的分析而已。但事實上朱子曾在格致論及修養論的範疇中，思考並提出「心與理一」成德的實踐理論，以下即簡略地論述此二範疇所涉及的思想概念。

第三節　格致論中的「心」與「理」

「格物致知」的概念最早出現在《大學》的敘述中，做爲正心誠意等修身之法的基本前提。但到了宋代的理學中，卻逐漸發展成具有認識論旨趣的道德方法論。

朱子尤其將此一特色加以發揮；他連結了「心知」與「窮理」的概念，

用來解明「實踐道德之理」的論証依據，由《大學章句》中〈的格物補傳〉可以略見此一訴求：

> 所謂致知在格物者，言欲致吾之知，在即物而窮理也。蓋人心之靈莫不有知，而天下之物莫不有理。惟於理有未窮，故其知有不盡也。是以大學始教，必使學者即凡天下之物，莫不因其已知之理而益窮之，以求至乎其極。至於用力之久，而一旦豁然貫通焉，則眾物之表裡精粗無不到，而吾心之全體大用無不明矣。此謂物格，此謂知之至也。

朱子首先點明了「致知在格物」即「窮理以致吾知」之意。而此一定義，乃隱含了以下幾層意涵：（1）「知」的主體乃在於人心；其對象性則在於物之「理」。（2）人心具有知的能力；而天下之物皆有其理。（3）必須就天下之物而由已知之理，推求更窮盡之極理。（4）藉由積累，久了之後便何達到心之體用全然朗現，而事物之本質、性相、表象皆了然通達。

由此看來，「心」和「物」是「能知」和「所知」的對應關係，並且，物之理是心的認知內容。

然而，有關「認知主體與客體間如何相應而形成認知」的主張，朱子在〈格物補傳〉則未提出更進一步的分析。然而欲探究朱子的道德理論之認知基礎，必先就上文所曾提及的「物」、「理」、「心」、「知」的概念加以澄清。

朱子認為「物」乃指「凡天地之間，眼前所接之事，皆是物。」（《語類》卷五七）因此，「物」便不僅限於物質性的存有者，還包括事物等經驗性的概念；此外，就「格物」來說，「格，至也；物，猶事也。窮極事物之理，欲其極處無不到也」（《大學章句》），物即是事，並且是「格」的對象性。然而，就此而言「物」，物卻已不是物質性、經驗性的存有；而是具有超驗性的存在意涵。〔註28〕由朱子言：「推性如何謂之性；推心如何謂之心」（《語類》卷十五）可知，朱子明白區分了「推物」時以及「物本身」的兩層概念。因而前者不若後者般含具物質性的具體意義，就其為認識之內容時，其意涵為超驗性的存在。

如此，則「窮理」和「格物」有其貫通之處；亦即就物「格」的角度來

〔註28〕參見蔡美麗撰，〈朱子格物致知的現象學式解讀〉。文中認為：朱子所言的「天下眾物」，應包括全體存有者、社會規範、價值體系等等。（頁607）本篇論文發表於「當代新儒學國際研討會」，1990年12月。

說，言「物」及是就「物之理」而言。然而，朱子似乎不贊成直接將「窮理」等同「格物」，因爲：

> 窮理二字，不若格物之爲切，便就事物上窮格。（《語類》卷十五）
>
> 蓋言窮理，則無可捉摸，物有時而離。言物，則理自在，自是離不
> 得。（同上）

朱子認爲太強調「窮理」，似乎亦流於離物而言之空泛，而從「格物」的角度來說，自然蘊含了「理在物中」的概念。因此可以說，「格物」的內涵即是「窮理」之意；但「窮理」卻不一定是專就事物上窮理。而基于朱子的立場，必然地「不可離事而言理」。

因此，「格物」是以「窮理」爲目的，並不是直接去「格」外在具體事物，〔註29〕而是藉由「理」之超驗性的內在基礎，以及「接物」〔註30〕的外在條件配合，而完成「格物」的認識目的。

由此可見，朱子以「窮理」解「格物」的思想，便具有以下的意涵——「理」不等同於外在具體事物；但就「理」被認知而言，卻必須依賴某些事物的具體條件。

此外，依朱子以爲：「有物必有理」，而「理」乃就「道德規範性的義理」而言：

> 有物便有理，若無事親事君底事，何處得忠孝？（《語類》卷十五）
>
> 或問：「格物章本有所以然之故。」曰：「後來看得，且要見得所當
> 然是切要處。若果見得不容已處，則可默會得。」（《語類》卷十七）

就「格物」而言，須是見得「合當如此者」的「當然之理」，才是物之格的切要處。儘管「理」有「所以然之故」和「當然之則」的不同，但後者對於朱子所重視的人倫道德來說，更具有決定性，他說：

> 格物須見得決定是如此。……須當見得子是決定合當孝，臣是決定
> 合當忠，決定如此做始得。（《語類》卷十五）

不過，朱子一方面著眼於「理」的道德規範之逼迫性，亦兼及爲何要實踐道德的理由，他認爲：

> 如事親當孝，事兄當弟之類，便是當然之則。然事親如何卻須要孝，
> 從兄如何卻須要弟，此即所以然之故。（《語類》卷十八）

〔註29〕此由朱子主張格物和接物有別，可知格物的意涵超出接物所指的內容。

〔註30〕參見蒙培元著，《理學範疇系統》，頁348～349。

不過，「格物」意義的突顯，並不在于一般的認知而已，雖然，它必須立基在「認知」的概念意義上而言「窮理」；然而，卻不是較量出事物的好惡而已，必須眞見得「有所不可己者」的道理。〔註31〕這便指出了「理」不容私己、曲見的規範性。或許正因爲此，朱子才反對「以心觀心」，以及「心即理」，而力主「即事即物而窮其理，不可離去事物而專務求之于身」〔註 32〕的格物方法論。

而就「理之窮盡」而爲物格的意義來看，便牽涉到實踐之知的問題——致知。

從《大學章句》的注文中，「格物、致知」和「物格、知至」的對比，可以初步了解「格物」與「致知」間的關係：

> 致，推極也。知猶識也。推極吾之知識，欲其所知無不盡也。
>
> 格，至也。物，猶事也。窮至事物之理，欲其極處無不到也。
>
> 知至者，吾心之所知無不盡也。
>
> 物格者，物理之極處無不到也。

由「知至」和「物格」的引文來看致知與格物，一是就「心之知」；一是就「物之理」而言。因而在概念上二者有彼我相對之別，事實上朱子亦曾云：「致知是自我而言；格物是就物而言」（《語類》卷十五）。然而，朱子卻又認爲「致知、格物只是一個。」（同上）他說：

> 於物之理窮得愈多，則我之知愈廣。其實只是一理，……蓋致知便
>
> 在格物中，非格之外別有致處也。……格物之理所以致我之知。

這樣看來，「致知」和「格物」兩者間乃是「二而一」的關係。「致知」以「格物」爲先行條件，因此物理窮得多了（物格），自然我之知愈廣（知至），其基礎乃在于二者爲「一理」之故。

〔註31〕《語類》卷十八：「今人未嘗看見『當然不容己』者，只是就事上較量一個好惡爾。如眞見得這底是我合當爲，則自有所不可己者矣。」

〔註32〕參見《中庸或問》卷二，朱子認爲：「若知有未至，則反之而不誠者多矣，安得直謂能反求諸身，則不待求之於外，而萬物之理皆備於我而無不誠哉！況格物之功正在即事即物而各求其理，今乃反欲離去事物而專務求之於身，猶非大學之本意矣。」可見「知有未至」的可能性，乃基於「心」和理之間有差距，所以必須透過事物的「刺激」（此即在知覺內的客觀條件），才能達到窮理致知的目的。至於朱子是否全然反對「心可自覺內在的理」、「理內在於心中」的問題，將在稍後進行討論。

　　依照馮耀明在〈「致知」的概念之分析〉一文中指出：「格物時所窮的理是殊理，至脫然貫通處，則是心靈全覺，眾理只是一理，即以眾理不外吾心之一理，而爲吾心所內具以爲性，消融了物我或內外之間隔。」〔註33〕就「知至」〔註34〕的觀點而言格物與致知並非截然二分的工夫。

　　但是「致知」和「格物」有別，則是明顯的：

> 致知乃本心之知，……致知工夫亦且只是據所已知玩索，推廣將去。

> 具於心者，本無不足也。（《語類》卷十五）

致知是一種根據已知而將之推廣的工夫，是特就「心」而言者。然而，並不能僅言「致知」，因爲心雖有知覺的能力，卻「氣稟有偏，故知之有不能盡。」（《語類》卷十四）所以，致知的「推廣、展開使盡」的工夫，必須藉由格物窮理的方式加以補足。〔註35〕

　　因此，格物、致知二者乃「心」之實踐所必要的一體兩面之條件，對朱子而言是不可偏廢的。並且亦透顯出朱子所主張的實踐之知是合物我一理的道德知識。

　　然而，此大牽涉到「心知理」——踐知如何可能的問題，亦即「心」的知覺如何躍出意識之限，而窮極道理——合內外之道？

　　首先，必須澄清朱子對於「內、外」問題的看法，他認爲：

> 人心知此義理，行之得宜，固是內發。人性質有不同，或有魯鈍，一時見未到，得別人說出來，反之於心，見得爲是而行之，是亦內也。人心所見不同，聖人方見得盡。……豈可一一須待自我心出，方謂之內；所以指文義而求之者，皆不爲內？（引自照錢穆，〈朱子心學略〉）

「心知義理」來自一種內發的自覺能力；然而，得自於他人而能反之於心的知，也必須透過自覺。而聖人和凡夫的差別，乃在於是否見得「盡」。所以，對朱子來說，「內」即是指心能夠知覺而言皆屬之；而不論其爲自發，或是得之於文義。

〔註33〕參見馮耀明著，《中國哲學的方法論問題》。台北：允晨，民國78年，頁25。

〔註34〕《語類》曾載：「知至只是到脫然貫通處。」（轉引自趙順興著，《四書纂疏》學海版，頁27）

〔註35〕《孟子集注・盡心上》：「不窮理則有所蔽，而無以盡乎此心之量。」以及「須格物，不使一毫私欲得之以爲蔽，然後胸次方得虛明。」（《語類》卷十八）。可見就去私蔽而言，格物窮理有助於盡心。依馮耀明以爲，此即可「使心不繫於物，而能不爲物欲所牽引。」參見馮耀明著，《中國哲學的方法論問題》，頁36。

似乎在心內或外的不同對象，並非朱子所言的內外差別，他基本上認爲：

> 根本枝葉，本是一貫。身心內外，原無間隔。（引自錢穆，〈朱子心
> 學略〉）

依其「體用一源，顯微無間」的思維模式來看，「心之知」和「物之理」間便
沒有內在主觀和外在客觀間的對立，難怪朱子認爲「心和理本來貫通。」以
及「內外之理未嘗不合」。那麼「心知」和「物理」便只是概念上的判分而已。
他又進一步指出：

> 大抵身心內外，初無間隔。所謂心者固在於內，而視聽言動語默出
> 處見於外者，亦即此心之用而未嘗離也。今於其空虛不用之處則操
> 而存之，於其流行運用之實則棄而不省。此於心之全體，雖得其半，
> 而失其半矣。……熟若一主於敬，而此心卓然，內外動靜之間無一
> 毫一隙，一息之停哉？（引自錢穆，〈朱子心學略〉）

朱子事實上是從體用概念不同的角度而別內外，而非從心之認知對象爲心內
或心外來區別。亦即心之發用，表現出爲言行顯於心外者才是外。如此區分，
顯見朱子就道德之知的來源、形成，都認爲是心的內化知覺作用。不過修養
工夫卻必須同時省察「心」的流行運用之外在言默動靜，所以透過「敬」的
涵養，便能夠達到融合內外之道——心之全體卓然朗現。〔註36〕

可見朱子的成德方法，雖然透過「格物致知」來討論，但其實際內容則
轉向「窮理、居敬」的主張，其中所呈顯的認識論意義，由他對「內、外」
的定義來看，多少具有「唯心」的傾向。〔註37〕

然而這又將引發另一問題，亦即當朱子主張「內外無間隔」、「心之用亦
未嘗離」、「省其流行運用之實」時，善之用來自心體之善；那麼「惡」之來
源，是否亦來自此心體之善？抑或來自心體之惡？或者另有一爲惡之發用所
在的惡之體？

有關此實踐上的善惡問題，必須審究朱子修養論中「心之涵養」的討論，

〔註36〕所謂心理本來貫通，乃是就「理無心則無著處」而言。（參見《宋元學案‧
晦翁學案》，頁33）此外《語類》亦提到：「內外之理未嘗不合，自家知得
物之理如此，則因其理之自然而應之，便見合內外之理。」（同註 34，頁
30）

〔註37〕當然，這並不即是同於西哲中的唯心主義；而是指朱子將「心知理」的意識
作用，置於「內」的角度來看；只有當「心被理所知」之後的思想云爲之表
現，才算是「外」。這即是朱子「體用不離」思想模式的運用，經由此種解釋，
朱子似乎可以脫離「素樸實在論」的刻板印象。

才能有進一步的了解。

第四節　修養論中的「心」與「理」

　　朱子的「心與理一」思想爲其成德理論的基礎概念，而道德實踐之價值的確立則來自於「心」及「理」。前面三節的討論已經對「心與理」的結構性關係進行初步的闡述，並且得出「心與理一」的內容指向，是以「心」爲實踐之主體依據，而「理」則爲「心」所融攝的價值存有；（雖然從本體論的角度言，「心」只是「理」的展現而已。）但另一方面，「理」又是超越於「心」的規範性存有，能夠決成道德之善。就此而言，「心」並非至高無上，而有如象山或佛家所言的地位。但是從現實層面來看，「心」卻扮演舉足輕重的角色，因爲朱子認爲「心是做工夫處」：

> 心者，主乎性而行乎情，故喜怒哀樂之未發則謂之中，發而皆中節謂之和。心是做工夫處。（《語類》卷五）

此乃從「心統性情」的觀點來說，並分就心之未發、已發來詮釋《中庸》所言的「中和」概念。從前面所討論「心」的體用、內外之別的角度而言，成就「道德」都和「心」有關。而「『中』是心之所以爲體」、「『和』乃心之所以爲用」，[註38]並且「心」之發的當與不當，才是善惡所生的原因；也因此「性善」與「情有爲善爲惡的可能性」並不矛盾，完全是因爲「心」有一體兩面——已發與未發之故。

　　所以就實際道德實踐而言，朱子首先言明「未發及已發」之別：

> 大凡天之生物，各付一性。性非有物，只是一個道理之在我者。凡此四者（仁義禮智）具于人心，乃是性之本體。方其未發，漠然無形象之可見。及其發而爲用，則仁者爲惻隱，義者爲羞惡，禮者爲恭敬，智者爲是非。……隨事發見，各有苗脈，不相殽亂，所謂情也。（《文集》卷七十四）

〔註38〕參見《宋元學案・晦翁學案》，頁 18：「人之一身知覺運動莫非心所爲。方其靜也，事物未至，思慮未萌，而一性渾然，道義全具；其所謂中，乃心之以爲體，而寂然不動者也。及其動也，事物交至，思慮萌焉而七情疊用，各有攸至。其所謂和，乃心之所以爲用，感而遂通者也。」依孫振青的觀點，認爲《宋元學案》所錄的朱子之中和四書，以此書（第三書）最能充分表達其思想。（參見《宋明道學》，頁 346）

「心」之性體情用是已、未發之別，因而成就仁義禮智之德，乃是自「性體」之道德的發用，這可謂是「率性之謂道」的明確主張。

然而，「不善」如何可能？朱子相當明白，從「率性之謂道」的單一層面並不能完全解釋實際生活中的道德善惡之現實問題，然而站在其儒家性善論的立場而言，「性之體」絕不會有絲毫「惡」的成份，因而他從「氣」的角度來加以說明：惡之形成原因與成德之實踐內容：

> 天之生此人，無不與之以仁義禮智之性，亦何嘗有不善？但欲生此物，必須有氣，然後此氣有以聚而成質。而氣之爲物，有輕濁昏明之不同。……而性之善未嘗不同也。……而凡吾日用之間所以去人慾復天理者，皆吾份內當然之事。……就日用間便著實下工夫始得。

（同上）

由于「理在氣中」，「氣」有昏明之別的關係，而使得善惡有別，故必須去私慾，而復天理。

但儘管「氣」有如此的特性，「性之善」則仍未有不同。這似乎說「用」之惡與「體」之善二者乃並行而兼融。那麼，惡之產生似乎仍需其他必要條件，並不能只就「體」來看，則是解開此一表面矛盾的可能性。事實上，朱子曾經提及：心之動、情之動的條件。因爲從體用來看，心性情未嘗離，故我們僅言體用的區分，並不能了解朱子所言道德之所以善惡的原因，必須從動靜之別來體察：

> 心者所以主于身而無動靜語默之間者。方其靜也，事物未至，思慮未萌，而一性渾然，道義全具；……及其動也，事物交至，思慮萌焉，而七情迭用，各有攸至。……情之動也，而必有節。（同註38）

「心」就其「內」而言，（以別於與行爲摻雜的動靜語默之結果），由動、靜的對比來看，至少可以分析出善惡之形成的幾個要素：（1）事物；（2）思慮；（3）情；（4）節。

當「善」形成時，是在動時與物相感，由意念興起發而爲情，而能夠「中節」；所謂「節」，依朱子在《四書集註》中，只言「情之正也，無所乖戾，謂之和。」而惡之形成則是不中節之故，可能是無法針對相應之事物而發，或者雖「思」，但並未「明至」，或是喜怒哀樂之發而未當。因此，雖則心之體用未嘗相離也，但惡之形成並非是性之善所使然，則明矣。

這可以「水」和「水之清濁」二者爲喻，其體爲水，水之清乃善，而水

之濁乃惡，善與惡是同體而有別；而「清濁」的原因乃由于其爲水之故，必然不是清就是濁；這即是指「氣」之昏明差別。然而清變濁，或濁變清都有可能，乃視其如何「作爲」而定（不能只就氣稟而論）。當蔽於物慾，思慮不徹底，未能理會得盡，則是惡；反之，當心之全體大明，不爲物累，則是善。此「水之清濁」的比喻乃根據明道的說法變通而成。朱子的善惡理論乃避開了性善、性惡的爭執點──「性」，而將層次劃歸成「心」的角度。

以上將朱子有關善惡的層次略作釐清之後，接著再就「人心、道心」以及「天理、人欲」的相關論題來進行了解。

和程頤一樣，朱子亦曾對《尙書》〈大禹謨〉十六字訣中的「人心惟危；道心惟微」，加以詮釋發展。首先，朱子認爲「人心」與「道心」兩者在意義上有別，因爲「人心易流故危；而道心其端甚微」，他說：

> 人心……只飢渴飲食，目視耳聽之類是也，易流故危。道心即惻隱
> 之心，其端甚微故也。（《語類》卷一一八）

就「心」的知覺意識、感官層面來看，有其容易變爲私慾的傾向，因此稱爲人心之危；而道心即如孟子所言的「仁義禮智」之端，而能「發於義理之公者」（《大禹謨解》）故謂之道心惟微。

而就「心」之知覺的內容來看，亦是人心、道心所以區分的理由，朱子認爲「此心之靈，其覺於理者，道心也；其覺於欲者，人心也。」（《文集》卷五六，答鄭子上）當「心」以道德原則爲內容，或以耳目之欲爲內容，則稱爲道心或人心。實則朱子一再肯定「只是這一箇心」（《語類》卷七八）。

至於「人爲何會有道心和人心兩種知覺的差異」？朱子認爲：

> 心之虛靈知覺，一而已矣。而以爲有人心道心之異者，則以其或生
> 於形氣之私，或原于性命之正，而所以爲知覺者不同；是以或危殆
> 而不安，或微妙而難見爾。（《中庸章句序》）

人心、道心的差別原因，乃在於人有形氣和性命之故。當形氣之私形成了，心便處在危殆的境地，因爲易流於爲「惡」（違於本心之「善」）；道心並不是在人心之外另有一心，而是指其道德意識雖源於性理，但卻潛隱不易見而言。

然而就道德之可能性來看，朱子以爲「必使道心爲一身之主，而人心每聽命焉，則危者安，微者著，而動靜云爲自無過不及之差矣。」（《語類》卷六十二）此處充分表明了心的自由、主宰能力能夠抉擇善理，所以，當覺於道德原則之心顯發時，則原本「易流」的人心便不致走向欲望之私，而能夠

中節。而另一方面，這種看法亦隱含了人心有不聽命的可能，亦即當道心失卻主宰地位，人心便可任意為其所欲之私。

朱子對人心道心的分析觀點，相當近似於荀子對「心」的看法，而非孟子的看法，然而其「心論」卻有綜合孟荀的思想之處。

荀子認為「心之所可中理……心之所可失理」（〈正名篇〉）指出了「心」有成善及為惡的選擇能力。而孟子則強調「本心」之良知能能，乃就其為善的本性而言。孟荀心論實則是觀點上所重的不同。〔註 39〕而朱子則特從現實面來區分人心與道心之別，並主張當人欲無窮而失去其「所當然之理」（無節）時，亦有可能違其本心之善，而流於惡。〔註 40〕這是從「心」實際的作為能力來看而將心之有否中理，而別為人心、道心。然而朱子又兼及「本心之善」的觀點，而言「心體固本靜，然亦不能不動。其用固本善，然亦能流而入于不善。其動而流于不善者，固不可謂心體之本然，……但其誘於物而然爾。」（《晦翁學案》，答游誠之）從「心體」的觀點來看，心是善。而其用亦來自本心，然而心動（已發）時，已經牽涉到其他客觀條件（如「物」）的影響。

由此可見，朱子既肯定「本心」，但卻又論及現實層面中「心」的展現問題，可以說在某種程度上融合了孟荀的觀點，而加以詮釋。透過其「體用」及「形上、形下」的思維模式，依唐君毅先生認為，朱子乃開一心為三心，卻又亟稱「一心」之說。〔註 41〕

因此，朱子言「心有善惡」的內涵，有其相當多層次的指向，並不單純地只由「氣」一個因素便能判定。尚包括許多先天、後天因素的討論，藉由朱子思想架構及其概念模式的重組、解釋，朱子的道德理論，可說是從現實層面的觀點，充分將其所言的道德精神之展現，置於「心與理」間的互動關

〔註39〕依牟宗三著，《名家與荀子》書中提到：「以仁識心」和「以智識心」的差別。此一方面點明了孟、荀之間所代表的理路之不同；然而卻並未指出以「本然」和「現實」來論「心」之兩種觀點層次的不同。（台北：學生，民國 68 年。）

〔註40〕朱子認為：「如口鼻耳目四肢之欲，雖人所不能無，然多而無節，未有不失其本心者。」（《孟子集注》卷七）。

〔註41〕參見《中國哲學原論——原性篇》，頁 403。唐君毅認為：三心即指道心、人心、不善人欲之心。然又可將朱子此三心之意涵，歸為一善一惡對反之二心。依他解釋：「道心」可自覺到天理（包括一切理），並可就形上與形下兩個層面而謂其皆善。「人心」則有二，一指其不對「理」產生自覺的傾向而言，即能不違「理」而助「理」之發揮，因此是本為善，而又可為善。另一則指傾向於私欲而蔽於物者，由於其產生相續求遂之欲，而形成惡。然而此一「人心」，仍然是來自於心之體。

係上：「心」一方面可爲惡，卻又能透過「心」的涵養〔註42〕而選擇去惡行善，並徹底實踐、展現道德之知的行爲。

在討論過朱子系統思想中的「心、理」概念，以及相關的論題之後，可以略歸結出朱子「心與理一」思想的出發點乃爲：「心理本一」，但有不爲「一」的可能性。然而基于道德實踐的要求，「心理應當爲一」。

而論証的焦點即在於：「心理當一」如何以「心理本一」爲必然的基礎概念，以及「不爲一」的可能性如何消融在「心與理一」的目的之中。經由這些論題的思辯，可以將朱子「心與理一」思想的內蘊化隱爲顯，並且深入品評朱子的思想風格。

以下即就朱子主張「人應歸一於道心」，達聖人「循理而公於天下者，所以盡其性」〔註43〕的境界，論朱子「心與理一」思想的解析及開展。

〔註42〕朱子主張：動靜皆以敬來涵養，而達寂而常感，感而常寂，則心之周流貫徹，便無一息不仁也。參見同註41。

〔註43〕引自《孟子集注》卷二。

第三部分
朱熹「心」與「理」思想之詮釋

第四章 「心」與「理」的關係之分析

　　從二程以來「心與理」不能會爲一的原因，已在朱子的思想中得到充分的解釋；亦即自理氣論而言是「氣可違理」，自心性論而言是「心不即是性」。而心能與理相合的基礎，則在于「理」具有內在性，除了「本體論」的意涵外，從格致論可見一斑。另外，如何使「心與理一」的實踐主體，則是在于「心」，這從修養論可以明顯看出。因此「心與理」可說是同中有異、異中有同的兩個概念。

　　但是以上的探討只是透顯出「心與理一」思想的合理性基礎，有關其實際內涵的呈顯，尚須更進一步的分析了解。不過經由前一章的探討，可以歸結出「心與理一」思想的內涵實則具有三層面相：1. 存有學；2. 認識論；3. 倫理學。然其要旨可包括成德理論「學爲聖人」的目標及方法。因此，「心與理一」一方面是成德的基礎條件；另一方面亦指成聖的境界。僅由後者來看，朱子與象山的主張似無太大的差異；當然，朱子是以「氣稟」之說而否定「心即理」論的思想；但「心與理一」的概念幾乎在某種程度上等同「心即理」概念。在《語類》卷卅七李方子所錄的引文中，朱子曾說：「仁者理即是心，心即是理，有一事來便有一理以應之，所以無憂。」而另一弟子則錄成：「仁者心與理一，心純是這道理，看什麼事來，自有這道理在處置他，自不煩惱。」二者雖不同，卻皆指出「心同于理」的概念。

　　由此可見，在聖賢的境界中，「心與理一」和「心即理」的意涵相當；因而對于朱子的「心與理一」思想，必須就理論進路來看，始明其「合一」的內涵意義。

　　此外，朱子所言的「心與理一」究竟是一元的合一？或是二元的相合？都必須再加以考察，尤其這將牽涉到道德實踐的證成問題，透過對「心」與

「理」的概念進行更深一層的解析,期能了解其「相合」的性質、方式、目的及動力來源。

以下即分從三個部分進行對「心與理一」思想的分析:(1)「理」與(2)「心」在「心與理一」思想中的定位;(3)「心與理一」意涵的開顯。

第一節　「理」在朱熹「心與理一」思想中的定位

朱子「理」的概念主要是從「太極之理」、「性即理」、「性即理」與「理一分殊」以及「理在氣中而先於氣」等命題中呈現其涵意。然而,顯而易見的是,「理」之概念在朱子思想中有其相當豐富的涵意指向,可以說:「理」是居於樞紐地位,統攝朱子的本體論、宇宙論及人生論,而架構其思想系統。〔註1〕

然而,正因如此,「心與理一」中所指稱的「理」應該如何定位?便需牽涉相當廣泛的討論,因為這不只是指出「理」是什麼涵義而已,必須連帶地面臨「理」之眾多涵義的統攝問題,及其存在意涵的探究。

因此以下將從:(1)「理」的內涵;(2)「理一分殊」的統攝意涵;(3)「理」的定位,三方面分別進行探索。

(一)「理」的內涵

前文理氣論中曾探討出理氣為「共在」,但在觀念層次上有區別的關係性為「一體兩面」。但從朱子思想的演變,可以發現「理」事實上是具有優先性的絕對意涵之本體,〔註2〕這可由以下三點來分別理解:

1. 太極是理

從《朱子全書》卷四九中的多處記載,朱子一直稱「太極為理」:

太極只是一箇理。(《全書》卷四九,頁8)

極是道理之極至,總天地萬物之理便是太極。(同上,頁14)

〔註1〕參見孫振青著,《宋明道學》,頁303。

〔註2〕參見陳來著,《朱熹哲學研究》,頁1~2。陳來認為朱子的思想發展具有階段性。他指出:朱子的《太極解義》思想,代表早期從本體論出發的理氣論,強調「理」沒有先後。其後與陳亮之辯,則促進了對「理之絕對性」的理解。而象數易學的宇宙發生論,則直接影響「理先氣後」的思想,然後再進一步發展成為「理生氣」。最後的晚年定論則主張「理」是「邏輯在先」之說。而在此一演變的過程中,「理」的概念,便因而擴展成含具「本體」、「絕對」、「先於氣」的涵義。(台北:文津,民國79年)

「理」是指道理，而太極是天地萬物的總體之理，亦即爲「天地萬物之根」。
〔註3〕就此而言，「理」具有本根、極至之意。然而，是否所有的「理」都是
太極？若是，則可將太極的所有表徵及性質，當成是「理」的內涵；否則便
必須區分朱子對太極的描述與對「理」的認知差距。〔註4〕

　　依朱子的論述，似乎未嚴明區隔二者，因爲對朱子來說，太極既是理之
極，又是「理」本身。他說：

　　　　太極者，……理之極至者也。（同上）

　　　　無極而太極，只是無形而有理。（同上）

不過從概念上來看，當太極做爲「能生的根源」以「動而生陽，靜而生陰」
時，「理」是太極之動靜的所以然。則「理」是所以然者，「太極」是可動靜
者，兩者有別。而：

　　　　太極含動靜，則可以本體而言也。謂太極有動靜，則可以流行而言
　　　　也。（同上）

所謂「太極含動靜」即言其含攝動靜之理，此即是「本體」之意；而從化生
萬物，生生不息的觀點來看，太極爲「有」動靜的天命之流行。如此，則「理」
在概念上必須和太極區分，雖然「太極」與「理」有同屬形而上的層面，皆
不是動靜本身；但是「理」則爲本體意涵所言的「所以然」；和太極做爲實體
本身，仍有其不同。

　　因此，「理」可以有太極的極至、超越、〔註5〕本體的指謂，他說：「人人
有一太極，物物有一太極。」（同上），且「各一其性，則渾然太極之全體，
無不各具於一物之中」；〔註6〕然太極未嘗有所分裂，乃因「萬物各有稟受，
又各自全具一太極爾。如月在天，只一而已。及散在江湖，則隨處可見，不
可謂月分也」（《全書》卷四九）

　　朱子在此論述了：物各具太極之全體，而爲性之理的本體根源所在。太
極爲萬物所具，但卻不是萬物本身。但「理」卻因此而成爲人物所稟受，既
言稟受便已不具原來之化生者的特性。但仍可藉此而回復性理之初，亦即聖
人之性與塗人之性皆稟太極之理而生，只是有實踐上的差別而已；但人人皆

〔註3〕參見《朱子全書》，頁11。
〔註4〕「太極，理也，……有此理便會動而生陽，靜而生陰。」同註3，頁9～10。
〔註5〕「太極只是個一而無對者。」同上，頁14。「無對」在此雖有絕對之意，但亦
　　　　可引申出「超越」之意。
〔註6〕參見茅星來撰，《近思錄集註》。收錄於《四庫善本叢書》初編子部。

有成聖的可能性基礎，故這種看法也預含了「理」必須透過實踐的作為，才能超脫氣稟之限，而達與太極等同的目標及地位——大化天下，參贊天地。

可知朱子言太極之理，乃在于構設人性論的本體基礎，論證人性直接稟受太極之理，而太極之理的渾然全體亦普遍地存在於一切事物之中。〔註7〕而「理」的意涵便轉而指向「性之理」中「極至、本體、超越」概念的蘊義。

2. 性即理

朱子傳承了伊川「性即理」的思想而加以明確化的發展，使得原本二程僅就「道論」立場，而強調性理同體的概念，言「人性完全合乎道德原則，及與宇宙普遍法則完全一致」的意義，〔註8〕進一步轉化為稟受於「太極之理」的「性理」思想，而強調太極為「善」的根源性。

這個思想可以推溯自《中庸》「天命之謂性」，以及孟子之「性善說」。但是朱子則更加入了《易》〈繫辭〉中「一陰一陽之謂道，繼之者善也，成之者性也。」的思想，用以闡發「性與天道」的理論；同時亦為孟子之「性善論」找出一個源頭。〔註9〕

因此當言「性即理」時，「理」便指「無有不善」的意涵，他說：

> 繼之者善，成之者性。這箇理在天地間時只是善，無有不善者。生物得來，方始名曰性。（《語類》卷五，陳淳錄）

前章心性論曾討論朱子的「性」論思想，發現其有兩層涵義：做為人性的本質義；以及物生成之後的氣質性。前者是本體論的推衍而為「善」之意涵；但後者則就現象層面言其雜形氣之私，並不純粹。那麼，「理」便相應地在氣性之中存在；然而它是否仍然為「善」者？它如何仍保有善性？而「理」之「善」的涵義應如何加以理解？是否有在「本體之善」以外的詮釋？

事實上，由朱子一再強調：「理固無差別，但人物所稟形氣不同，⋯⋯而性有全不全之異爾。」可知「理」在氣性之中仍是善，只因氣稟之別，而使得展現出的「性」有「理」之全或偏的差別而已。而「理」之善性，乃是就四端之發而溯其情以逆知的結果。因為「理之可驗，乃依然就他發處驗得。

〔註7〕 參見同註2，頁8。

〔註8〕 同上註，頁153。

〔註9〕 《語類》卷八，潘時舉錄：「孟子大概只是說性善，至於性之所以善處也少得說。須是如說：『一陰一陽之謂道，繼之者善也，成之者性也』處，方是說性與天道爾。」此外，《語類》卷四，黃義剛錄：「孟子不曾推原源頭，不曾說上面一截，只說成之者性也。」

凡物必有本根；性之理雖無形，而端的之發最可驗。……由其有是端于外，所以必知其有是理于內。」〔註10〕

因此，不論四端之發或未發，都不能否認「其中眾理渾具，各各分明，隨感而應。」（同註10）也因而「理」之善性乃指「感于事，形于外」的內應之意，如：過廟之事感，則禮之理便應，而恭敬之心于是乎形。意即「理」是隨事而感的條理規範。因此可說，「理」有于內必然隨感而應。

然而「理」的這種特質，卻不必然地保證行為皆是善。因為就實際行為的現象來看：既有善，也有惡，而惡的行為是否亦來自于「理」隨事而感的條理規範性？

在前章理氣論中，已經提到朱子言「惡」乃源于「氣」的作用，但惡行中是否亦有「理」的成份？針對此一論題，必須再重新審視「理氣」兩者的關係，才能加以確認。同時藉此才能更彰顯「理」相對于「氣」之作用的內涵意義，而透析出「心與理一」的實質涵義。

3. 理在氣中

朱子理氣論是涵融一元論與二元概念的思想，〔註11〕當論人物之性的本源時，是一元的理本體論，而就現象界的人性之構成及實踐的要求而言，理、氣二者並不能是一元論的概念，因為前者（論性之本源）是來自於「天人合一」的目的論之思考；後者（現象界）則是為了解釋人之現象的差異，以及強調實踐的重要性之理論基礎。此二者在朱子可以是不矛盾的二個思想層次。

而前面的問題便是歸於理氣二元的思想範圍——「理在氣中」概念的解析上；即「理」不歸屬於「氣」，但又必須依之而顯。而因為「氣」有形氣、氣稟之特點（本身的聚散、昏明、清濁之性質），所以亦會障蔽理之顯。就此

〔註10〕此文引自《宋元學案》，頁38～39。
〔註11〕劉述先認為：由形上的角度看是二元論；從功能實踐的角度看是一元論。參見〈朱熹的思想究竟是一元論還是二元論？〉，《中研究文哲所通訊》第二期，1991年，頁181。而依照陳來前揭書（頁29）中，則認為：應將朱子論構成方面的二元說法，與論本源問題區分開來。以上兩種說法略有不同，不過卻可由此了解到：從本體論的形上觀點來看，朱子的理一元論是為了解釋人性之根源，因而具有本體論之特色。不過他又著眼於現象界中人性之殊化，主張理氣相混而不雜的二元思想；然卻又如劉述先所言：此種二元思想並不像笛卡兒或柏拉圖的二元論——對立而無法統一。（頁188）事實上，朱子藉由「理一分殊」的方式，統合了一元論與二元論的思維特點。然而朱子這兩種不同的觀點，在討論中，無論如何必須加以區分，否則極易造成「以為朱子處處自相矛盾」的誤解。

而言，氣可違於理。

因此，惡的行為之產生，便可得到解釋：「理」雖超越於「氣」而為人物本質之體性，但其規範性的開顯卻可能因「氣」的作用而有偏全之別。事實上，從朱子言「理是無計度、無造作」者；而「氣」卻是「有形氣、能凝結造作」（《語類》卷一）來看，「氣」本身為展現者，不過卻並非事物的唯一本質原因。藉用亞里斯多德「四因說」及「現實潛能」的概念來看，「氣」是質料因，「理」是形式因；現實事物的完成皆來自此二者，因為前者是事物實現的物質基礎，而後者為事物完成的觀念基礎。亞氏藉此超越柏拉圖式二元論的危機；朱子亦跳開了惡行根源于「理」之善的困境。

由以上可見，「理」在現實界中的展現，並不是全面必然地開顯。就其為「善」之規範性的內涵而言，必須經由道德實踐的呈展。就此來看，「理」之善的內涵，便不止是善的本體意義而已。

從以上三個觀點來探討朱子「理」的內涵，似乎仍承襲了伊川「理」的要義——指稱本質、規律、規範的意思。然而他卻做了更多的哲學思考與分析，因而在朱子的系統思想中，「理」更擴充為具有極至、本體、超越、先天的善與後天的善之意涵。但是朱子如何運用這些內涵的意義而呈現為「心與理一」的具體內容？則必須透過「理一分殊」的架構做進一步的疏解。

（二）「理一分殊」的統攝意涵

「理一分殊」在朱子哲學中是相當重要的命題。伊川曾說過：「《西銘》明理一而分殊，……分立而推理一，以止私勝之流，仁之方也。」〔註12〕就「仁」而言，「理一」是指愛無差等的道德原則，然而言「分殊」即指具體實施時則因對象、義務之不同而有等級之別。後者即是儒家博愛立場，與墨家兼愛風格不同之處。

依陳榮捷先生對「理一分殊」中「分」字的理解，「分」的哲學意義，是指理氣賦與個人或事物，亦即「天之部分或全部寓于個人者」。〔註13〕因而「理一分殊」就道德而言乃原則之理同，而有賦受及展現的不同。伊川的這個命題便含融了「基本的道德原則，表現為不同的具體規範」之思想。〔註14〕

朱子一方面繼承了「理一分殊」在倫理學上的意義；同時並另外發展運

〔註12〕參見《二程集》，頁609。
〔註13〕參見陳榮捷著，《朱學論集》，頁74。
〔註14〕同註2，頁50。

用到本體論及認識論的範疇中，而解釋本源與派生的關係，及一與多（同與異）的問題。當朱子言「理一」時是指「無物不然」之共理，是人物皆同的所以然之理；〔註15〕然就「分殊」的具體萬物之理而言，朱子有時是指事物稟自天理的性理（如仁義禮智之性）有時則指具體事物的規律及本質，這兩個層次必須加以釐清，才不致造成輕易地以為朱子思想處處矛盾的誤解。亦即當朱子言：「論萬物之一源，則理同而氣異」時是就「性理」的「理」來說；而「觀萬物之異體，則氣猶相近而理絕不同」之「理」是指「分理」〔註16〕而言。

基本上朱子的「理一分殊」思想可從其論述的三個方面來探究：（1）月印萬川；（2）一實萬分；（3）理一分殊。〔註17〕

1. 月印萬川：此指宇宙本體與萬物之性的關係。

《語類》卷九四曾討論《通書》〈理性命章注〉的問題：

> 鄭問：「理性命章何以下分字？」曰：「不是割成片去，只如月印萬川相似。」（陳淳錄）

可見「分」是就稟受而言，而「理一分殊」的概念內涵可由此了解一斑，事實上，在朱子從學于李侗時已經用「理一分殊」的概念說明萬物之性都是稟自於天的相同之理。〔註18〕而在《太極圖說解》中則用太極的觀念加以闡發，所謂：

> 渾然太極之全體無不各具於一物之中。

> 蓋合而言之，萬物同體一太極也；分而言之，一物各具一太極也。

此指出「太極之理」是全體地含具在萬物之中，因而個別的萬物皆分享了太極之理的全體，而不是部分之理。然而就「萬物稟受太極」的角度言，是在量（氣稟）上的分殊故有別（萬物不是太極；太極不是萬物）；而就質（理體）

〔註15〕 參見朱子撰，《西銘解義》：「天地之間，理一而已。然乾道成男，坤道成女，化生萬物，則其大小之分，親疏之等，至於十百千萬而不能齊也。……蓋有生之類無物不然，所謂理一也。而人物之生，血脈之屬，……則其分亦安得而不殊哉？」此外在《孟子或問》卷一，又言：「天地之間，人物之眾，其理本一，而其分未嘗不殊也。」

〔註16〕 以上引文乃錄自《文集》卷四十六，〈答黃伯商〉。「分理」在此可指稱具體規律，或西哲所言「一物之為一物」的本質義。

〔註17〕 參見同註2，頁53〜63，對「理一分殊」所作的內容區分。此是就朱子對「理一分殊」概念所作的不同闡述而區分的。

〔註18〕 參見《延平答問》辛巳年八月七日書，與壬午年6月十二日書。

上言，太極之理與萬物所稟受的是沒有分別的（川上之月與月二者就「光」而言，並無差別）。

因而，由此可以看出朱子之「理」的意涵，似乎有預設「理之全」在「萬物之中」的意味，他在《太極解義》的〈附辨〉中曾提到：

> 萬物之生，同一太極者也。而謂其各具，則亦有可疑者。然一物之中，天理完具，不相假借，不相陵奪。此統之所以有宗，會之所以有元也，是安得不曰各具一太極哉？

此外又言：

> 近而一身之中，遠而八荒之外，微而一草一木之眾，莫不各具此理。……釋氏云：「一月普現一切水，一切水月一切攝」，這是那釋氏也窺見得這些道理，濂溪《通書》只是說這一事。（《語類》卷十八，楊道夫錄）

可見朱子所言的全具太極之理乃指「天理完具」而言，是不須假借于外。而所有萬物都各具此理，依朱子的理解，這就像禪宗〔註 19〕所言的月印萬川一樣，由萬物可見「理」而言其殊；而這又總攝在理體之中而言其為「理一」。

2. 一實萬分

周敦頤在《通書》〈理性命章〉中曾說：「二氣五行，化生萬物，五殊二實，二本則一，是萬為一，一實萬分，萬一各正，大小有定」。朱子將之理解為：

> 所謂乾道變化，各正性命，然總又只是一個理，此理處處皆渾淪。
> 如一粒粟生為苗，苗便生花，……生生只管不已，初間只是這一粒分去。物上各有理，總只是一個理。（《語類》卷九四，陳淳錄）

由此可見，「理」的意涵在此種概念的詮釋下，具有「生生」的意思。而在這生生的過程中，「生生之理」和生生之「展現」不同，後者乃融攝在前者之中，卻又將前者展現出來。亦即生生之展現的物上之「理」，乃源自「理一」而有殊多之別；但就「理體」言，則皆同然。

3. 理一分殊

此乃特就承伊川對道德原則與規範的關係而言，朱子認為：「理只是這一箇，道理則同，其分不同。君臣有君臣之理，父子有父子之理。」（《語類》

〔註19〕參見《永嘉證道歌》中「一月普現一切水，一切水月一月攝」所言之「性相不二」。（參見倓虛法師述，台北：佛教書局，七六年版）此外，本引文亦曾出現於《語類》卷十八。

卷六，甘節錄）以及「所居位不同，則其理之用不一。如爲君須仁，爲臣須敬，……物物各具此理，物物各異其用，然莫非一理之流行也。」（同上，卷十八，沈僴錄）

此處將「分殊」從二個觀點來說：一是「分理」，一是理之用；實則乃指「體與用」二個觀點。這種區分，就像是指出了「對象有不同」之理，以及隨此「對象不同」之別，亦有不同的相應之道的分別一樣。然而，其（此二者）之所以不同乃決定於「一理」之故。

因而，「理」的涵意便有三層：（1）殊化的分理（殊理）；（2）具體的道理（性即理，道德人倫之理）；（3）普遍的原理（共理）。其中（3）即是指「理一」，這是就「天下之理萬殊，然其歸則一而已矣。」（《文集》卷六三，答余正甫書）而言。

可見有一個具統一性的「理」能超越統攝其他分理、道理之分殊，而爲一整全之理。正如陳來在《朱熹哲學研究》中所表示：朱子的這一看法，「正可以爲其認識論及方法論提供基礎，因爲「分殊」決定了積累的必要性；「理一」決定了貫通的可能性。理會分殊是貫通一理的基礎和前提；貫通一理是理會分殊的目的和結果。（頁 62）

綜觀以上對「理一分殊」的探究，可將「理」的內涵分成三個方面來看：

1. 以「普遍原理義」含攝「本體、極至」之超驗意涵。

2. 以「殊化的分理」含攝「先天的善」之性理本質義。

3. 以「具體的道理」含攝「後天的善」之規範實踐義。

也因此，朱子「心與理一」思想中便出現三個面向：存有論、知識論及倫理學，這是朱子將二程及延平之思想深化、擴大發展之後的結果。其中又以倫理學的意涵爲要，且可含攝前二者。〔註20〕

以下即就「理」在「心與理一」中的定位，總結「理」在此一階段的討論。

（三）「理」的定位

1. 首先必須先對「理」的存在意涵加以確定。

2. 「理在物中」而爲一物之所以然。

〔註20〕　「心與理一」是成聖之道德理論的基礎命題。但依朱子的理路，則成德尚須依賴認知之窮理，以及本體存在的條件，因而「心與理一」便成了涵融此三面向的複雜思想。

3.「人物皆各具太極之理」。

由此看來,「理」為一絕對預設,為人物所稟的規律,先天地蘊存在人物之中,而有其普遍性。

但在經驗的層面來看,它是「超驗」的概念──乃先於經驗,而可運用於經驗之中,〔註21〕其價值義可藉由實踐而開展,這即是就心中之理而言。

朱子肯定:「義理,人心之固有,苟得其養而無物欲之昏,則自然發現明著,不待外求。格物致知亦因其明而明之爾。」〔註22〕此外,朱子一再強調「萬理具於一心」(《語類》卷九)、「心者,具眾理而應萬事」(同上,卷十七)的「心具理」之思想。無論其是否為「內在之本具」,或僅是「認知地具」,〔註23〕至少「理」可以做為「心」中的「存有」則是應該確認的。而關于「心如何具理」的問題,則留待下一節論「心」時,再加以討論。

至于「理」是否為外在客觀之存有,在第三章格致論中已略為說明過,朱子是以「心之體用」而別內外,而二者未嘗離。因而就「理」而言,應該不是所謂外在客觀之存有。因為朱子主張「身心內外,初無間隔」如同「根本枝葉,本是一貫」。所以「理雖散在外物,而其用之微妙,實不外乎一人之心,初不可以內外精粗而論也。」(《語類‧大學或問》)這是因為朱子認為「理無心,則無著處」〔註24〕之故。

可見「理」在「心」中的存在性,是「心與理一」理論的必然條件。不過,朱子卻並未因此而倒向主觀唯心論的立場。因為,畢竟「理」不是「心」的次級概念,而是有其超越性的一面。以下即就「理」的規範性而論「理不即是心」。

〔註21〕參見布魯格編著,項退結編譯,《西洋哲學辭典》,關於〈Transcental 超驗的〉解說:「超驗的」最初是指討論何種先驗條件使知識成為可能,同時也指稱這些先驗條件本身。而在康德的用語中,一切經驗及認識之先的認識之基本條件,皆稱為「超驗的」。(台北:先知,民國65年,頁428。)朱子的「理」在其思想脈絡中,亦可以說是「超驗的」(先驗的)。

〔註22〕以上引文,參見錢穆撰,〈朱子心學略〉,(頁4)所引朱子答林擇之語。此篇載於《學原》第二卷六期,1949年。

〔註23〕根據劉述先《朱子哲學思想的發展與完成》中認為:朱子所言「理之在心」是認知地「具」、涵攝地「具」、關聯地「具」,不同於孟子所言的「仁義內在之本具。」(頁246)然而,不可否認的是,認知地「具」已包含有「理之內在性」的概念。

〔註24〕參見《宋元學案》,頁33:「有問:『心是知覺,性是理,心與理如何貫通為一?』曰:『不須去貫通,本來貫通。』『如何本來貫通?』曰:『理無心則無著處。』」

「理」做爲道德規範時，乃指「仁義禮智」而言。朱子承繼伊川的看法，亦主張「仁包四德」，〔註25〕因此，「理」的規範性，可從「仁」的意義來討論。

《語類》有言：「仁是理，孝弟是事，有是仁後，有是孝弟。」（卷廿）朱子認爲有是理則有是事，有「仁」之規範原則，則能發爲孝弟之事。然而「孝弟固是不專在事上，亦在心上」，因爲就仁之發用而言，必須透過「良心」。〔註26〕所以，朱子注解《論語》〈學而篇〉之孝弟章，訓「仁」爲「心之德，愛之理」，可見朱子從「理」不離「心」的角度來看「仁德」的問題。

雖然如此，「心」有時並不「仁」（理），這是必須加以分辨的：

　　孟子云：「仁，人心也」，仁便是人心，這説心是合理底。如説顏子
　　其心三月不違仁，是心爲主而不違乎理。就地頭看始得。（《語類》，
　　參見《朱子新學案（二）》所引，頁 56）

當心不違仁時，則心即理即仁。但朱子將顏回「其心三月不違仁」詮釋爲「以心爲主，而不違理」，則透顯出二層涵義：一是道德的顯發必須藉由心的主宰能力；另一則指「理」爲道德規範之指標、判準。就後者來看，「理」乃超越於心；然而卻並不宰制心，或使心失去決定能力。反而，成德是以心的自由意志，肯認「理」的規範性；心與理同樣爲成就道德的重要條件因素。然而「理」不即是心，「心」不即是理的分別，則爲朱子思想的特色所在。

因此，朱子雖言「仁」乃心之德，但並不是將心訓仁。因爲當人心失去心體的本來之妙——仁，即泪於物欲時，則雖未嘗無是心，但卻會有不仁的結果，因而仁字、心字必須略加分別，才能了解到這層細微之處。〔註27〕

〔註25〕《語類》卷九十五：「伊川曰：四德之元，猶五常之仁，偏言則主一事，專言則包四者。若不得他如此説出，如何明得。」參見錢穆著，《朱子新學案》所引之原文。（台北：三民，民國 71 年再版，頁 42。）
〔註26〕錢穆著，《朱子新學案》，頁 53～54。
〔註27〕《文集》卷四十，〈答何叔京〉：「人之心無有不仁。但既泪於物欲而失之，便需用功親切，方可復得其本心之仁。此只説得下一截。心是本來之物，又只説得上一截。兩語非有病，但不圓。若云：心是貫通始終之物，仁是心體本來之妙；泪於物欲，則雖有心，而失其本來之妙，惟用功親切者唯能復之，則庶幾近之矣。人未嘗無是心，而或至於不仁，只是失其本心之妙而然耳。然則仁字、心字亦須略有分別始得。」可見從心之本體來看，心未嘗不仁，但若只見得此半截，則不能看到心有不仁的一面，因而無法努力用功。對朱子來説，正因爲心有是仁，但卻可能失之，所以必須要用功以求復之。因此，便突顯了實踐的必要性。

從以上的討論，可知「理」在心中有其內存性，因為從發用的角度而言，「理」必須著於心上。然而「理」又和心有別，心雖可貫通始終的作用，但卻並不全然是「理」。且從道德層面而言，「理」是心之善的「所以然」（原因、本質）因此，「理」是道德的判準。

不過，滿全道德卻仍須「心」的條件，亦即「理」的開顯，要透過「心」的知覺、主宰能力的作用，所以，「心理合一」的實際進程，在朱子來說，不是以理決定心，或以心決定理；而是指「理」以心為存在條件，「心」以理為規範判準，亦即「以心顯理」的實踐過程。而這個過程實則是立基在理本體論，以及心認識論的概念範疇中；但就實踐主體而言，則必須詳論朱子有關「心」的概念意義，及其在「心理合一」中的功能作用。

下一節即就「心」的部分加以論述。

第二節　「心」在朱熹「心與理一」思想中的展現

根據前文對於「心」的討論，已可概略勾畫出朱子有關此一實踐主體的思想面貌：「心有善惡」、「心有體用」，以及心有動靜感應、能覺、主宰等作用。因此，成德的工夫，即是藉由心的內涵而展現為存天理、去人欲之修養。但另一方面，朱子亦就現實層面來看，而重視心有不善的可能性。然而心體又是無不善的；所以要了解朱子有關「心」的概念，必須澄清此一論題，〔註28〕亦即探討：「心為何有善惡？」，以及「心如何為善惡？」的理論基礎，才能突顯「心」在實踐中的特殊地位。

此外，心的功能作用所展現的，與「理」之間的實踐關係，及其關係所蘊含的意義內涵，是「心與理一」的基礎概念，本節亦將對此論題進行探究。

（一）「心」的意涵

朱子認為「心有善惡，乃因「心」是動底事物。……然心之本體未嘗不善，又卻不可說惡全不是心。」（《語類》卷五）從心之用來看，心有善惡，此乃因為心具有「能動性」（指可覺於欲而陷溺其中，故而未能中節而言）。

〔註28〕第三章中曾討論到心的善惡現象，「不善」是由於不中節、蔽於物欲之故。而前節亦曾提及「心不違理」乃為善之方式。不過，關於「心為何不中節」，以及「心如何中節」的問題，並未由此而得到解答，因為光從「本心（體）」來看，並不能涵蓋「如何中節」的原因和方法；而僅言人心、道心之別，也不能闡明不中節的形成及其最後根由。

就此而言，「心」可說是惡之形成原因。

　　然而，「心」為何有善惡，卻必須從「理氣」的角度來探討：心是「理與氣之合」；心與性之間的特殊關係，以及「心具理」的思想，經由這三方面的分析，才能更深入了解朱子論「心」的特色，及其在「心與理一」中的定位。

1. 心合理氣

朱子認為知覺來自於氣之聚散所為，他說：

> 所謂精神魂魄，有知有覺者，皆氣之所為也，故聚則有，散則無。（《朱子全書》卷四十九）

然而，知覺並非全是「氣」所成，而是：

> 氣聚成形，理與氣合，便能知覺，……蓋所覺者，心之理也；能覺者，氣之靈也。（同上）

根據朱子言心是知覺〔註 29〕而言，心為能覺之主體，而理則是為其所覺之內容，「心」本身乃為「氣之靈」者。

　　從朱子理氣論的思想架構來看，以上說法顯然是「理在氣中」的運用。而從「理」是無形、無造作的角度來看，心與氣，同為「理」之所著處，乃因其有計度及造作的能力作用。

　　不過，卻不可因此而將「心」等同「氣」。固然心之能覺乃源于氣之靈的作用，但心之「所以」能知覺，卻是來自於「理」，這是因為朱子的理氣論，主張「理」為「氣」之所以然，〔註 30〕所以朱子言，「心」是理氣之合，而不僅只是「氣」而已。

　　因此，心涵理氣，便具有此二者的特性。

　　此外，朱子認為人物之生，必稟理氣，然後有性與形。〔註 31〕同樣地，心亦有其「性、形」之分。對朱子來說，心之性即是孟子所言的四端，故就此而言「人心至靈，故能全此四德，而發為四端」（同註29）；然而從「氣稟」

〔註 29〕《宋元學案‧晦翁學案‧答徐子融》，頁 73，朱子認為「心則知覺之在人，而具此理者也。」

〔註 30〕此一概念可藉亞里斯多德「形質論」的思想而加以解說。亦即：形與質（form & Matter）共同組成現實物，並且為其原因。其中「形」係更具決定性的原因。同樣地，對朱子來說，「理與氣」皆為「心」之因，心因而具有此兩種特性，使得心的概念因而突顯。此外，朱子又言：「陰陽五行錯綜不失條緒，便是理。」（《全書》卷四十九）可知，理乃為氣之所以然（亦即理是氣上的「規律」）。

〔註 31〕參見《全書》卷四十九。

的角度言，則「理」因受「氣」的影響，在物上的展現便有偏全之別，不過「理」之統體未嘗有異。亦即氣稟會有所偏塞，故所顯之「形」便不同；但是就理體而言，其本身卻未因此而偏塞。〔註32〕朱子還舉出橫渠的比喻：「受光有大小昏明，而照納不二」；以及明道所說：「不可以濁者不為水」，來加以說明「理同氣異」的現象。

由此可知，朱子將「氣」的功能定位在展現成形的作用上，因而從心之呈顯的「用」（知覺）之一面來看，便自然地會產生駁雜不純的現象；但其理體（心之理）本身卻不因此而有異。

也因此，「心體本善，而心有善惡」的衝突矛盾，便因朱子區分現象與觀念兩個層次的觀點，而加以化解，並予以合理化。這種看法同時隱含了善惡的形成在「體用」上的不同考量方式。不過，由朱子所言，「惡」有其來自於「心」的原因，是形上學的思維模式所造成的。而「惡行」的形成，卻並非全是由「心」所使然。因為在此主體中，還蘊藏著其他客觀條件的因素。〔註33〕所以，朱子不是純然的道德動機論者；只不過是特別從「心」的性質及功能作用來論述善惡的問題。這是朱子承襲儒家自先秦以來對心性論的重視，而主張從「後天」的觀點，來突顯「心」的地位及作用，以論述道德化成的意義。

因此，「心性」問題在朱子便有了另一層的轉化與綜合，以下再就心性間的關係進行了解。

2. 心理性之不離不雜

朱子從心性之間的聯繫關係言：「此兩個說著一個，則一個隨到，元不可相離，亦自與難分別，捨心則無以見性，捨性又無以見心」（《語類》卷五，余大雅錄）。這是指心之知覺在進行道德判斷時，知覺本身能夠顯現「性理」的內容；而性理又為心之本體的所在，所以心性不可相離。

不過，朱子又反對謂心是性，或將性當作是心：

> 心性固只一理，然自有合而言處，又有析而言處，須知其所以析，
> 又知其所以合乃可。然謂性便是心則不可，謂心便是性亦不可。（《語
> 類》卷十八，沈僩錄）。

由於性有仁義禮智，而心卻千思萬慮，出入無時，故從知覺來看，虛靈底是

〔註32〕參見孫振青，前揭書，頁307～309。
〔註33〕參見本文第三章第四節，有關物欲及中節問題的分析。

心，而實底是性，所以心性自有分別。〔註34〕

　　大體上，朱子是從「心」之能動、變化、感應的現象來看心性的不同，然而心性有別，卻並不是本質上的區分，是概念上的區分。因爲心如同氣質之性，雖不是天地之性的本然或純粹至善，但卻不可說它不是性。

　　所以，朱子雖分別心性的不同特性，但卻並未因此而割離兩者的關係，反而從後天的角度找出道德實踐的內在基礎。

　　這種看法透顯出一個相當重要的意義，亦即缺乏了「實踐」的考量，而僅肯定道德理性之本具，將會造成主體過度的自我膨脹；這是朱子所一再反對、批評的。而正因爲性與心有其內在的關聯性，所以，爲善有其必要性，且必須透過心來彰顯性理之德。這即是朱子之所以突顯「心」的主要理由。

　　接下來即就「心與理」概念間的關係性來論究「心」之爲善如何可能。

3. 心具眾理

　　朱子主張「性即理」，肯定「人之所以爲人」的存在性即是「道德理性」。〔註35〕然而從現實來看，心卻有形氣之私，具能爲惡的可能性。如此一來，便連帶地否定了心與道德理性（在現實之中）的同一。

　　所以，當朱子從「心不是性」的描述觀點著眼時，便很難令人理解「心具眾理」（《文集》卷卅二）以及「一心具萬理」、「心包萬理，萬理具於一心」（《語類》卷九）的概念。因而在詮釋時，便容易將「心和理」之間的複雜關係，化約成單向的「認知」；或是僅就其表面字義，而將之理解爲「理本具於心」，遂駁斥朱子互相矛盾——理既在心又散在外物之中。

　　事實上，從朱子的思維模式來看，「心具眾理」是心、性之間聯繫的概念基礎，此中所言的心和理，不是指心與外在事物之理間的關係，而是著眼於心與性理之間的關係。〔註36〕因此，心具眾理的「具」，已隨著此一區分（物理與性理），而將「氣質之性」的涵意排除在外，〔註37〕所以應不能僅指出後

〔註34〕參見陳來，前揭書，頁188～189。

〔註35〕道德理性（Moral Reason）對宋儒而言，即是指「性理」。其在心性論上的意涵，是指將道德理性內在化，成爲人的先天本性而言。但對朱子來說，僅就此點而論，並不能含蓋他所認定的道德之內涵。

〔註36〕參見陳來，前揭書，頁187。

〔註37〕氣質之性和本性不同，前者屬於現實層面中，已雜形氣之性而言。但就概念上來說，氣質之性仍是性，與心和理之本體涵意無別。但對朱子來說，這兩種層次還是應該加以區分。

天的認知之關聯性本身；反而必須將其所含的本體意涵，視爲認知關係的基礎。亦即朱子是由「心可展現理」的現實基礎，進而以實在論的形上思維方式，推得「理具於心」的概念。〔註38〕

這是基於孟子「本心」概念所做的詮釋。無論朱子的道德信念是否完全同於孟子，但他的確有將「心可先天地含蘊理」的思想，以「心具眾理」的說法表達出來。

朱子認爲：「心是神明之舍，爲一身之主宰；性便是許多道理，得之於天而具於心者。」（《語類》卷九十八，周謨錄）這種說法，乃是將天理的存在性落實在心的本質功能中，而使心具有能爲一身之主宰的主宰性。因此，他說：「性不是別有一個物事在裡面喚作性。」（同上，卷六十，鍾震錄）

然而，心爲本體虛明之靈處，性理則是實底，所以是「心包理」，亦即心有知覺，而「理未知覺」（《語類》卷五，陳淳錄）是以「性不能以該盡此心也」（同上，卷一百，萬人傑錄）。對朱子來說，心以性理爲體，但卻能含具萬理。這種概念意涵，已經超出了本體論的層次，而具有認識論的意義。亦即朱子並不以「心理」間的同體關係爲滿足，他尚從心的功能，可以展現、彰顯理的一面，來談「心與理」的關係。也因此，「心具眾理」便一方面具有本體意涵，卻又可做爲認識論中「知覺可能性」的基礎。這即是朱子理論中，爲善之所以可能的基礎。

從以上的討論，可以獲知朱子心的整體意涵，是在於性理的本體基礎上，而爲善惡之能動主體，能夠兼乎體用，通貫未發、已發，並且能含動靜。

至於心與理間的實踐關係，則必須藉由「心」之功能的進一步詮釋，才能獲得彰顯。

（二）「心」的功能及其實踐意涵

從前文的討論中，可以發現朱子「心」的作用，並不是直接呈現「天理」的存有本體，而是指心的知覺，及主於身的特質而言。〔註39〕因而實踐的意

〔註38〕《語類》卷五言：「心意猶有痕跡。如性，則全無朕兆，只是許多道理在這裡。」又說「性不可言，所以言性善者，只看他惻隱、辭遜四端之善，則可見其性之善。……四端，情也；性則理也。發者情也，其本則性也，如見影知形之意。」可見朱子是從心之發處，見理之根於心，而知其爲性善。這種思維模式，是基於「有現象必有本體」的概念。因此，朱子便將孟子的「乃若其情，則可以爲善」，理解爲：性善是「溯情而逆知」（《文集》卷五十八）的推論結果。

〔註39〕參見柯志明撰，《朱子主體理論之研究》認爲：朱子中和新說是以「心」爲人

義便藉由「心」的知覺及主宰作用而展現道德的意蘊。

　　以下即就心的知覺義及主宰義，來探討朱子的實踐內涵——心知理，而可中於理（節）——的道德理性之顯發。

1. 心的主宰義

　　朱子在〈觀心說〉中，充份地表現了心的主宰義：

　　　夫心者，人之所以主乎身者也，一而不二者也，為主而不為客者也，
　　　命物而不命於物者也。（《文集》卷六十七）

對朱子來說，「心」是唯一的能動主體，具有意志自由的自主性，能夠決定人之一切行為的顯發，就此而言，朱子認為：「哪有一事不是你心裡做出來底？如口說話便是心要說；如紾兄之臂，你心思量不是時，定是不屑為。」（《語類》卷七十八，黃義剛錄）此即是以心作為一身之主，而人的行為表現（包括思維、情感、……）皆為心所統攝。

　　此外，朱子又言：「心者，人之知覺，主於身而應事物者也」。（《大禹謨解》）心能夠感應事物即是透過心能知覺（意識）的主宰作用，然而這必須置於「心統性情」的架構中才能了解：

　　　感於物者，心也；其動者，情也。情根乎性而宰乎心。心為之宰，
　　　則其動也，無不中節矣，何人欲之有？惟心不宰，而情自動，是以
　　　流於人欲，而每不得其正也。然則天理人欲之判，中節不中節之分，
　　　特在乎心之宰與不宰。（《文集》卷卅二）

性為心之理，是心能主宰以及情之動的根由；當心能主宰情時，則可發而中節，此時天理顯而無人欲之有；否則便不中節而流於人欲之私，所以善惡之形成乃依存於心的主宰作用。

　　然而心（情）既根于性，為何有不宰的情形呢？依朱子來看，這即是由于心有自由意志之能動性，及其本身知覺作用的特殊之處。正是因為此一者，才使朱子走出心體理論的囿限。〔註40〕不過朱子並非全然放棄心與理的關聯性，相反地，他將「理為心之主宰的所以然」做了更明確的發展，他說：

　　　心固是主宰底意，然所謂主宰者，即是理也。不是心外別有個理，

　　　的主體機能，乃指心作為「人之一身的知覺運用之主」，已不同於舊說的以心做為「天理本真」之存有本體的直接呈顯。

〔註40〕　參見陳來，前揭書，頁 135。朱子在經過己丑之悟後，「性為心之體，情為性之用」的思想已有初步的形成，但並不明顯。

理外別有個心。(《語類》卷一)

顯然朱子以為心之所以能宰,即是對于其本具之理的展現;那麼,心不宰,便是由于心無法展現理,所以才會不中節。因此,心有可胏不宰,所以僅從未發而論道德修養是不夠的,必須正視已發的現象,而由心的涵養〔註41〕著手。因而他主張居敬、窮理的工夫,如此才能兼融已、未發,而達「存天理,去人欲」的成德目的。

也因此,朱子將孟子的「盡心」之實踐意涵,轉化成對本心之性理的肯定之後,又從「知覺」的作用,來談心如何展現道德理性的問題。因此,可見朱子並不單從「認知」的角度言「心理合一」,同時也不侷限在「心即理」的本體意涵上。雖然,不可否認地,朱子的確十分重視心的知覺作用,但是這並不會割離道德的應然性,也不會削減實踐的可能性。〔註42〕

以下即就心的知覺功能進行分析,加以解說「心之知覺」,在朱子實踐理論中的重要性。

2. 心的知覺義

對朱子來說,以「心」為實踐主體的意義,不只是指透過主宰、統攝作用,來決定由內顯於外的動靜語默,更是指能夠藉由知覺的理性能力,將事物的本質、規範、規律加以內化而成為實踐的內在基礎。

基本上,心的知覺能「主于身而應事物」,而當朱子言「人之神明,所以具眾理而應萬事」,乃在指出「心」是能表現認知、理解與判斷的思維理性。前面已經提到,對朱子來說,即使是「心即理」的本心(「存有」層次的),仍然要面臨到心如何與理合一的問題。亦即就現實的,仍未成聖的凡夫個體來說,心體是性理,但發用卻可能不合理。所以必須格物窮理,亦即是以心知理的方式,藉由「知至」而呈現道德之知的實踐真諦。

儘管「心」具有認知的作用,但並不能以此而認定朱子思想中的「心」

〔註41〕乃指「心」能既有而使之無,或未有而使之生;或於理之表現者之偏而失之正,而能矯其偏失,以復其全者。(參見唐君毅著,《中國哲學原論——原性篇》,頁401。

〔註42〕牟宗三先生認為朱子的思想,是從客體之實然,欲導出主體之應然,故有其缺失。事實上,此說值得商榷。依黃慶明著,《實然與應然問題探微》中指出,由實然導出應然亦有可能,只要再找出一個應然的條件,作為立論的前提即可。而就道德推論而言,此種主張是可以成立的。(台北:鵝湖,民國74年,頁205~206。)更何況朱子本身是從應然推到應然的本務論思想,在以下的本文中將有進一步的討論。

便僅只是認知心，或認為「心」絲毫沒有道德的先驗性。然而，從朱子肯定「心具眾理」的概念，便可以了解：心具有性理的本體意涵，即是在心中已含融天下一切事物的先驗基礎。〔註43〕

　　藉由以上概念的基礎，以下即專論「心之知覺理如何可能」來彰顯朱子的道德實踐思想。

　　首先，必須指出朱子所言的「理」具有內在性，亦即可內在於人心。這不僅僅是從心體是理的角度而言。事實上，朱子言「格物窮理」時亦呈現出「理」並非外在客觀性存有的意涵。事物固然為客觀存有者而獨立於人心之外，然而就知覺形成來看，事物之理便具有內存性。然此雖透過心之用，但又不離心之體。〔註44〕這並不即是表示朱子之說等同唯心論，而是心之意識認知對象時的一種過程。〔註45〕從《文集》卷七十四的〈玉山講義〉一文中，亦可見朱子所言的「理具於人心」而能「隨事發見」之意。〔註46〕

　　由此，可知朱子所言心能感應萬事，乃是就心中之理為知覺之所以然，故能展現而為心知理的現象。而光只有性理的概念存有，未有心之知覺作用，是無論如何也開展不出道德實踐。所以心與理二者，應同為道德實踐的必要條件。

　　此外，從朱子主張所有人在本質上皆具備「性理存於心」的天賦，以及

〔註43〕參見本文第四章第一節中之討論，頁76。

〔註44〕在格致論的範疇中，已明顯地可看出朱子將理視為內於心的存有。然而這是就知覺的角度而言，此時的物理同性理一樣，皆為內在性的存有。儘管朱子未曾詳論其為何具有內在性，不過朱子顯然未將任何時候的所有「理」，都視為散於外的天下之理。

〔註45〕當代西方哲學的現象學大師——胡塞爾，曾詳細地論述，作為意識對象的「理」（本質或理念），如何內存於心的問題。胡氏認為，本質（理念）並不是指官觀念的正確性，而是指「作為普遍相的事物、作為類型的事物，在變動不居的狀態中，被當做自我同一的共相來加以了解的事物」；或者指「事物如其自身的形相」。而在認識的過程中，本質是可知的。當意識產生時，認識對象即是在意識之流（Stream of Consciousness）中，所呈顯之物。且其存有性是建立在意識之流的絕無可疑性上。而意識具有指向性（亦即每一意識剎那，皆有「關於某一對象」的意識內容）；因此，被意識的對象乃內存於意識之中。（參見萊溫拿斯著，《胡塞爾現象學中的直觀理論》；以及胡氏的著作，《觀念論（Ideas）》及《邏輯研究（二）》。）由此可見，關於朱子「理內存於心」的思想，藉此便可得到充分的理解。而這和僅言「心」之決定性的唯心論有所不同，亦明顯可見。（參引自蔡美麗，於民國77年在政大開授「現象學導論」之課堂講義。）

〔註46〕參見本文前節所論，頁78。

皆有心的知覺能力,所以「塗之人皆可爲堯舜」的普遍基礎,即在心與理的本質關聯性上。然而,朱子又著眼於現實中,並非人人皆是堯舜,他認爲這即是「氣質之性」所造成的。天命之性在落實爲人性時,以及人心在後天的實踐過程中,皆有其氣稟之私,以及易流於人欲而爲物所累的傾向。因此,不應該僅就本心論道德,必須考慮到後天的種種因素,才能在現實生活中強調實踐的重要性。而實踐的基礎,即在於加強對「理」的體認,並顯發心的主宰作用,以克服後天及先天的「氣質之性」。〔註47〕

由此看來,朱子的道德理論,實則是從理想及現實層面來看,「人性」乃指人具有可完美性,以及成德的普遍性,並且能夠透過實踐而去惡成善。這即是朱子基於心的認知、主宰之功能,而言心之本體的性理之展現,〔註48〕所論的「心」之定位。

綜觀以上的討論,可以了解「心」在「心與理一」中所呈展的意義,乃指心是兼涵體用,本心是善,並含具衆理,並依理的限定作用而可展現知覺、主宰的功能。而人做爲道德實踐之主體,是藉由心知理,而呈現道德在人性內外的開展。

在將「心與理一」的思想,分從「心與理」間複雜的關係來加以思考,以及界限出「心」和「理」的不同定位之後,下一節即從朱子的思想與料中,列舉出朱子對「心與理一」的陳述,而進行對此一思想的整體詮釋。

〔註47〕 朱子和張載一樣,認爲「氣質並不都由先天所決定,也有後天的因素。」參見蒙培元著,《理學範疇系統》,頁238。

〔註48〕 「理在心中而爲心所展現」,這除了指理內存於心,而做爲心的主宰功能之所以然(道德理性)以外;從「理一分殊」的觀點來看,「心展現理」亦含有:道德理性透過心的彰顯,而開展出道德法則,成爲分殊之理的意思。參見本文前節關於「理一分殊」的討論。

第五章 朱熹「心與理一」思想的解析

歷經繁複的「心與理」關係之討論後，可以看出朱子認爲心與理有內在的相合基礎，無論是在本體論或認識論的範疇中，都指出「理可以內存於心；而心可以展現理」，這即是「心與理一」的可能性基礎。

然而朱子站在「性即理」的立場，反對象山的「心即理」說，〔註1〕但卻又批評釋氏的「心與理二」，〔註2〕因而朱子似乎既不贊成心等同於理；但卻又認爲自己的思想是「心與理爲一」，並以此爲儒、釋之所以異的特點。

此一矛盾，事實上從朱子的思想風格及理路的分析，可以獲得初步的疏解——亦即「不離不雜」、「一而二、二而一」的思維模式，促使朱子兼採兩種不同的觀點，來分析傳統的思想概念，並將之加以整合、組織在目己的思想系統中，因而造成如此的結果。但僅從這一點，還不能解釋朱子的「心與理一」思想之所以如此呈顯的現象，及其所隱攝的概念意涵。

因此，以下將先澄清朱子所論及的「心與理一」之脈絡意義，以判定其內涵。並將之置於朱子的思想結構中，詮釋其主要的訴求理念。最後再將之與陸王、佛學的心想系統進行一對觀，並藉此呈展出朱子「心與理一」思想的特色。

〔註1〕 依陳來認爲，朱陸之爭本來是對於爲學方法的爭辯，然兩者的爲學方法又聯繫其本身的特定之思想體系，關於其間分歧的根本所在，後學者多半指出是由於「性即理」和「心即理」的差異（如羅欽順），頁391～394。

〔註2〕 朱子極力辨別儒釋之異，《語類》卷一二六中頗多儒、釋比較之言論，主要是朱子以爲聖人乃「心與理爲一」是由於「聖人本天」的看法。而釋氏僅只「本心」；他認爲這是「心外有心」（亦即心有不是理者），故爲「心與理二」。而這種指摘，王陽明亦曾提出來批判朱子：不過朱、王兩者使用時的概念內涵有所不同。

第一節　朱子「心與理一」的脈絡意義

（一）原典引文

首先，將朱子有關「心與理一」的引文列出：

> 心與理一，不是理在前面爲一物，理便在心之中，包蓄不住，隨事而發。（《語類》卷五）

> 爲學之要，惟事事審求其是，決去是非，積集久之，心與理一，自然所發皆無私曲。（見第三章，第一節註1）

首句引文明白地指出：「心與理一」是指理存在於心之中，能夠隨著心之發用，感通事物而發見於外。所以「心與理一」在此是從心之用的層面來說。這屬於概念意涵的表述。

而第二段引文，則指明「爲學」主要應從事物著手，必須實際地明判是非，透過積累的實踐工夫而達到「心與理一」的境界，不再有私心，便能全盡理之善。

由以上看來，朱子論述「心與理一」，具有二層涵意：一是心與理有內在的相合基礎（在概念上）；另一方面則必須藉由實踐，而使心達到「一於理」的境界。〔註3〕

此一區別產生，主要是因爲朱子認爲在現實的層面來看，「心」有形氣之私、且具爲惡的可能性，所以必須克盡氣質之性，才算是心與理一。而另一方面，由於心可知理，以及心本具理，因而心與理二者具有相合的基礎，並且是以「心」做爲「理」之依存所在。而「物之理」的客觀性，早已轉成內化於「心」的主觀意涵，因此，「心與理一」已將討論的概念，窄化於「心」的範疇之中。因而「心外有理」，在概念層次上的問題便可獲得解消。

以上從「心與理」的概念意涵及其關係，便能分析出「心與理一」所潛存的相合基礎。而「心與理如何相合」的問題，則必須先就實踐層面的考量而進行了解。

〔註3〕 《文集》卷七十二，朱子認爲：「格物致知，大學之端，始學之事也，一物格則一知至，其功有漸，積久貫通，然後胸中判然不疑所行，而意誠心正矣。然則所致之知固有深淺：豈以爲遽與堯舜同者，一旦忽然而見之也哉？」「……讀書而原其得失，應事而查其是非，乃所以爲致知格物之事，蓋無適而非此理者。今乃去文字而專體究，猶患雜事紛擾，不能專一，則是理與事物爲二，必事盡屏，而後理可窮也。」

（二）論「心」與「理」之如何相合

1.「心與理一」的實踐意涵之呈顯

朱子認爲「學」之所以可能乃在於心與理，他說：

> 人之所以爲學，心與理而已矣。心雖主乎一身，而其體之虛靈，足
> 以管乎天下之理。理雖散在外物，實不外乎一人之心，初不可以內
> 外精粗而論也。（《大學或問》）

朱子從爲學的實踐角度來看心和理的關係，心可主管天下之理。就心之發用
而言，外物之理可內存于心。因此，「心與理一」乃指理存於心，能爲心所展
現來說。所以「此心一定，則萬理畢見；……心是矣，則是是非非自然別得。」
（《語類》卷八十七）。這即是以心合內外之道，而取消「理」的外在性。

此外，朱子又從「讀書」而言：

> 若讀得熟，而又思得精，自然心與理一，永遠不忘。（《全書》卷十）

「心與理一」在此具有兩重涵意，一是必須經由外在的實踐工夫（讀書），以
及內在的徹底思維，才是達到「心與理一」；而一旦達此境界，便能銘記不忘，
因而亦指出「心與理一」做爲實踐的內在目的及判準。

然而，就朱子的實際體會來看，他認爲要達「心與理一」的目的，必須
透過在實踐上用功，便能達成。接著前一段引文，他說：「某舊苦記文字不得，
後來只是讀。今之記得者皆讀之功也。」朱子在此提示了他對「心與理一」
的肯定，並以他自己的經驗，用實踐的工夫（只是讀）去獲致「心與理一」
的發用結果（記得），並歸功於實踐的作用（讀之功）。〔註4〕

這看似平凡無奇的論說，實可視爲朱子對實踐「心與理一」的重要表述。
因爲讀書對朱子來說即是格物窮理之實際方法的體現，〔註5〕而「心與理一」
則被朱子視爲實踐的基礎及目的，亦即「格物致知」的自然結果。因此，對
朱子來說，「心與理一」即是實踐的目的，並且是做爲內在發用的本體判準。
這由朱子描述聖人之境界時，可以得見：

〔註4〕這裡以讀書爲例，和實踐做一類比性的了解，將朱子重視實踐，並由實際經驗
　　　　中去體悟「心與理一」的歷程表述出來。然而卻必須將讀書的「心與理一」，
　　　　和聖人境界的「心與理一」予以區分。因爲前者所包含的認識論旨趣，和修養
　　　　論中的成德意涵，並不全然等同，儘管朱子未否認：聖人的「心與理一」境界，
　　　　仍有認識論的基礎；然而讀書所達的「心與理一」境界，卻不即是成聖。而本
　　　　文此處所用的比擬，僅在表達朱子所言的「心與理一」之實踐意涵而已。
〔註5〕參見孫振青，前揭書，頁352～356。

聖人只是從這心上流出，只此一心之理，盡貫眾理。(《語類》卷廿
七)

聖人之心，渾然一理，他心裡全包這萬理，所以散出於萬物萬事，
無不各當其理。(同上)

將聖人的境界用「心與理一」的概念來表達，在二程的思想中早已出現。[註6]
這是就聖人心之所發皆無私曲，而能中節的意義而言。而朱子則更從「心包含
理」的本體詮釋，而將之理論化及合理化；並分從心之體與用的觀點，而言心
體之渾然一理，以及將「理一分殊」運用在心之發用──盡眾理、各當其理的
解釋上。

所以，「心與理一」在朱子的論述中，雖是屬於境界式的語用意涵，但卻
已有「本體」的概念融攝在其中。只是此一本體意涵，並不代表「心即是理」，
而是從人物構成的本源之「性體」的層面，論究心即是「理在人性中的展現」。
也因此，朱子不停頓在僅言「心具萬理」的論點上，還提出實踐的工夫理論，
而言「不能存得心，不能窮得理；不能窮得理，不能盡得心」(《語類》卷九)，
以自己的理論架構，為孟子的盡心哲學，提出一套風格獨具的嶄新詮釋。

朱子特從「存養」的角度，談及去除私心的問題，他認為：「惻隱、羞惡、
辭讓、是非固是良心；苟不存養，則發不中節，顛倒是非，便是私心」(《語
類》卷八十七)，所以，心具萬理，卻又必須再言「能存心，而後可以窮理」
(《語類》卷九)的主張。

從《文集》卷六十七，〈觀心說〉可以看到朱子反對「塊然兀坐以守其炯
然不用之知覺，而謂之操存」，他認為「盡心云者，則格物窮理，廓然貫通，
而有以極夫心之所具之理也。存心云者，則敬以直內，義以方外，若前所謂
精一操存之道。」盡心並不是以心求心，而是透過格物窮理，以心觀物，而
得物之理乃內存於心，並能極至此內存於心之理，故言盡心。

朱子駁斥「有物以反觀乎心」的看法，認為此即是心外有心，如有兩物。
因為聖賢所謂的「精一」、「操存」，並不是預立二心之意，而是以人心、道心
為一，而言「居其正而審其差，紬其異而反其同者」。這是就一心的正反兩面
來看，以敬、義存心，「本心以窮理，而順理以應物，使理實而行自然」，故
能去除私心，而達心與理一的境界。

[註6] 參見本文第二章第二節所引。

　　由此可知，朱子主張以「物」為觀的對象，反對觀心，因為就心已發用的現象來看，如何再去以心盡心，頭上安頭？因此，錢穆認為：朱子所言乃「以心觀理，理得則行，理失則改，其事平易直捷，易知易行。」〔註7〕

　　而朱子對於「觀理」，進一步提出居敬窮理的方法，而開展「心與理一」的實踐內涵。事實上「以心觀理」，即是表述「心與理」相合的重要論題。而窮理即是從認識論的角度，言其主觀、客觀相合的意涵。而居敬即是針對修養論中「心」之涵養，而言主觀條件、能力的提昇。以下即就朱子的居敬窮理思想進行論述。

2. 居敬窮理

　　在《文集》卷十四，錄有朱子晚年上呈於寧宗之奏箚，其中曾論「為學之道」曰：

　　　　為學之道，莫先於窮理。窮理之要，必在於讀書。讀書之法，莫貴
　　　　於循序而致精。而致精之本，則又在於居敬而持志。

朱子認為，為學的實踐之道，即在於居敬窮理。而居敬持志又為讀書之本，透過讀書，則能達於窮理而成就為學之道。因此可以說，居敬是使心與理相聯繫的重要關鍵之一，並且是特就「心」之存養而言。《語類》卷十二，朱子一再提到：

　　　　只敬則心便一。

　　　　敬則萬理具在。

　　　　敬只是自作主宰處。

此外，朱子以為「以敬為主，而心自存」（《全集》卷卅一），因為「敬」則能定心，才能使心有所主宰，而不致三頭兩緒，不勝擾擾。「敬」即是「提起這心，莫教放散。恁地則心自明。」（《語類》卷一一五）。

　　當能用「敬」，使心有主宰，對於紛擾之思緒便能自明而不放失。而「敬」能使心具有主宰，即是指「心」能肯認「所致之知」（理），而將之涵融在實踐之中，以貫徹知、行，而成就聖賢之德。

　　對朱子來說，「敬則私欲不生，此心湛然，不流放開去，自然萬理畢顯。」〔註8〕所謂涵養本源、自作主宰，即是保有一常惺惺的態度，而將知覺涵存在

〔註7〕錢穆著，《朱子新學案（二）》，台北：三民，民國70年，頁251。
〔註8〕參見劉述先著，前揭書，頁128。

一湛然不昧的狀態中。

不過，並不能僅言心之涵養，尚必須有窮理工夫，所謂：「大本用涵養，中節則須窮理之功。」（《語類》卷六十二）因為能居敬而志於道，尚不能保證心所感應皆為道理之純然。由於心有為惡的可能性，乃在其有私蔽而易流於人欲，且失之過與不及。對朱子來說，這主要是知之未盡、理有未窮，因而便有應事不得的情形。所以必須再強調「格物致知」的窮理工夫，透過「無所不格」，而能「無所不知」。〔註9〕

因此可以說，朱子的「居敬」，即是指涵養本心；並且「致知」又以持敬為本，「知至」即是指「不容已之知」、「必踐其所知」的實踐之知，必須置於持敬所貫徹的涵養中。因此「格物致知」的窮理工夫，實際上不能偏離、也不應偏離「居敬」的涵養。因為對朱子來說，實際的操存工夫，應該是「窮其所養之理，養其所窮之理」（同上，卷六十三）兩者不相離。由此可見朱子在修養論上「不偏廢」的思想特色。（《語類》卷十五）朱子特重講明義理，認為「必須知至，然後能誠其意」，乃指由外而內的實踐進程；而平時敬以存心，則能使「發處自然中節，……體察之際，亦甚明審，易為著力」（《文集》卷四十三），此即由內而外的涵養基礎。此合內外之道，即是朱子對伊川「涵養須用敬，進學則在致知」的詮釋，因而他主張「二者交相發，則知益明，守益固。而舊習之非，自將日改月化於冥冥之中矣。」（同上，卷卅八）藉由以此存心，再透過集義工夫之「看破物欲之私，認得天理之正。」（《文集》卷五十九）則能「心與理一」。

以上乃就「為學」——居敬窮理所涵的「心與理一」之思想，而明朱子於「心上論理」的實踐意涵；其中朱子主張「一心」之說，極力反對「心外有心」的識心之法；因為對他來說，心雖有不同的層次，但卻不是有「兩個主宰」。〔註10〕

不過，從「實踐層面」言，朱子的「心與理」有相合的現實基礎，雖平

〔註 9〕 朱子曾經明白地討論應事不得的問題，《宋元學案》卷四九：「如今只道是持敬收拾人心，日用合其道理無差失，此固是好；然出應天下事，應這事得時，應那事又不得，……大學首說格物致知，……便是要無所不格，無所不知。」

〔註10〕 此所謂兩個主宰之說，是指「不知以敬為主而存心，則不免將一個心把捉一個心，外面未有一事時，裡面已先三頭兩緒不勝其擾矣。……如云：常見此心光爍爍地便是有兩個心了。不知光者是真心乎？見是真心乎？」（《文集》卷三十一，〈答張敬夫〉）

易淺明，但尚看不出其實踐的應然性，也未透顯出道德的逼迫性。因此以下將就「理」在心中的展現，探探朱子「心與理一」概念的應然性。

第二節　人之所以爲學──論「心與理一」的應然性

朱子肯定「理」在心中，是就其本體意涵而言，然而其展現卻必須透過「心」的發用，而「心」之發用結果，又不必然全是善，那麼「理」在心中的存有是否有其必然的決定性？便是一個值得探討的問題。因爲朱子一旦採取了「心有善惡」的主張之後，必須替「人爲何應該要爲善，而不是應該要爲惡」的問題，提出道德應然性的理論基礎。

關於此，從朱子對人心、道心問題的討論，可以看到：朱子以心體是善，並且主張一心。而實際上又有人心、道心之別：覺於理者便是道心；覺於欲者，則爲人心，而精一之道即在於「居正而審其差，絀異而反其同」（〈觀心說〉）。所謂的「正」、「同」即指明了朱子所肯定的應然性。而朱子論人性之殊別時，曾言及「理同而氣異」的概念，因此修養之道，可說是指「絀氣之異，而反理之同」，藉由正理的規範而審除形氣之差失。不過，這種「舍己之私，而達理之公正」，並不是「謂其己有不善而舍之也」，而是「亡私順理」。人因爲有身，故不能無私於己，所以才有物我之分。而聖人（舜）即是能「舍己從人，樂取於人」，而見「心與理一，安而行之」，並且這不是透過利益的考量，或勉強而行的。〔註11〕

由此可見朱子肯定道德的應然性在於「心與理一」，而規範性的所在即是「理」，並且是自然的、出於本身的自覺要求。此外，朱子言「本心」之善，可見其採「本務論」的立場，是從應然推論到應然，而不是僅就實然導出應然。〔註12〕

因此，理存於心中，做爲規範性的存有，能夠爲心所自覺並展現其爲善的應然性；不過，惡的出現，卻多少打擊了「理」的優位性。然而這是否即表示「理」失去了決定性的意涵？

事實上，朱子論理氣的意涵時，將理視爲展現在氣上的條理、規律，〔註13〕

〔註11〕參見《孟子或問》卷三。（引自黃俊傑撰，〈中國哲學對歷史的解釋〉，頁9。台北：中研院，發表於國際朱學會議，1992年5月。

〔註12〕參見黃慶明著，前揭書，頁205～206。

〔註13〕此從朱子之「理生氣」、「理復在氣之內」而言：理氣之相合。而「生」之意，

但又認爲「氣可違理」，「理管它（氣）不得」。在前面已曾論及心的「氣性」是惡的形成因素，而道德之善的可能基礎又在於「心理合一」；因此，「心與理一」的意義，應該是心「一於」理。儘管「氣強理弱」〔註14〕的現實性不可避免，但這只是指出心之覺理有所間隔，並未即是認爲「心不能覺理」，或以爲「理規範不了心」。相反地，這指出了理之本體與理之展現二個層次的差異，乃在於「心」本身的特性上。當心爲善時，即是自覺地展現理；而心爲惡，則是蔽於形氣之私，〔註15〕而無法自覺地展現理；然二者皆來自於心體（理）的發用。

因此，「理」並未失去其規範性的決定意味，所以可以說：人基於本身性理與氣稟的緣故，雖然有爲惡的能力條件，但體現人之所以爲人的人性本質，則是更爲根本的率性之道。

由此可見，朱子「心與理一」思想所含蘊的規範義，即在於心「展現理」，而「一於理」的應然性。

不過並不是就此而認定「理」爲心的「必然」內容，而是必須透過自覺的方式，體悟到理（無論是內心已有之理，或義理），將之展現而爲善。同樣地，爲惡則是主體覺於欲念之私，而未能體悟到「理」。因此心所展現的便流於人欲，而非天理之善。依此，朱子便不能將思想的層面停留在心的自覺能力上，因爲對於理和欲，「心」同樣地能夠知覺到此種理氣相合的人物之性，（在此，「欲」並不即是惡，只是與理有別，而爲人的氣稟）所以必須在言「心」之主體能力時，亦強調理之正者，須將理與心不偏離地，共同做爲人之所以成德的相互主體性。而「心與理一」即是表達了這樣的理念——一方面具有「心即理」的內涵；另一方面又必須對所覺的內容加以抉擇，才能眞正體現道德的意義及精神。

因此，僅論及心的自覺，或指出心的自決能力，並不能充分表現朱子所言的道德，必須論及「理」本身的制約、規範性，及其在心中的超驗及超然性，才能避免王學末流所形成的「主體過度膨脹」之危機，而更能體現道德「自律」的意涵。

是指「氣」依循著理之條理、規範而生。參見董金裕撰，〈朱熹的氣強理弱說及其地位〉，頁 6～7。發表於國際朱學會議，1992 年 5 月。

〔註14〕朱子認爲「氣雖是理之所生，既然生出，則理管它不得。如這理寓於氣了，日用間運用都由這個氣，只是氣強理弱。」（《語類》卷四）

〔註15〕除了註 14 引文外，朱子在《語類》卷一中亦言：「理固無不善，才賦於氣質，便有清濁、偏正、剛柔、緩急之不同。蓋氣強而理弱，理管攝他不得。」

也因此，朱子走向窮理的工夫論。這是詮釋孟子盡心哲學之後的一種轉化，亦即當朱子覺察到心有不即是理，而可爲惡時，他採取回歸「理」的規範性之體認，而反對以心識心的進路，所以窮理便是達到「心與理一」的不二法門，亦即透過對超然之理的體認（包括認知、實踐），使「理」在心中，能爲主體所自覺，進而做爲心之發用的主宰，成爲感通外物之理的內在依據，才是「心與理一」做爲成德基礎的內涵本意。

不過，這種看法同時也引發出「心與理爲二」的疑點。亦即心與理在本體的性理層面，固然爲一；但理不等同於心的意涵，卻又是做爲實踐的前提，這種內涵的不一致，導致陽明批評朱子爲「心外有理」，言其「拾人牙穗」、「不貼切」。〔註16〕此一挑戰，待處理過朱子「心與理一」的價值義之後，再加以討論。

第三節　學與不學的差別——論「心與理一」的價值意涵之展現

朱子的「心與理一」思想立基在本體論以及認識論的「心、理」概念上，此一基礎乃「塗之人皆有之」的人性內涵。然而，朱子卻又依儒家傳統，而不得不思考聖人和凡夫之別，亦即從人性的不同展現，可以得見「心與理一」的價值意涵，並非平面化地呈現在「心與理」概念的普遍性之中。

朱子曾就人的氣稟之殊別，而區分聖人、大賢、眾人、下民四者，而言其貫通「心與理」（學）的內涵差別，他認爲：

> 人之生也，氣質之稟清明純粹，絕無渣滓，則於天地之性無所間隔，而凡義理之當然，有不待學而了然於胸者，聖人也。
>
> 其不及此者，則以昏明、清濁、正偏、純駁之多少勝負爲差。其或得於清明純粹，而不能無少渣滓者，則雖未免乎小有間隔，而其間易達，其礙易通，故於其所未通者，必知學以通之，而其學也亦無不達矣，所謂學而知之，大賢也。
>
> 或得於昏濁偏駁之多，而不能無少清明純粹者，則必其窒塞不通，然後知學，其學又未必無不通也，所謂困而知學，眾人也。

〔註16〕參見陳來著，前揭書，頁135。

> 至於昏濁偏駁又甚，而無復少有清明純粹之氣，則雖有不通，而懵
> 然莫覺，以為當然，終不知覺以求通也，此則下民而已矣。(《語類》
> 〈論語或問〉卷十八)

朱子先就生而知之，不待學而能通達天地之性的定義，將聖人標舉出來，再就聖人與賢、凡皆有氣稟之清明純粹，而言其性同的本質基礎；只是後者因氣之性質，多少有渣滓而窒塞。再依其通塞程度以及知學與否，言其不同的差別原因。如此看來，聖人是天生不待學的說法，似乎和「學為聖人」的成德訴求互相衝突，這將導致聖人是否可為現實存有的質疑。如果聖人不是由凡夫學習而成，那麼儒家的成德理想不是架空而無價值了？

事實上，朱子此說並沒有矛盾，關鍵在於「生」字的解釋，以及作為實踐之目標的聖人境界，和「學」的實踐意涵。

首先，「學」的意涵有二層，一是指「未達」某境界，而欲實踐以達；另一則指學而「能達」某一境界。而朱子言聖人「不待學」，乃是否定前者的意涵，因為聖人本為至高的境界，已達自我的充實滿全，並不是尚在實踐的進程之中，因為對儒家人本的立場來說，聖人境界即是「天人合一」，聖人所開展的人道價值可上同於天道；但人並不等同於天的存有本身。因為（依朱子理學立場）人稟天性，有理有氣，性理必然根於心，但卻有展現與不展現（不是必然）之別，此即由於氣有清濁、偏正、昏明的特性，因而克除形氣之蔽而展現正理，便是透過「學」的實踐而達到「心與理一」。

所以聖人的「生」而知之，在朱子便轉化為性理之意，言其為天地之性的正理之展現，由心發用而遍知義理之當然（了然於胸），充分體現「心與理一」的最高境界。

然而，正因為朱子以「心與理一」為聖人境界的判準，又言及凡愚賢者，亦須透過「心與理一」的學習進程，而自我提昇；無形之中便將「心與理一」的意涵分裂為二。這也即是朱子「窮理」工夫論所指陳的兩種層級：心與理為本體的一，但理有未窮（心未自覺理），故必須藉實踐窮理的工夫，而體認「心與理一」。

所以，就價值存有的展現而言，朱子「心與理一」的意義，應定位在：「心與理不一，而應予以合一的」觀點，而言其實踐價值的開展。因此，儘管朱子具有「心與理一」之本體意涵的前提，而言心與理有相合的基礎，但卻是從「心與理」意涵的殊別性，來論證道德價值的展現。因此，朱子的「心與

理一」思想，便潛存了「心與理二」的危機。

　　以下即就「心與理一」和「心與理二」間的論辯，來貞定朱子思想的蘊義。

第四節　如何證成道德的必然性？——論「心與理一」和「心與理二」的論爭

　　朱子本身即曾提及「心與理一」和「心與理二」的分別。《語類》卷一二六，朱子曰：

　　　　吾以心與理爲一，彼（釋氏）以心與理爲二。

就朱子所自覺的層面，他認爲自己「心與理一」的思想，是判分儒釋的重要分水嶺。朱子認爲：「釋氏：豈不見此心？豈不識此心？而卒不可與入堯舜之道者，正爲不見天理，而專認此心爲主宰。」（《大全》卷卅，答張敬夫）這裡指出「天理」是儒釋之所以異的關鍵。因此，朱子評釋氏之所以爲「心與理二」，乃因佛家「本心」而未本「天理」，亦即僅以心爲主宰，而未及「理」之規範決定性。

　　由此可見，朱子自認其「心與理一」的概念，是以天理之在人心，而爲心之認識的當然對象。亦即性理乃爲心之知覺的所以然，〔註 17〕是兼合內外的基礎所在。

　　而由朱子對釋氏的種種評論，可以側見朱子「心與理一」思想所欲達成的理論意涵。姑不論朱子所見是否果爲釋氏之非，但至少透過朱子所批評的概念，可以反觀對照出朱子所自覺的「心與理一」之概念。以下即根據熊琬《宋代理學與佛學之探討》一書中，關於朱子闢佛的論點來加以省思。〔註 18〕

〔註17〕　參見《朱子大全》卷五十五〈答潘謙之〉：「性只是理，情是流出運用處。心之知覺，即所以具此理而行此情者也。」

〔註18〕　朱子闢佛之說，主要是當時學風所及，禪學明心見性、識心等說頗爲士大夫學子所重視，再加上當時有許多人認爲儒釋本同（參見《語類》卷一二六），而朱子爲了嚴別儒釋，而提出闢佛思想。在朱子所處的時代背景，正是宋代禪學之雲門、臨濟二派興盛期，其中又以臨濟爲最。當時，流行製作偈頌以舉揚古則之風（西元 1060 年左右）。此外當時亦盛行公案，並以之作爲參禪的誘導方式。然而到了大慧宗杲（西元 1089 至 1163）則反對拘泥於此類公案的推敲，而主張「一了一切了，一悟一切悟」的思想，並且始終以趙州禪師的「無」字示人，他提倡看話禪，而朱子似曾看過《大慧語錄》，而從朱子在《語類》中曾提及看話頭之語，可知朱子正處於該時代中，或許有鑑於此流

熊琬舉出八點朱子辨釋氏之非的觀點，（一）「以知覺運動言性」；（二）「以心求心」；（三）「有上達無下學」；（四）「有敬以直內，無義以方外」；（五）「有克己功夫，而無復禮」；（六）「頓悟求速」；（七）「一覺之外，不復事事」；（八）「參話頭」。這些觀點，都對照出朱子「以己非彼」的概念內涵，因而整合這些概念的反面意涵，則可參照出朱子的思想內容之蘊義。

首先朱子認爲知覺作用爲心所發，但「性」則不僅此而已，是「全體中有許多道理，各自有分別，有是非」的仁義禮智之理，是以道心爲存養，不應只認得人心。〔註19〕朱子明顯地以「性理」的規範性爲人倫道德的所以然，而不是如告子般的「生之謂性」。〔註20〕此外，朱子反對「以心求心」，乃力言心之主宰在其能命物的本質，而不是將己置於心外以觀心。這是就心不能僅以本身爲認知的對象，而必須標舉出另一認識對象而言，依此一思路，朱子亦主張並重下學與上達，所謂的「下學」即是指人事，「上達」即指天理，〔註21〕必須理事並重，且藉由下學以自處，而不是以上達爲著工夫處。〔註22〕

而（四）、（五）、（七）三點則皆強調「合其內外之道」，除了覺、敬、克己的內在工夫，尚需兼及禮義與事相上的外在實踐。朱子認爲佛家的空理，導致無法踐外以形之，因而顧不得人倫義理；他認爲，儒家則不然：「吾儒克己便是禮，見得工夫精粗。」（《語類》卷四十一）又肯定「吾儒事事無非天理，……只此覺處便自天高地下，萬物散殊，毫髮不可移易，所謂天序天秩

風的不切實，加上儒家道統的使命感，遂使朱子大力闢佛。（參見釋東初著，〈宋代佛教〉、《中國佛教史論集（三）──宋遼金元篇（上）》。台北：大乘文化出版社，1977年，頁9～10。此外，參見宇野上俊著，聖嚴法師譯，《中國佛教史概說》。台北：商務，1984年，頁130～132。由以上可知，朱子並非眞正深入佛學思想的批判，朱子批評佛教的看法，在熊琬著，《宋代理學與佛學之探討》書中，有相當深入的分析，由此可顯見朱子對佛教的了解，相當的表面化（頁330～362）。

〔註19〕《語類》卷一二六：「禪家說直指人心，見性成佛，……說存養心性，養得來光明寂照，無所不遍，無所不通。……他本自識得是，只是差處便在這裡。吾儒所養者是仁義禮智，他所養者只是視聽言動。吾儒則全體中自有許多道理，各自有分別，有是非，降衷秉彝無不各具此理。他見得個渾淪底事物，無分別，無是非，……他只認得那人心，……無所謂道心。」

〔註20〕同上，「作用是性，在目曰見，在耳曰聞，在鼻嗅香，在口談論，在手執提，在足運奔，即告子生之謂性也。」

〔註21〕參見《四書集註》中，朱子對「上學、下達」的註解。（《論語》憲問篇）

〔註22〕《大全》卷三十九，〈答許順之〉：「雖至堯舜孔子之聖，其自處常只有在下學處也，上達處不可著工夫，更無依泊處。日用動靜語默，無非下學。」

天命天討，正在是耳。」（《大全》卷四十六，答詹兼善書）這即是從性理的理論角度，直接保證合內外之道的看法；但這又是來自朱子「心與理一」的內涵特色——貫通心與性理的本體意涵，而心的發用自然展現理的規範性。朱子正是以此立場，進而批判釋氏的看法。

至於參話頭〔註23〕及頓悟求速，在朱子重視「實學」的角度言，往往視其爲空泛不實的方法，而這正可對照出朱子言「格物窮理」的務實精神。

朱子以爲儒釋之言心與理的區別，乃由於：

> 見處不同，彼見得心空而無理，此見得心雖空而萬理咸備也。雖說心與理一，不察乎氣稟物欲之私，是見得不眞，故有此病。《大學》所（謂）以貴格物也。（《語類》卷一二六，楊植錄）〔註24〕

這裡指出實理咸備於心，心雖爲虛明之體，但釋氏以性爲空無，和儒家以理爲實有〔註25〕大相逕庭。而朱子又特別提到「心與理一」中含有氣稟之私的可能性，因而才要重視「格物」。順此看下來，朱子的「格物」，便是爲了對治「氣稟物欲之私」，所提出的方法。也因此，格物便具有能達「心與理一」的蘊義。

不過，朱子並未證成「格物」方法，因爲：爲何達「心與理一」的窮理境界，必須用「格物」方法？而「格物」果眞是「心與理一」的不二法門？等等的理由，朱子都未清楚地表達出來。若說「格物」有助於窮理，而眞正達成「心與理一」的關鍵，並不在格物，而是另有其他工夫、條件（如致知、居敬、集義……），那麼，優先於「格物」的方法，便應予以特別指出。但朱子並未能加以闡明各種工夫實踐的優先性，所以他雖以格物爲務實的特色，但反而未能指出眞正可以達其成德目的的下手處。這種方法與目的間的差距（如何以方法證成目的），往往是朱子受到質疑的地方。

王陽明可說是上列問題的受害者，但他卻因而悟出「心學」的特點——強調「心」的自決、自律的能力。他認爲朱子的毛病，是出在朱子「心與理

〔註23〕如《語類》卷一二四，曾提及：「乾屎橛」（此乃慧照禪師對某僧問「無位眞人」之答。）此外，在《語類》卷一二六亦曾言及：「張三有錢不會使，李四會使又無錢。」（此乃大慧禪師之話頭禪。）以上引文參見陳榮捷著，《朱學論集》，頁662～663。

〔註24〕《語類》卷一二六，該引文之後出現〈或錄〉，提到：「近世一種學問，雖說以心與理一，……」似指象山雖言心即理，但未見私心之問題，而不是以釋氏之說既為心與理二，又為心與理一。

〔註25〕參見《語類》卷一二六。

二」——分論心與理的看法。

　　陽明以爲朱子的格物致知是「求理于事物」，而其於謫居龍場時卻悟出「聖人之道，吾性自足。」〔註26〕這便出現了體悟「理」之於內或外的衝突。

　　基本上，朱子所言的窮理之「理」有其內存於心的一面，即指「因其已知之理而益窮之」，然而朱子又言「致吾之知，在即物而窮其理」，故「理」乃既存於心，又有存於物的意涵。當僅從物理之格爲下手處時，格竹失敗的結果，使陽明覺察到心與物理間分判如二的弊病，進而對朱子之理論提出批判。他認爲朱子析心與理爲二的思想，終將導致實踐上的缺失。因而極力言其「心理一元論」的主張。〔註27〕

　　以下先從陽明評朱子「心與理二」的論點，來看朱子「心與理一」所潛存的意涵。

　　首先，陽明將朱子的格物窮理，看成是「就事事物物上求其所謂定理」，因此，他認爲這是：

> 以吾心而求理於事事物物之中，析心與理爲二矣。夫求理於事事物物，如求孝之理於其親之謂也。（《傳習錄》中，第一三五條〈答顧東橋書〉）〔註28〕

陽明以爲，將做爲心的體認對象之理，置於外在事物上，是標立了主、客二者的對立，而未見「理乃出於吾心之良知」，是朱子將心與理析爲二的主因。

　　此外，陽明亦將朱子所言，「人之所以爲學，心與理而已。」視爲「二之」之說。（《傳習錄》上，第三十三條）而朱子言「心之主宰作用，實管乎天下之理」，亦被陽明當成「分心與理二」的說法。（同上，中第一三三條）

　　可見陽明是從心理不可區分（無論是指語言概念上，或是現實層面而言）的訴求，而批判朱子的思想。不過這些批評的主要論點，都是集中在以朱子

〔註26〕參見陳榮捷著，前揭書，頁354。
〔註27〕陽明評朱子是就其格物工夫的理論內涵「心與理一」而言。他認爲朱子析心與理爲二，因而連帶地導致實際工夫（格物窮理）未達圓滿。針對朱子分說心與理，陽明以爲「理豈容分析？又何須湊合得？」以及「道即性即命，本是完足，又何須品節？」此外，他又主張「性氣不可分」，以反對朱子言：「才說性，便有氣質之雜」此外，就「學」的角度而言，朱子認爲是「效先覺之所爲」；而陽明則認爲他「只說得學中一件事」。參見陳榮捷著，前揭書，頁370，其中對照朱王思想之異。）由此可見，陽明評朱子，乃是指其從概念上分別心與理，以及未見「心與理一」的關鍵。
〔註28〕以下皆引自《王文成公全集》（四部備要本）。

爲「心不同於理」的看法上。關于此，陽明有一套相當合理的推論過程：先是以「事事物物皆有定理」爲「義外」；〔註29〕再就心主于身（內），卻管天下之理（外）而言心理的分別。陽明認爲，朱子明顯地言及以心御理，而有主、客之分；且有物我之別。而將「理」置于事物之中，與「心」相對，便是分心與理爲二處。

　　陽明以爲朱子的這種看法，未能指出「良心與理」間的密切關聯，亦即朱子未言「此心純乎天理之極」，〔註30〕是朱子所見未到之處。因而陽明認爲朱子分說心與理，便是析心與理爲二。

　　此外，他還提出了以下的質疑：如果孝親之理在於其親，那麼親歿之後，吾心是否便無孝之理？陽明以爲「理在心中」的存在性應加以突顯；並且需言明：萬事萬物之「理」（規範原則、行爲方式等）皆出於吾心之良知，爲良知所決定。如此，才是眞正體悟「心與理一」的眞章。〔註31〕

　　這個看法，和朱子以「不察乎氣稟物欲之私」乃未見「心與理一」，正好針鋒相對：一爲特重良知（善）的作用，一則特析言心有氣稟之私（爲惡的可能）。然而從「心與理一」字面上來看，陽明所言的「心與理一」似較爲理所當然；而朱子的看法，則似乎是自相矛盾。

　　然而必須特別注意的是，陽明所言的「心與理一」之意涵，朱子亦曾言及，他說：「不是心外別有個理，理外別有個心」以及「明德者，人之所得乎天，而虛靈不昧，以具眾理而應萬事者也」而「本體之明，則未嘗有息者」（《大學章句》〈明明德〉）；和陽明所言「虛靈不昧，具眾理而萬事出。心外無理，心外無事」（《傳習錄》上，第二十三條）有其同工之妙。只不過陽明特重理之善由心所出，而朱子則言心具理而應萬事，心之所以應乃在於理。二者著重意味不同；然皆同以心爲虛靈不昧者，並且都將之置於「心與理一」的思想範疇中。

　　不過，朱子特從人之不能明德的現象，加以分析指出「爲氣稟所拘，人欲所蔽，則有時而昏」（同上，〈明明德〉），而開闢出「一心二門」〔註32〕的說法。這個概念，同樣含融在朱子「心與理一」的思想中，而成爲朱子的特色。

〔註29〕參見王陽明，《傳習錄》上，第二條。
〔註30〕同上，第四條。
〔註31〕參見同註28，所引〈答顧東橋書〉。
〔註32〕此乃牟宗三評朱子「心論」之語。

　　至於陽明的批評，的確是見到朱子說明「心不即是性理」之處，顯見此不是無中生有。然而僅依此而判定朱子是「心與理二」，以「義理在外」或「心外有理」，而言朱子的毛病，乃在於減削「心與理一」的道德實踐意涵，則是未中要害，且有欠公允。因爲朱子儘管分言心與理，但仍未全然否定「心即是理」（亦即仍主張「心與理一」）。所以，陽明評朱子爲「心與理二」之說，乃暴顯出其自身的偏重；事實上並沒有真的指出朱子的矛盾，而推翻、打擊其「心與理一」的思想。

　　經由以上的思辯過程，更可以突顯出朱子「心與理一」所採取的，不偏離「合內外之道」的意涵，並且更能理解到朱子「心與理一」的思想特色乃在於：從現實的觀點分析，架構其理論的內容。並且是透過對儒家傳統成德問題的思維，而重新詮釋、開展出「天人合一」之人性本體化的「心理合一」實踐論，而和陸王的「心即理」說的不同之處，乃在於特見心之氣稟問題；而與釋氏之別，乃在于對天理之道德性相的突顯，及理對心的制約、規範性的標舉。

　　由此可見，朱子的「心與理一」思想並不是簡單的表達「心是理」或「理是心」而已，其中所引發、牽涉的許多論題之探討，呈展出朱子思想的特殊風貌，及其概念意涵的豐富性，足見朱子做爲氣派閎廣之思想家的系統思維，有其含融理論與實踐的特殊貢獻。

第六章　結　論

　　朱子「心與理一」思想所呈現的內涵，是將傳統「天人合一」概念作進一步理論化的發展。透過性理內存於心的設定，朱子將之詮釋發展成兼具本體論、認識論，及實踐論的系統思想。

　　基本上，「心與理一」在朱子思想中的意義，是人人可以成德的內在基礎，並且是具有普遍性、應然性的實踐概念。此一概念能作為成德的內在動力之因，即是立基在心與理間的相合性上，亦即藉由理與心之間的存有關係，透過心的貫通感應，而在後天的環境中，體現並開展道德的精神價值。

　　在另一方面，朱子具有相當理論化的哲學思想之模式，他將「心與理一」的概念分析，透過「心」與「理」間的關係性而加以論究，且自然地將他的本體論之形上思維，及務實（站在現實層面）的觀點融入「心與理一」的理論內涵中，因而使得「天人合一」含具現實的圓融性，變成理論思維中的對立項之合一。所以「心與理一」的概念在朱子的系統思想中，便呈現出「不離不即」的意涵，因而「心與理」之間便含有著一或二的（alternative）的關係。然而朱子終究是站在儒家的立場，將「心與理一」做為實踐的標的，所以無論朱子處在本體論（存有學）的角度，或採認識論的分析，都可以明顯的指出朱子是「心與理一」論者。

　　儘管陽明指出「心與理二」在朱子思想中的潛在危機，但仍不能否認朱子思想中，具有「心可自覺理」、「理在心中」的意涵，但這種質疑卻促使陽明對「本心」的概念加以體認，而提出「心學」的主張。不過關於朱子「心與理一」所含有的另一層涵義——私心問題，陽明並沒有詮釋發展。

　　朱子的特色，即是在於融合現實經驗與超驗兩個層面而主張「心與理

一」。當他見到「心未覺理」的現象時，一方面藉肯定心體之善，又從「理」的規範性之超驗層面，來貞定其所言道德精神的展現方向——不只是心、不只是理；而是心與理共為道德主體的合內外之道。這種平衡性，即是透過「心與理一」而展現。

不過，就做為成德理論之基礎的「心與理一」而言，朱子一方面論述了「心與理一」的本體存有，乃「人皆有之」的成德基礎；然而他卻又主張「聖人」所達亦是「心與理一」的境界（此承二程）。「心與理一」於是出現了兩種層次，一是凡夫同聖人共有的基礎性，一是成為聖人的判準（亦是基礎性，但卻是區別凡人和聖人的基準所在）。然而兩種層次應當有所分別；不過全然分別的結果，將會造成凡夫和聖人之間成德關係的割裂。因此，唯有指出二者之間，從未開顯到開顯的實踐意涵，才能體現道德的意義。有關這點，朱子提出居敬窮理的主張，但並未加以融合兩個層次的概念。

至於陽明格竹失敗的經驗，並不足以反證朱子的毛病是出在：將「格物窮理」置於第一層次的「心與理一」（人皆有之的成德基礎）而言其先驗性，卻未以此保證「成聖的必然性」（心必然與理一）。因為朱子認為「成聖」，除了肯定本心的先驗道德理性以外，還必須兼及理智與意志兩方面對理的貞定問題，因而不能輕易地主張「心即理」。所以成聖的必然性不應任意地放在現實層面中，僅能就其先驗性而言。至於現實層面中的道德（善惡）問題，則必須恰如其分地言其應然性。不過朱子未詳論人之所以成聖的當下關鍵，即在於心的自決能力，而僅含混地言及知至與物格的概念，難怪陽明及其學者咸認其說不貼切。不過，卻也不能因此而揚棄朱子的工夫論。因為朱子之所以強調格物窮理，是基於「心與理不一」的現象而發。「理內存於心」被朱子視為理所當然，因而將重心放在居敬窮理、克己之所以達「心與理一」的層面，所以並未如陽明般清楚地論證心即是理。

然而，這正展現出朱子「心與理一」思想內涵所偏重的務實精神，亦即透過心之窮究理之所以然（融合性理與物理二者的實然與應然），而將心提升至理的規範、超驗性中，這種將理予以內化而達自我超越的實踐主張，可以說是自先秦儒家以來，「天人合一」思想範型的一大開展。

在道德、價值失落的現代社會中，往往缺乏對中國傳統思想內涵的省思與承傳。而成德問題如果僅從人之內在道德理性的肯定來看道德的開展，似乎有所不足。在探討朱子的「心與理一」思想之後，始覺道德有其更深刻的

內涵，即在於心與理之間的平衡關係，並且是趨向「人之所以爲人」的本質展現；雖然朱子的「窮理說」未能立即、直截保證成德目的的達成；然而，抱持「理有未窮」，仍需實踐的心態，卻是當今「主體性自我膨脹，而導致道德價值失落」的救弊之方。

參考書目

一、參考書目

（一）原典

1. 朱熹著，黎靖德輯，《朱子語類（一）——（八）》，台北：文津，1986年。

2. 朱熹，《朱子大全（一）——（十二）》，台北：中華書局。

3. 朱熹著，張伯行輯，《朱子語類》，台北：商務，1973年。

4. 朱熹，《朱子全書》六十六卷，台北：世界書局，1987年。

5. 朱熹，《朱子全書（上）、（下）》，台北：廣學社。

6. 朱熹，《朱子文集十八卷》，台北：新文豐，1985年。

7. 朱熹，《朱子遺書（一）——（十二）》，台北：藝文印書館。

8. 朱熹，《四書集註》，台北：漢京文化，1981年。

9. 朱熹，《近思錄集解》，台北：世界書局，1981年。

（二）專論

1. 大槻信良，《朱子四書集註典據考》，台北：學生，1976年。

2. 王懋竑，《朱子年譜》，台北：世界書局，1984年。

3. 范壽康，《朱子及其哲學》，台北：開明，1976年再版。

4. 楊慧傑，《朱熹倫理學》，台北：牧童，1978年。

5. 黎建球，《朱熹哲學》，台北：知音，1978年。

6. 陳榮捷，《朱子門人》，台北：學生，1982年。

7. 羅光，《朱熹的形上結構論》，夏威夷：國際朱學會議，1982年。

8. 錢穆，《朱子新學案（一）──（五）》，台北：三民，1982 年再版。

9. 劉述先，《朱子哲學思想的發展與完成》，台北：學生，1984 年。

10. 王孺松，《朱子學》，台北：教育文物出版，1985 年。

11. 張立文，《朱熹思想研究（上）、（下）》，台北：谷風，1986 年。

12. 陳來，《朱熹哲學研究》，台北：文津，1990 年。

13. 陳榮捷，《朱學論集》，台北：學生，1988 年。

14. 申美子，《朱子詩中的思想研究》，台北：文史哲出版，1988 年。

15. 陳榮捷，《朱熹論集》，台北：東大，1990 年。

（三）宋明諸子學

1. 程顥、程頤，《二程集》，台北：中華書局，1981 年。

2. 李侗，《李延平集》，台北：新文豐，1985 年。

3. 王陽明著，謝廷傑編，《王文成公全書三十八卷》，四庫叢刊本。

4. 潘富恩、徐余慶，《程顥程頤理學思想研究》，上海，復旦大學出版，1987 年。

5. 徐遠和，《洛學源流》，濟南：齊魯書社，1987 年。

6. 張永儁，《二程學管見》，台北：東大，1988 年。

7. 劉象彬，《二程理學基本範疇研究》，開封：河南大學出版，1988 年。

8. 程宜山，《張載哲學的系統分析》，上海：學林出版社，1989 年。

（四）理學專書

1. 呂思勉，《理學綱要》，上海：上海書店影印，1931 年初版，1988 年。

2. 吳康，《宋明理學》，台北：華國，1955 年。

3. 黃公偉，《宋明清理學體系論史》，台北：幼獅，1971 年。

4. 夏君虞，《宋學概要》，台北：華世，1976 年台一版。

5. 錢穆，《宋明理學概述》，台北：學生，1977 年。

6. 蔡仁厚，《宋明理學──南宋篇》，台北：學生，1980 年。

7. 錢穆，《宋代理學三書隨箚》，台北：東大，1983 年。

8. 林科棠，《宋儒與佛教〈現代佛學大系 26〉》，台北：彌勒，1984 年。

9. 熊琬，《宋代理學與佛學之探討》，台北：文津，1985 年。

10. 黃宗羲著、繆天綬選註，《宋元學案》，台北：商務，1985 年。

11. 邱漢生，《宋明理學史（上）、（下）》，北京：人民出版社，1987 年。

12. 蔣義斌，《宋代儒釋調合論及排佛論之演進》，台北：商務，1988 年。

13. 蒙培元，《理學範疇系統》，北京：人民出版社，1989 年。

14. 蒙培元，《理學的演變》，台北：文津，1990 年。

（五）中國哲學史

1. 馮耀明，《中國哲學的方法論問題》，台北：允晨，1989 年。

2. 馮友蘭，《中國哲學史》，翻印版。

3. 徐復觀，《中國人性論史》，台中：東海大學（商務），1969 年。

4. 余雄（字同，張岱年），《中國哲學概論》，金門，源成，1977 年。

5. 李杜，《中國哲學思想中的天道與上帝》，台北：聯經，1978 年。

6. 勞思光，《新編中國哲學史》，台北：三民，1981 年。

7. 楊慧傑，《天人關係論——中國文化一個基本特徵的探討》，台北：大林，1981 年。

8. 項退結，《人之哲學》，台北：中央文物供應，1982 年。

9. 唐君毅，《中國哲學原論——原性篇、原道篇》，台北：學生，1984 年。

10. 牟宗三等著，《文化傳統的重建》，台北：時報，1984 年二版。

11. 余英時，《中國思想傳統的現代詮譯》，台北：聯經，1987 年。

12. 夏乃儒，《中國哲學三百題》，上海：古籍出版社，1988 年。

13. 姜國柱，《中國歷史上的人性論》，北京：中國社會科學，1989 年。

14. 蒙培元，《中國心性論》，台北：學生，1990 年。

（六）相關論著

1. 釋宗密著，釋圓覺集解，《華嚴原人論合解》，台北：廣文，1977 年。

2. 張曼濤，《華嚴思想論集》，台北：大乘文化，1981 年。

3. 孤峰智璨著，釋印海譯，《中印禪宗史》，台中：正聞，1981 年。

4. 野上俊靜著，釋聖嚴譯，《中國佛教史概說》，台北：商務，1984 年四版。

5. 胡塞爾，《現象學觀念》，台北：南方，1987 年。

6. 陳義孝，《佛學常見辭彙》，台北：大乘精舍印經會，1988 年。

7. 張曼濤主編，《中國佛教史論集——宋遼金元篇（上）、（下）》，台北：大乘文化，1988 年。

8. 釋南亭，《永嘉大師証道歌淺解》，台北：觀世音雜誌社，1989 年。

9. 蓮池大師，《蓮池大師竹窗隨筆分類略編》，屏東：普門講堂，1990 年。

（七）工具書

1. 宋晞，《宋史研究論文與書籍目錄（一）》，台北：中國文化學院，1976 年。

2. 宋晞，《宋史研究論文與書籍目錄（二）》，台北：中國文化大學，1983

年。

3. 宋史卷，《中國歷史大辭典（宋史）》，台北：辭書出版社，1984 年。

4. 華世編輯部，《中國歷史大事年表（下）──宋元史》，台北：華世，1986 年。

5. 慈怡主編，《佛教史年表》，高雄，佛光山出版社，1987 年。

6. 高明士，《中國史研究指南（Ⅲ）──宋史》，台北：聯經，1990 年。

7. 日本九州大學，《二程遺書索引》，日本：九州大學，昭和四八年。

8. 日本九州大學，《二程外書粹言索引》，日本：九州大學，昭和四八年。

二、學位論文

（一）全國博士論文

1. 權相赫，《朱子人格教育思想體系》，師大教研所，1983 年。

2. 梁承武，《朱子哲學思想之發展及其成就》，師大國研，1984 年。

3. 簡宗修，《朱子的理氣說》，台大中研，1984 年。

4. 羅萬基，《朱子與丁茶山學庸詮釋與其教育觀之比較》，師大教研，1988 年。

5. 崔知泰，《由朱熹形上結構解析其心性論》，輔大哲研，1991 年。

（二）全國碩士論文

1. 周榮村，《朱子學術思想淵源》，政大中研，1966 年。

2. 李楠永，《朱熹本體觀念之研究》，台大哲研，1969 年。

3. 徐立功，《朱陸心性哲學辨微》，輔大哲研，1970 年。

4. 郭文振，《朱熹哲學研究》，輔大哲研，1972 年。

5. 葉有福，《朱子哲學思想之研究》，文化哲研，1972 年。

6. 黎華標，《朱子之理氣系統》，香港：新亞哲研，1976 年。

7. 胡森永，《朱子思想中道德與知識的關係》，台大中研，1983 年。

8. 簡貴雀，《陳亮與朱熹之辯論》，師大國研，1983 年。

9. 吳展良，《朱子理學與史學研究》，台大史研，1985 年。

10. 劉玉國，《朱子與戴震思想之比較研究》，台大中研，1986 年。

11. 金尚燮，《論朱子理氣觀念之形上意涵》，台大哲研，1986 年。

12. 文炳道，《從道德哲學的觀點論朱子理氣論及心性論》，台大哲研，1986 年。

13. 吳月瑩，《朱熹理氣思想研究》，香港：能仁哲研，1986 年。

14. 王志銘,《朱晦庵與王陽明論學異趣說》,台大哲研,1986 年。

15. 方蕙玲,《鵝湖爭議真諦之研究》,東海哲研,1986 年。

16. 元鍾實,《朱熹之心性論》,政大中研,1988 年。

17. 連顯章,《朱子之工夫論研究》,香港:新亞哲研,1989 年。

18. 祝平次,《朱子理氣心性說與明初理學的發展》,台大中研,1990 年。

19. 柯志明,《朱熹主體理論之研究》,中央哲研,1991 年。

三、期刊論文

1. 何炳松,〈程朱辨異〉,《東方雜誌》,27:9～10,1929 年。

2. 馮友蘭,〈宋明道學中理學心學二派之不同〉,《清華學報》,8:1,1932 年 12 月。

3. 馮友蘭,〈朱熹哲學〉,《清華學報》,7:2,1932 年 6 月。

4. 嚴羣,〈朱子論理氣太極〉,《新民》,1:6,1935 年 10 月。

5. 吳念中,〈宋儒理學的根本概念〉,《文化建設》,3:1,1936 年 10 月。

6. 黃恭,〈宋儒主靜主敬論（上）（下）〉,《仁愛月刊》,1:10～11,1936 年 3～4 月。

7. 錢穆,〈朱子心學略〉,《學原》,2:6,1949 年。

8. 錢穆,〈朱熹學述〉,《民主評論》,4:1,1953 年 1 月。

9. 錢穆,〈孔孟與程朱〉,《人生》,8:3,1954 年 6 月。

10. 吳康,〈朱子學述〉,《學術季刊》,3:4,1955 年 6 月。

11. 黃彰健,〈論四書集注章句定本〉,《史語所集刊》,28 上,1956 年 12 月。

12. 黃建中,〈心學源流考辨〉,《大陸》,4:11～12,1957 年 6 月。

13. 周世輔,〈朱子宇宙哲學研評〉,《革命思想》,5:6,1958 年 12 月。

14. 周世輔,〈朱子的知識哲學與政治教育思想〉,《革命思想》,6:3,1959 年 3 月。

15. 曹國霖,〈朱陸理學之辨〉,《建設》,8:10,1960 年 3 月。

16. 吳康,〈朱子的哲學思想〉,《學粹》,2:5,1960 年 8 月。

17. 杜而未,〈對於朱子論太極的說明〉,《恆毅》,10:2,1960 年 9 月。

18. 李紹戶,〈朱陸之異與同〉,《建設》,9:3～4,1960 年 9～10 月。

19. 孫振青,〈朱熹的純理學〉,《現代學人》,3,1961 年 11 月。

20. 孫振青,〈朱子的形而上之道〉,《自由青年》,25:4,1961 年 2 月。

21. 牟宗三,〈朱子苦參中和之經過〉,《新亞學術年刊》,3,1961 手 9 月。

22. 那程霄,〈朱子即物窮理之說為科學的入門〉,《孔孟月刊》,1:3,1962

年 11 月。

23. 周伯達，〈認識心與心之認識〉，《學宗》，3：4，1962 年 12 月。

24. 胡谷懷，〈有關宋明理學與佛學的問題〉，《人生》，25：5～6，1963 年 1 ～2 月。

25. 蔣一安，〈太極釋義〉，《學宗》，4：4，1963 年 12 月。

26. 褚柏思，〈中國心性學概論〉，《現代學人》，8，1963 年 2 月。

27. 牟宗三，〈宋明儒學綜述（一～五）〉，《人生》，25：12，1963 年 5 月。

28. 萬心權，〈大學朱王釋義之我見〉，《孔孟月刊》，1：11，1963 年 7 月。

29. 陳榮捷，〈理的觀念之進展〉，《崇基學報》，4：1，1964 年 11 月。

30. 錢穆，〈從朱子論語注論程朱孔孟思想歧異〉，《清華學報》，4：2，1964 年 2 月。

31. 戴君仁，〈朱子陽明格物致知說和他們整個思想的關係〉，《孔孟學報》，9，1965 年 4 月。

32. 錢穆，〈論朱子與程門之學風轉變〉，《華岡學報》，1，1965 年 6 月。

33. 甲銳，〈論朱子晚年思想之衍變〉，《孔孟月刊》，5：2，1966 年 10 月。

34. 曾介木，〈論朱王格物致知之說〉，《學園》，1：7，1966 年 3 月。

35. 李康五，〈朱晦庵基本思想的剖析〉，《學園》，1：8，1966 年 4 月。

36. 李康五，〈論朱晦庵的修養方法〉，《學園》，2：5，1967 年 1 月。

37. 唐君毅，〈朱陸異同探源〉，《新亞學報》，8：1，1967 年 2 月。

38. 牟宗三，〈綜論朱子三十七歲前之大體傾向以及此後其成熟之義理系統之型態〉，《新亞學術年刊》，10，1968 年 9 月。

39. 陳榮捷，〈朱子道德觀之哲學性〉，《東西文化》，15，1968 年 9 月。

40. 錢穆，〈朱子汎論心地工夫〉，《文化復興月刊》，2：12，1969 年 12 月。

41. 周中一，〈佛教唯心哲學與儒家思想（上）（下）〉，《菩提樹》，195～196，1969 年 2～3 月。

42. 杜松柏，〈佛學對宋明理學的影響〉，《慧炬》，69，1969 年 4 月。

43. 錢穆，〈四書義理之展演〉，《孔孟學報》，17，1969 手 4 月。

44. 錢穆，〈朱子之四書學〉，《復興崗學報》，6，1969 年 6 月。

45. 趙效宣，〈朱子家學與師承〉，《新亞學報》，9：1，1969 年 6 月。

46. 周榮村，〈朱子學術思想之淵源〉，《中華學苑》，4，1969 年 7 月。

47. 周世輔，〈朱子的人生觀與人性論〉，《生力》，41～42，1971 年 3 月。

48. 周世輔，〈朱子的道德觀與修養論〉，《生力》，44，1971 年 5 月。

49. 黎華標，〈朱子理氣系統之疏解〉，《新亞學術年刊》，14，1971 年 9 月。

50. 黃彰健，〈理學的定義範圍及其理論結構〉，《國科會》，1972 年。

51. 李日章，〈朱子「理氣觀」討論〉，《大陸》，45：5，1972 年 1 月。

52. 戴君仁，〈荀學與宋代道學之儒〉，《孔孟學報》，23，1972 年 4 月。

53. 南懷瑾，〈宋明理學與禪宗〉，《孔孟學報》，23，1972 年 5 月。

54. 黎華標，〈朱子之道德的宇宙論〉，《新亞學術年刊》，15，1972 年 9 月。

55. 徐復觀，〈略論朱子學之主要精神〉，《史學論評》，5，1973 年 1 月。

56. 王綱領，〈朱熹的知識論〉，《文藝復興》，41，1973 年 5 月。

57. 黃公偉，〈宋明理學與佛學的心論〉，《學園》，2：9，1973 年 5 月。

58. 蔡懋堂，〈朱子倫理思想之研究（山根三芳）〉，《國立編譯館刊》，2：1，
1973 年 6 月。

59. 封尚禮，〈朱元晦之存養論〉，《道風》，35，1973 年 6 月。

60. 褚柏思，〈集諸儒之大成的朱晦庵〉，《今日中國》，27，1973 年 7 月。

61. 杜維明，〈儒家傳統的重建——評介錢穆「朱子新學案」〉，《錢穆文集》，
1974 年。

62. 蔡仁厚，〈象山心學與朱陸異同〉，《華學月刊》，34，1974 年 10 月。

63. 劉白閔，〈漢學鄭玄與宋學朱熹〉，《國魂》，243，1974 年 6 月。

64. 蔡仁厚，〈朱子理氣論的幾個要點〉，《哲學與文化》，2：2，1975 年 2 月。

65. 蔡茂松，〈朱子性情論及韓儒李退溪四端七情說研析〉，《成大歷史學報》，
2，1975 年 7 月。

66. 李日章，〈理學所要解決的人性問題〉，《夏潮》，1：7，1976 年 10 月。

67. 唐君毅，〈略談宋明儒學與佛學之關係〉，《哲學與文化》，3：1，1976 年
1 月。

68. 蔡仁厚，〈性即理的兩個層次與朱子學之歧異〉，《鵝湖》，8，1976 年 2
月。

69. 周學武，〈朱子的居敬窮理說〉，《書目季刊》，9：4，1976 年 3 月。

70. 吳爽熹，〈陸王心學異同之比較〉，《哲學論集》，7，1976 年 6 月。

71. 羅光，〈儒家的心性論〉，《哲學與文化》，3：8，1976 年 8 月。

72. 葉偉平，〈朱陸工夫異同論〉，《鵝湖》，3：4，1977 年 10 月。

73. 林政華，〈談朱子大學補傳〉，《孔孟月刊》，15：7，1977 年 3 月。

74. 戴景賢，〈朱子太極即理說〉，《書目季刊》，10：4，1977 年 3 月。

75. 張德麟，〈論朱子之中和舊說〉，《孔孟月刊》，15：11，1977 年 7 月。

76. 蔡茂松，〈韓儒丁茶山反朱學內容之研究〉，《成大歷史學報》，4，1977
年 7 月。

77. 黃錦鋐，〈朱子與李退溪涵養與實踐的工夫〉，《幼獅月刊》，46：3，1977年9月。

78. 李家祺，〈朱子研究〉，《出版與研究》，33，1978年11月。

79. 戴璉璋，〈朱子與李退溪的窮理思想〉，《鵝湖》，5：6，1978年12月。

80. 王孺松，〈朱子心學發凡〉，《師大學報》，23，1978年6月。

81. 王孺松，〈朱熹論性〉，《國文學報》，7，1978年6月。

82. 程石泉，〈孟子的人性論與心學〉，《孔孟月刊》，16：12，1978年8月。

83. 吳登臺，〈心學是否為唯心論商榷〉，《鵝湖》，4：3，1978年9月。

84. 莊錦津，〈從朱注中庸〈天命之謂性、率性之謂道、修道之謂教〉管窺朱子思想〉，《孔孟月刊》，17：5，1979年。

85. 王孺松，〈朱子論仁〉，《師大學報》，24，1979年6月。

86. 劉述先，〈朱子早年的教育環境與思想發展轉變的痕跡〉，《幼獅學誌》，15：3，1979年6月。

87. 龔道運，〈朱熹及其心學〉，《國立編譯館刊》，8：1，1979年6月。

88. 蔡仁厚，〈朱子的中和舊說與新說〉，《孔孟學報》，37，1979年7月。

89. 鄧艾民，〈論朱熹形而上學的「格物說」〉，《中國哲學》第一輯，1979年8月。

90. 蔡仁厚，〈簡釋宋明儒所用「體」字之義旨〉，《文化復興月刊》，105，1979年9月。

91. 蔡仁厚，〈朱子以大學為定本的義理規模〉，《華學月刊》，93，1979年9月。

92. 楊天石，〈論朱熹的理本論〉，《中國哲學》第五輯，1986年1月。

93. 姜法曾，〈朱熹的論理思想評述〉，《中國哲學》第五輯，1981年1月。

94. 張立文，〈理學的思想淵源和形成過程〉，《中國哲學》第五輯，1981年1月。

95. 張岱年，〈論宋明理學的基本性質〉，《哲學研究》，1981年9月。

96. 方東美，〈宋明清新儒家哲學一～十八講〉，《哲學與文化》，8：7～9：11，1981年7月～1982年11月。

97. 樂壽明，〈佛教的理學說與朱熹的理氣觀〉，《哲學研究》，1981年9月。

98. 張立文，〈論朱熹哲學的邏輯結構〉，《中國哲學史研究》，5，1981年9月。

99. 高令印，〈論朱熹哲學思想的形成過程〉，《中國哲學史研究》，5，1981年9月。

100. 崔大華，〈說「陽儒陰譯」——理學與佛學的聯繫和差別〉，《中國哲學史

《研究》，9，1982 年 10 月。

101. 徐復觀，〈程朱異同初稿〉，《大陸》，64：2，1982 年 2 月。

102. 曾春海，〈朱子德性修養中的格物致知〉，《哲學與文化》，9：3，1982 年
3 月。

103. 張永儁，〈宋儒闢佛經緯談〉，《中國佛教》，26：8，1982 年 5 月。

104. 董金裕，〈理學的名義與範疇〉，《孔孟月刊》，20：9，1982 年 5 月。

105. 陳郁夫，〈南宋新儒對禪佛的批評〉，師大《國文學報》，12，1982 年 6
月。

106. 邱漢生，〈論朱熹「會歸一理」的歷史哲學〉，《哲學研究》，1982 年 6 月。

107. 趙吉惠，〈宋明理學核心的「理」到底由誰首先提出？〉，《哲學研究》，
1982 年 6 月。

108. 陳榮捷，〈朱子之宗教實踐〉，《華學月刊》，127，1982 年 7 月。

109. 趙儷生，〈朱熹與王守仁之比較的探索〉，《中國哲學史研究》，8，1982
年 7 月。

110. 佐藤仁，〈朱子的仁說〉，《史學論評》，5，1983 年 1 月。

111. 李富華，〈宗密和他的禪學〉，《世界宗教研究》，1，1983 年 1 月。

112. 蒙培元，〈王夫之哲學與朱熹理學〉，《中國哲學》第十輯，1983 年 10 月。

113. 楊儒賓，〈朱子格物補傳所衍生的問題〉，《史學論評》，5，1983 年 1 月。

114. 陳榮捷，〈宋明理學的格物思想〉，《史學論評》，5，1983 年 1 月。

115. 黃俊傑，〈從孟子集註看朱子思想中舊學與新知的融會〉，《史學論評》，5，
1983 年 1 月。

116. 劉述先，〈朱子的仁說、太極觀念與道統問題的再省察〉，《史學論評》，5，
1983 年 1 月。

117. 鍾彩鈞，〈朱王異同——答顧東橋書的分析〉，《史學論評》，5，1983 年 1
月。

118. 張永儁，〈論宋代幾個重要的理學世家〉，《哲學論評》，6，1983 年 1 月。

119. 默明哲，〈宋明清時期的格物窮理說〉，《中國哲學史》，10，1983 年 1 月。

120. 潘桂明，〈從智圓的「閒居篇」看北宋佛教的三教合一思想〉，《世界宗教
研究》，1，1983 年 1 月。

121. 陳來，〈朱子新學案述評〉，《中國哲學》第九輯，1983 年 2 月。

122. 蒙培元，〈論朱熹理學與王陽明心學之演變〉，《哲學研究》，1983 年 3 月。

123. 蔡仁厚，〈心的特質及其實現〉，《鵝湖》，94，1983 年 4 月。

124. 陳來，〈關於程朱理氣學說兩條資料的考証〉，《中國哲學史》，11，1983
年 4 月。

125. 王孺松，〈朱子論涵養與察識〉，《教學與研究》，5，1983 年 6 月。

126. 唐格理，〈狄白瑞：道學與心學評介〉，《思與言》，21：3，1983 年 9 月。

127. 田中眞一，〈朱子心性論的初步探討〉，《哲學年刊》，3，1984 年 11 月。

128. 姜允明，〈從心體的形上意義申論宋明心學中天人合一的理論基礎〉，《漢學研究》，2：2，1984 年 12 月。

129. 林安梧，〈知識與道德之辯證性結構——對朱子學的一些探討〉，《鵝湖》，114，1984 年 12 月。

130. 姜允明，〈朱子倫理學中的心性概念〉，《哲學論評》，7，1984 年 1 月。

131. 錢新祖，〈新儒家之闢佛——結構與歷史的分析〉，《鵝湖》，104，1984 年 2 月。

132. 熊琬，〈朱子理學與佛學〉，《華岡佛學學報》，7，1984 年 9 月。

133. 何佑森，〈論形而上與形而下——兼論朱子與戴東原〉，《台大中文學報》，1，1985 年 11 月。

134. 曾春海，〈陳榮捷先生近年出版關於宋明理學的新著〉，《史學論評》，9，1985 年 1 月。

135. 張恆壽，〈論宋明理學中的「存天理、去人欲」說〉，《哲學研究》，1985 年 3 月。

136. 夏長樸，〈孟子與宋儒〉，《幼獅學誌》，18：3，1985 年五月。

137. 陳榮捷，〈Chu Hsi and World Philosophy〉，《哲學年刊》，3，1985 年 6 月。

138. 陳來，〈朱熹理氣觀的形成與演變〉，《哲學研究》，1985 年 6 月。

139. 李禹階，〈朱熹對湖湘學說的批判繼承〉，《哲學研究》，1986 年 10 月。

140. 蔡仁厚，〈朱子心性之學綜述〉，《東海學報》，27，1986 年 6 月。

141. 黎昕，〈臺灣朱熹研究〉，《國內哲學動態》，92，1986 年 8 月。

142. 蔣義斌，〈朱熹排佛與參悟中和的經過〉，《史學彙刊》，14，1986 年 9 月。

143. 賴永海，〈性具與性起——天台、華嚴二宗佛性思想比較研究〉，《世界宗教研究》，28，1987 年 2 月。

144. 黃家章，〈慧能佛教思想對我國社會的影響〉，《中國哲學史》，27，1987 年 4 月。

145. 賴永海，〈佛性學說與中國傳統文化〉，《哲學研究》，1987 年 7 月。

146. 廉永英，〈朱子學之體與用〉，《孔孟月刊》，26：6，1988 年。

147. 孫效智，〈論朱王異同〉，《孔孟學報》，55，1988 年。

148. 蔡仁厚，〈荀子與朱子〉，《鵝湖學誌》，1，1988 年。

149. 王俊彥，〈胡五峰盡心成性之思想〉，《孔孟月刊》，27：6，1988 年。

150. 邱黃海，〈儒學理論與具體實踐之關聯初探——以象山學、朱子學爲例〉，

《鵝湖月刊》，1988 年。

151. 張立文，〈儒家人學探析〉，《孔孟學報》，56，1988 年。

152. 黃錦鋐，〈朱子與李退溪性情說的淵源與影響〉，《書目季刊》，22：3，1988 年。

153. 郭振武，〈朱子「道心、人心」之辯的研究〉，《中國國學》，16，1988 年。

154. 張素卿，〈朱子「知至、物格」解「盡心、知性」〉，中國文學研究，2，1988 年。

155. 董金裕，〈程朱學派的形成及其與孔子思想的關係〉，《東方雜誌》，21：8，1988 年。

156. 曾錦坤，〈佛教對宋明理學的影響〉，《獅子吼》，27：9，1988 年。

157. 陶國璋，〈宋代儒學由形上性體義轉化至心即理之義理發展〉，《鵝湖》，14：1，1988 年。

158. 黃俊傑，〈朱子對孟子知言養氣說的詮釋及其迴響〉，《清華學報》，18：2，1988 年 12 月。

159. 荒牧典俊，〈中國對佛教的接受——「理」的一大變化〉，《世界宗教研究》，31，1988 年 1 月。

160. 汪金銘，〈朱子學研究的新進展〉，《中國哲學史》，31，1988 年 4 月。

161. 蔡尚思，〈朱熹思想的來源核心和評價〉，《哲學研究》，1988 年 4 月。

162. 李杰臣，〈陽明、朱熹格物觀差異之討論〉，《中國哲學史》，32，1988 年 7 月。

163. 張立文，〈朱子學之自然哲學〉，《孔孟月刊》，27：5，1989 年 1～2 月。

164. 唐仲容，〈關於佛教的認識論（上）、（中）、（下）〉，《法音》，62～64，1989 年 10～12 月。

165. 賴永海，〈佛性本心與良知〉，《中國文化月刊》，122，1989 年 12 月。

167. 張永儁，〈從程朱理氣說析論朱熹心性論之要義〉，《哲學論評》，12，1989 年 1 月。

168. 魏琪，〈朱熹的哲學與宗教〉，《世界宗教研究》，38，1989 年 4 月。

169. 王健，〈簡論朱熹理氣思想的認識論架構〉，《哲學研究》，1989 年 5 月。

170. 傅武光，〈朱子對於惡的來源的說明〉，《國文學報》，18，1989 年 6 月。

171. 楊曾文，〈天台宗「性具善惡」的心性論〉，《世界宗教研究》，40，1990 年 2 月。

172. 賴永海，〈陸王心學與佛學〉，《中國文化月刊》，125，1990 年 3 月。

173. 傅教石，〈朱熹與佛教〉，《香港佛教》，358，1990 年 3 月。

174. 李景源，〈簡論主體和客觀概念〉，《哲學研究》，1990 年 9 月。

175. 張世英，〈「天人合一」與「主客二分」〉，《哲學研究》，1991 年 1 月。

176. 樓宇烈，〈禪悟的認識論意義〉，《法音》，77，1991 年 1 月。

177. 蒙培元，〈論中國哲學主體思維〉，《哲學研究》，3，1991 年 3 月。

178. 羅敏，〈論主客間認識關係的主體間情境〉，《哲學研究》，6，1991 年 6 月。

論吳澄的學術歸向與教育理論

黃煌興　著

作者簡介

黃煌興，台灣嘉義縣人。就讀國立台灣大學哲學系期間，對中國哲學思想有濃厚的興趣，之後又因深覺歷史文化背景對思想學派的產生有極大影響，因此經常接觸歷史，更加確認思想與歷史關係密切，故於役畢後，轉讀國立中興大學歷史研究所，在王明蓀教授指導下進行思想史研究。現任台中明道中學歷史科教師，教書之外，喜歡思考、閱讀，興趣廣泛。

提　　要

　　治中國教育史者，往往忽視元代學者及其成就，本論文撰寫的目的，即以元代大儒吳澄及其教育理論為研究對象，希望能發揮拋磚引玉的功效，使元代教育的研究受到重視。本文共分六章。第一章緒論，第二章主要是詳述吳澄的一生，而第三章主要目的在探討吳澄的思想背景和學術歸向，故先述朱陸思想之比較，以求朱陸講學主旨，次談吳澄解經著述的思想背景，以說明全祖望對吳澄「著書近乎朱」的評論。又因朱陸後學分別走上訓釋支離和空虛狂禪的偏向，遠離朱陸講學宗旨，故乃有和會朱陸之風興起，此風至元初，成為學術風潮，吳澄先是在師承上得到「和會朱陸」的思想灌溉，加上環境風潮的影響，於是形成其特殊的學術思想型態。但吳澄的終極關懷應該還是在矯時弊、滅門戶之見，而非純然的「多右陸」。第四章則是探討吳澄的教育理論。吳澄在基礎理論上，大量吸收了朱學的思想精華，形成主要架構。而有關教育的目的和功用方面，雖還是以朱子之說為主，但其主張「心」在為學過程中的重要性，表現出「和會朱陸」的思想，則是吳澄論學的特殊處。第五章所探討的是吳澄的教育方法論。吳澄「和會朱陸」的用心，從其方法論上看得最清楚。吳澄主張為學應內外合一，求學與實踐更應是並重，知行要兼該。故吳澄一方面要人讀書博學，另一方面則要人反約自得，這明顯是為救朱陸兩家末學之弊所發之論。第六章結論，藉著後人對吳澄的批評，來總結吳澄的一生，並將吳澄的教育理論架構作一整理，以明其主要論點。

目次

第一章　緒　論

　　兩千多年來，儒家學說支配了中國的教育理想與實踐。在孔子的教育思想中，強調人的學習才能是生來平等，特別是良好品行的學習，以爲只要能接受儒家規範來修身，人人都有成聖成賢的可能。孟子承其說，肯定「人皆可以爲堯舜」(《孟子・告子篇》)，使得中國傳統的教育目的以「完善的個人道德」爲最終目標，也就是荀子所言：「學惡乎始？惡乎終？……其義，則始乎爲士，終乎爲聖人。」(《荀子・勸學篇》)

　　教育除了對個人的德行有所助益外，在社會功能上也具有一定作用。 孔子所處的時代，世襲貴族特權開始受到衝擊，社會地位的獲得不再以血統爲依據，布衣亦可以爲卿相。在此種日趨複雜的社會裡，就如何舉賢人以預政的問題提出一套全盤的理論，實在是至爲急迫。對孔子而言，品行卓著的賢能之士應被推舉擔任政府官職，和具德行的貴族共同組成統治階級，才能使綱紀廢弛、禮治破壞的社會獲得安定。這樣的主張，使教育不但可以用來教養百姓，更成爲一種政治手段，讓受教育者可以沿著社會的階梯而層層上升。孔子這樣的主張在漢朝得到實現的機會，「鄉舉里選」的取才政策就是遵循孔子「賢能治國」這一原則而制訂。

　　在先秦所形成之「學爲聖人」及「賢能治國」的儒家教育理論，長久以來一直爲歷代政府所遵循，不但漢人所建的王朝如此，即如遼、金、元等少數民族所立的朝代也不例外。就以元朝來說，在太宗五年（1233 年）六月朝廷下詔封孔子五十一世孫孔元措爲衍聖公，並在同年十二月詔修孔子廟；〔註1〕又在

〔註1〕　《元史》（台北，鼎文書局，民國 66 年）卷 2〈太宗本紀〉頁 32、33。

世祖中統二年（1261 年）六月初入中原時，即下令保護學校，「禁諸官員、使臣、軍馬，毋得侵擾褻瀆，違者加罪」；〔註2〕且世祖大量啓用漢士如竇默、郝經、許衡等策劃經國安民之道，〔註3〕在中央和地方廣泛興學，並以儒學爲教學依歸，使儒學教育得以在元代繼續發展。〔註4〕

歷代學者講儒學教育，往往忽視元代的成就，以爲在元代統治之下，儒學毫無發展的機會。《明史・選舉志》記載了一段明太祖的話：「學校之教，至元，其弊極矣。上下之間波推風靡，學校雖設，名存實亡」，〔註5〕這位明朝的開國之君以寥寥「其弊極矣」，「名存實亡」八個字就將元朝的教育一筆勾銷了。但事實上，我們並不能因元代非爲漢族皇朝，就完全忽視許多爲儒學的延續而付出一生心力者。吳澄，就是其中一位重要的教育家。

吳澄（1249～1333 年），字幼清，號「草廬」，撫州崇仁（今屬江西）人。他于理學、經學，乃至於天文、曆算，都有所涉獵，元代人稱他是「考據援引，博極古今，近世以來，未能或之先也」，〔註6〕與許衡在當時並稱爲「北許南吳」。〔註7〕清代學者黃百家，評論元代學術言曰：「有元之學者，魯齋（許衡）、靜修（劉因）、草廬（吳澄）三人耳」，〔註8〕由此可見吳澄在元代學術中地位之重要。

吳澄一生除幾次短暫任官外，其餘時間皆孜孜講學不倦，並撰寫了大量學術著作，從教時間幾達六十年，直到去世。由於他盛名在外，學說成熟，

〔註2〕《元史》卷4〈世祖本紀一〉，頁 71。

〔註3〕有關元初儒士對世祖忽必烈的影響，可參看孫克寬《元代漢文化之活動》（台北，台灣中華書局，民國 57 年）第二編〈論元初儒學之淵源〉。

〔註4〕可參看丁崑健〈元世祖時代的儒學教育〉（《華學月刊》第 136 期，民國 72 年 4 月）。另《廟學典禮》（元代史料叢刊，浙江古籍出版社，1992）〈設提舉學校官〉條載：「中統二年八月，欽奉聖旨：諸路學校久廢，無以作成人材。今擬選博學洽聞之士以教導之。……凡諸生進修者，仍選高業儒生教授，嚴加訓誨，務要成材，以備他日選擇之用。仍仰各路官司，常切主領敦勸。」（頁 12），可看出世祖決定恢復北方廣大地區的各級地方官學，同時也明確指示對教育的管理是各級地方政府的工作職責之一。

〔註5〕《明史》（台北，鼎文書局新校本，民國 64 年）卷 69，頁 1686。

〔註6〕虞集《道園學古錄》（影印文淵閣四庫全書，集部 264，台灣商務印書館）卷五〈送李擴序〉，頁 80 下。

〔註7〕《魯齋遺書》（四庫全書本，第 1198 冊）卷 14〈薛文清公讀書錄〉云：「元人有以北有許衡，南有吳澄並稱者」（頁 465 上）。

〔註8〕《宋元學案》（台北，華世出版社，1987 台一版）卷九十一〈靜修學案〉，頁 3021。

因此吸引天下之士來學。揭傒斯論吳澄曰：「澄居通都大邑，又數登用於朝，天下學者，四面而歸之，故其道遠而章，尊而明」，〔註9〕《元史·吳澄傳》亦云：「（澄）出登朝署，退歸於家，與郡邑之所經由，士大夫皆迎請執業，而四方之士不憚數千里，躡屬負笈來學山中者，常不下千數百人」。〔註10〕因此時人才會稱說「草廬，天下師」。〔註11〕

　　本文所要處理的問題有兩部份，一是其思想背景和學術歸向，而另一個則是吳澄的教育理論。之所以要討論吳澄的思想背景和學術歸向，是因為全祖望在《宋元學案》之〈草廬學案序錄〉中說：「草廬出於雙峰，故朱學也，其後亦兼主陸學……然草廬之著書，則終近乎朱」〔註12〕然卻又在〈師山學案序錄〉中說：「繼草廬而和會朱、陸之學者，鄭師山也。草廬多右陸，而師山則右朱，斯其所以不同」。〔註13〕前說吳澄「著書近乎朱」，後說吳澄「多右陸」，為何全祖望對吳澄會有如此的評價？其根據何在？從表面上看，吳澄一生著述不輟，故而全祖望說他「著書近乎朱」，但筆者以為，吳澄除了表面上的註解群經與朱子相似外，更有其內在的精神傳承；而吳澄身處的時代，朱陸之學皆各走極端，朱學流於訓詁，陸學流於狂禪，有識之士，乃取兩家之長，以補其短，調和朱陸之說乃起。吳澄從師承、從環境，皆深受此風的影響，遂從早年的朱門後勁，轉變為一朱陸調和論者，其教育主張，也就隨之轉變，要人由博返約，而非徒知博覽，不知反求諸心；要人知行兼該，而非徒知背誦，不懂真知實踐。因此，筆者認為唯有先明白吳澄的思想背景和學術歸向後，才能對吳澄的教育理論有較正確的認識。

　　目前國內外有關吳澄的研究並不多，袁冀《元吳草廬評述》一書介紹了吳澄的生平、著作、及弟子，而有關教育思想方面的探討並不多。另外，錢穆〈吳草廬學述〉一文則主要在描述吳澄一生學行，對本文之寫作，具有啟發性。而金永炫的博士論文〈元代「北許南吳」理學思想研究〉，是針對吳澄的理學思想作一番研究，並未涉及其教育理論。David Gedalecia 'The Life and Career of Wu Ch'eng: A Biography and Introduction'，主要在介紹吳澄的生平，與何淑貞〈元儒吳草廬的生平〉一文性質類似，David Gedalecia 另一篇文章'Wu

〔註9〕　《元史》卷189〈陳櫟傳〉，頁4321。
〔註10〕　《元史》卷171，頁4014。
〔註11〕　岑安卿《栲栳山人詩集》（四庫全書本，第1215冊）卷上，頁464下。
〔註12〕　《宋元學案》卷92〈草廬學案〉，頁3036。
〔註13〕　《宋元學案》卷94〈師山學案〉，頁3125。

Ch'eng's Approach to Internal Self-cultivation and External Knowledge-seeking'
則對吳澄兼具朱陸的思想和晚年的轉變提出看法，頗有參考價值。

　　此外一般的教育史、思想史中，涉及吳澄者不少，如楊鑫輝、李才棟主編
的《江西古代教育家評傳》，在談論吳澄時，便指出吳澄吸取了朱子的博學多聞，
又吸取了陸子反之吾心的合理因素，認為吳澄領導了元代和會朱陸的學術潮
流，頗能正確地表述吳澄的主要論點，〔註14〕但在細節的論述上則明顯不足；
程方平所著的《遼金元教育史》則對吳澄強調實踐、並主張知行兼該的教學方
法，及對道德修養的重視，有概略的描述；毛禮銳、沈灌群主編的《中國教育
通史》對吳澄的生平有簡略的介紹，並涉及其人性論、認識論、修養論等，而
其內容，與程方平之書幾乎完全相同；李國鈞主編的《中國書院史》則對吳澄
的教學狀況有較詳細的描述，值得參考，而在教育思想的介紹上，也能把握住
吳澄調和朱陸的立場，指出吳澄一方面要人博學多識，一方面又要人反之吾心
的論點，且能點出「心」在吳澄思想中的重要性，〔註15〕但畢竟只是簡述，故
在細節上的論說仍是不足；另外徐遠和的《理學與元代社會》主要在介紹吳澄
的經學、理學思想，其特別處在指出吳澄並非陸學，這點是正確的，但他接著
說：「吳澄始終比較自覺的繼承和發揮朱熹的理學思想……他主觀上並不是要和
會朱陸，而只是吸取陸學的某些合理因素，以利於發展朱熹理學……」因而提
出吳澄乃「宗朱兼陸」，〔註16〕則是過分之論（關於吳澄的學術歸向，請看本文
第三章第四節）；而侯外廬等主編的《宋明理學史》，雖然並未討論吳澄的教育
思想，但在分析吳澄的理學思想上則對本文的寫作有一定的幫助，且其對元代
朱陸合流之風的研究，給了筆者很大的啓示，功不可沒。

　　除了上述諸書（詳細出版資料，請參看本文徵引書目）外，較值得一提
的是大陸學者胡青所著的《吳澄教育思想研究》，此書所涵蓋的範圍與本文有
很大的重複性。不可諱言地，此書提供筆者一些資料上的幫助，但在整個論
述結構上，本文與胡書則有很大的不同。胡書在理論方面的表現，在筆者看
來，的確較其在資料鋪陳上遜色許多，因此並不能將吳澄的教育思想的基本
架構表達出來，所以本文雖在論述對象上和胡書有重複之虞，但在架構、理

〔註14〕楊鑫輝、李才棟主編《江西古代教育家評傳》（南昌，江西教育出版社，1995），
　　　　頁180。
〔註15〕李國均主編，《中國書院史》（湖南教育出版社，1994），頁459。
〔註16〕徐遠和，《理學與元代社會》（北京，人民出版社，1992），頁124。

論深度上，卻有極爲不同之處。又胡書的寫作，甚少參考與吳澄同時之人的文集，如此一來，難免漏失一些重要的史料，筆者爲免此憾，乃一一搜尋元代文人文集中有關吳澄之資料，希望能藉此更完整、正確地闡發吳澄的思想。此外，筆者也多方參考現代學者有關宋明理學的著作，如此可以避免在解析吳澄思想時，不至於有誤解，這點也是胡書較欠缺之處。

　　胡書所討論的範圍幾乎已完全包括吳澄所有與教育有關的論點，但本文在處理吳澄的教育理論時，並不打算如此，而是只著重處理其與「和會朱陸」思想較有關的心性論、教育功用、和教育方法論，因爲這幾個部份才是吳澄教育思想的重心所在，至於其他方面，因並不是吳澄教育思想的主要部份，故不在論述之列。

　　筆者所運用的研究資料，主要是《吳文正公集》，（引用版本爲明朝成化二十年所刊印的五十三卷本，而不是明宣德十年刊印的一百卷本和所從出的四庫全書本。因宣德本雖早於成化本，但台北故宮所藏本有缺，而四庫全書的成書過程，時有點篡、刪改，故四庫本僅用之於參補。）而吳澄其他著作亦兼及之，此外與吳澄同時代文人之文集也是重要參考文獻，而朱子、陸子兩人的文集，則是討論朱陸思想時重要的依據，《宋元學案》則爲探討朱陸和會之風時，提供內在的理路線索。

　　本文共分六章，除緒論、結論外，分爲四章。第二章主要是描述吳澄的一生，希冀能指出吳澄的特殊性，並讓其行事、人格更爲人瞭解；而第三章主要目的在探討吳澄的思想背景和學術歸向，因爲吳澄特有的教育思想和其學術關懷有極大的關係，所以必須先加以分析。第四、第五章則是探討吳澄的教育思想，本應一併討論吳澄的實際教學方式，但因資料的不足，故只能著重於理論架構的解析。

　　思想研究是有其困難性的，除了文字解釋之確當、時間考證之無誤外，更重要的因素厥爲解釋史料的問題。史學本就是一門講究證據的學問，思想的研究也不應無的放矢。但思想的解釋，解釋者常是以其時代經驗、自我個性、和對研究對象的情感爲基礎，因此對史料中所蘊含的思想，往往只能發現部份內涵，不能說完全無誤。但即使如此，解釋者仍應努力使錯誤降至最低，較可靠的方法是先將各種觀念、問題從史料中抽析出來，再以各觀念、各問題爲中心點，重新加以結合，以瞭解觀念與觀念、問題和問題間互相的關連，才能作出較正確的解釋。

　　但思想史研究不能僅止於關注思想本身的流變，同時也要注意人心與環境之間的互動，因為人類思想之發展，是無法抽離於其他的活動領域而獨立，所以研究一位思想家，要解釋其思想的形成與轉變，除要注意其本身在思想的創發性外，同時也要注意思想家對其時代、環境所作的反應，因此思想本身的研究和思想與環境的關係，對思想史研究而言，兩者不可偏廢。

　　基於這樣的認識，筆者開始本論文之研究，但在研究上遇到不少難題，其中尤以史料之研判最令筆者頭痛：思想與環境對個人的交錯影響，在何種情形下，會使人產生決定性的轉變？思想家在文集中所說的話，偶有前後矛盾之處，而何者才是其真正的想法？矛盾的產生是內在因素，亦或是外在環境的影響？諸如此類的問題，實令筆者困擾。筆者只希望能較確當的將史料研讀、排比，再試著以客觀的態度加以解釋，希望能使吳澄的學術歸向、教育思想可為後人更清楚的瞭解，也希望本文能發揮拋磚引玉之效，讓時人注意到元代儒士延續儒學的努力，不要因他們處於少數民族統治之朝代，而受到忽視，若能達此目的，將是本文的另一貢獻。

第二章 吳澄生平

第一節 以道統自任

　　吳澄（1249～1333），字幼清，晚號伯清，撫州崇仁（今江西樂安）人。〔註1〕成年之後，見宋室將亡，於是築草廬數間，授徒山中，並在窗牖上題了「抱膝梁父吟，浩歌出師表」來表達自己的志節。同輩友人程鉅夫深知他心意所在，於是爲他的草屋題上「草廬」二字。後來的學者便稱他爲草廬先生。吳澄歿後，元廷追謚「文正」。〔註2〕

一、家　世

　　吳澄的先祖原居於豫章之豐城，至七世祖時才遷到崇仁。六世祖周，定居於崇仁坵原，到高祖曄時，才舉家搬遷到華蓋、臨川兩山之間的咸口。澄之祖父鐸，工於詩賦並精通天文星曆之學，對吳澄早年的學術基礎養成頗有影響。〔註3〕且對吳澄的聰穎勤奮，大爲讚賞，臨終前還不忘對兒子一再囑咐說：「吾察此孫，晝夜服勤，連月不懈，而精神有餘，此大器也，可善教之」。

〔註1〕 虞集《道園學古錄》（影印四庫全書集部第266冊，台北，台灣商務印書館，民國75年）卷44〈故翰林學士資善大夫知制誥同修國史臨川先生吳公行狀〉（以下簡稱〈行狀〉）頁622下云：「（吳澄）本貫撫州路崇仁縣崇仁鄉咸口里。」

〔註2〕 《吳文正公集》（元人文集珍本叢刊第三冊，台北，新文豐出版公司）卷首，危素〈臨川吳文正公年譜〉（以下簡稱〈年譜〉），頁26下。

〔註3〕 《道園學古錄》卷44〈行狀〉，頁624下：「澄之齠齔，唯大父家庭之訓是聞，以時文見知於人」。

〔註4〕澄之父樞，樂善好施，通岐黃之術，具仁心。揭傒斯稱其家爲：「世有積德，爲儒家」。〔註5〕

二、出生、早年之求學過程

　　吳澄的出生，在〈行狀〉、〈神道碑〉、〈年譜〉及《元史》本傳中皆有具傳奇性的記載。如〈行狀〉上說：「（先生）宋淳祐九年己酉（1249）正月十有九日生。前一夕，鄉父老見異氣降其家，後有望氣者言華蓋、臨川兩山之間當有異人出。」〔註6〕〈年譜〉則言：「里父老云，豐城徐覺得望氣之術，見紫氣於華蓋、臨川二山之間，謂人曰：『是必有蓋世常（疑應爲偉）人生焉』」又說：「公生前一夕，鄰嫗夢神物蜿蜒降於舍旁」〔註7〕而〈神道碑〉、《元史》本傳也都有類似的記載。也許這些只是出於傳說，卻也從另一側面說明了吳澄一生的特出性與重要性。

　　吳澄自幼就顯出過人之處，記憶力極佳，年僅三歲，便能隨口背誦數百篇古詩。五歲時受教於私塾每日背誦千餘言，誦之數次便能牢記在心。母親游氏擔心他勤奮過度，限制他所用燈油，希望他能早些休息。但吳澄常在母親就寢後，又偷偷爬起繼續唸書到天明。這樣勤奮好學，爲日後讀書問學打下堅實的基礎。

　　十歲那年，吳澄無意間於故書堆中發現了朱子的〈大學〉、〈中庸〉章句，細讀之後，覺得異常欣喜，以爲這才是入道之門。於是，每日清晨必誦〈大學〉二十次，持續三年之久。而這三年間也依次第誦讀《論語》、《孟子》、〈中庸〉如誦讀〈大學〉般。〔註8〕經過這三年的晝誦夜思，使吳澄初步認識到朱子之學，並因此受到啓發、影響。從此，用心致力於聖人之學。十五歲之時讀朱子的〈訓子帖〉，見其中有勤、謹二字，認爲「勤」、「謹」乃持養修身的重要工夫，所以自寫了〈勤〉、〈謹〉二箴勉勵自己。又作〈敬〉、〈和〉二銘，〈行狀〉上說：「（先生）自言曰：『讀〈敬銘〉如臨嚴師，如在靈祠，百妄俱

〔註4〕　同上，頁624上。
〔註5〕　《吳文正公集》卷首，揭傒斯，〈大元敕賜故翰林學士資善大夫知制誥同修國史贈江西等處行中書省左丞上護軍追封臨川郡公謚文正吳公神道碑〉（以下簡稱〈神道碑〉），頁14下。
〔註6〕　《道園學古錄》卷44，〈行狀〉，頁623上。
〔註7〕　《吳文正公集》卷首，〈年譜〉，頁18上。
〔註8〕　《道園學古錄》卷44，〈行狀〉，頁623上。

消而不覺足之重、手之恭。讀〈和銘〉心神怡曠，萬境皆融，熙熙然不知手之舞、足之蹈也』」。〔註9〕可見吳澄在十五歲之年，已知讀書之要，且樂在其中了。

三、以道統自任

十六歲，在吳澄的生命中是一個重要的關鍵。《吳文正公外集》卷3〈謁趙判簿書〉載：「（澄）年十有六始知舉業之外有所謂聖賢之學者，而吾未之學，於是始厭科舉之業」。〔註10〕他因隨侍祖父赴郡參加鄉試，遇到任臨汝書院山長的程若庸，〔註11〕而程若庸因吳澄的善問，對他大爲讚賞，〔註12〕並介紹其子仔復與族子鉅夫與吳澄相友。〔註13〕吳澄從十歲得朱子書自研，未曾得名師指導，現在有機會得朱子三傳門人親自教導，當然不會放過援疑質理的機會。於是自此每次到郡，必留臨汝拜謁請教於程若庸。

吳澄眞正開始致力於儒學是從朱子所著的《四書集注》入手，再經由朱門後學程若庸指點，便隱然以上承朱子學統自任。十九歲時，曾書信與人云：

> 天生豪傑之士〔註14〕不數也。戰國之時，孔子黨徒盡矣，楊墨之徒又滔滔，而孟子生乎其時，獨願學孔子，而卒得其傳。當斯時也，曠古一人而已，眞豪傑之士也。孟子沒千有餘年，溺於俗儒之陋習，淫於老佛之異教，……至於周、程、張、邵一時迭出，非豪傑其孰能與於斯乎？又百年而朱子集數子之大成，則中興之豪傑也。以紹

〔註9〕　同上，頁623下。

〔註10〕　《吳文正公外集》（附於《吳文正公集》之後）卷3〈謁趙判簿書〉，頁139。吳澄雖未言明爲何而得知聖賢之學，但想必與下文所要提及的程若庸有關。

〔註11〕　黃宗羲《宋元學案》（台北，華世出版社，1987年9月台一版）卷83，〈雙峰學案〉，頁2817：「程若庸，字逢源，休寧人。從雙峰及沈毅齋、貴□得朱子之學……馮去疾創臨汝書院於撫州……聘（程）爲山長……從游者最盛，稱徽庵先生。所著有《性理字訓講義》、《太極洪範圖說》」。

〔註12〕　《道園學古錄》卷44，〈行狀〉，頁624上記載徽庵的話：「吾處此久矣，未見有如子（指吳澄）能問者」。

〔註13〕　《吳文正公集》卷首，〈年譜〉，頁19上。但程鉅夫《雪樓集》（四庫全書本，第1202冊）附錄，〈年譜〉，頁467下記載：「咸淳三年（1267）丁卯，公年十九歲，游臨川，讀書臨汝書院，受學於族祖徽庵先生若庸，與翰林學士吳文正公澄爲同門」。而程鉅夫與吳澄同年生，故吳澄十六歲見程若庸時程鉅夫尚未到臨汝。兩者之記載有所出入。

〔註14〕　吳澄說：「夫所謂豪傑之士，以其知之過人，度越一世而超出等夷也」。見《道園學古錄》卷44，〈行狀〉，頁624下。

朱子之統者，果有其人乎？〔註15〕

又著說曰：

> 道之大原出於天，聖神繼之。堯舜而上，道之元也；堯舜而下，其
> 亨也；洙泗魯鄒，其利也；濂洛關閩，其貞也。分而言之，上古則
> 義、黃其元，堯、舜其亨，禹、湯其利，文、武、周公其貞乎！中
> 古之統，仲尼其元，顏、曾其亨乎！近古之統，周子其元，程、張
> 其亨也，朱子其利也，孰爲今日之貞乎？未之有也。然則可以終無
> 所歸哉！〔註16〕

從上文看來，吳澄不僅以朱學之統自任，更是以中華文化之道統自任，力求
成爲一個上承聖賢、下開道統的新聖人。心志之高，無怪乎虞集稱讚他：「是
時先生方弱冠，而有志自任如此」。〔註17〕但除心志高外，吳澄的前兩段話有
兩點值得注意：

    （1）吳澄以豪傑〔註18〕比之於儒門聖賢。在吳澄眼中，孟子、周、程、
           張、邵及朱子不僅只是儒學聖賢，更是曠世豪傑，皆有世人比之不
           及的超邁志氣。

    （2）將邵雍排除於道統〔註19〕之外。可見吳澄早年對道統的看法深受朱

〔註15〕《道園學古錄》卷44，〈行狀〉，頁624下。

〔註16〕《元史》（台北，鼎文書局，民國79年2月四版）卷58〈吳澄傳〉，頁4013。
而《臨川吳文正公外集》卷二〈道統〉，頁133的文字與此大不相同，其中
有一段文字爲：「聖人之道……孟子沒而不得其傳焉，我朝（時宋朝未亡）
周子始有以接孟子之傳於千載之下，其時有邵子者亦非常人也。二程子則
師於周子，張子則友於二程而傳其學。中興而後，又有朱子集周、程、張、
邵子之大成，是皆得夫道統之傳者也」，可知在吳澄心中邵子也是「得道統
之傳者」然在上述《元史》〈吳澄傳〉的引文中，這段文字卻完全被編者，
如宋濂之輩剔除，而宋濂乃北山何基學派之後學，屬朱學，從此處也可見
元代朱學之獨尊與偏執。

〔註17〕《道園學古錄》卷44，〈行狀〉，頁624下。

〔註18〕吳澄口中的豪傑，除其知之過人，度越一世而超出等夷外，還引用孟子的
觀念說：「孟子所謂豪傑，以其雖無文王猶興也。興也者，謂其能自感發以
求文王之道也。文王之道何在？近則在周公，遠則在孔子。周孔遺文之傳
於後，有易、有書、有詩、有禮以及春秋，與夫諸弟子之所記……能求諸
此而得其道，是即師文王也。世無文王而能師之於二千餘載之下，非豪傑
之士而何？」見《吳文正公集》卷16〈贈襄陽高凌霄鵬翼序〉，頁309上。

〔註19〕此處所說的道統是由朱子所確立的，朱子與呂祖謙編《近思錄》，採周敦頤、
程顥、程頤、張載之言，分道體、爲學……等十四卷，爲我國第一本哲學選
輯之書。談理學者每稱北宋五子，而《近思錄》不收邵雍之言，其主要原因，

子的影響。〔註20〕

　　雖然吳澄受朱子影響，將邵雍排於道統之外，但吳澄對邵雍的爲人、學問卻別有一番敬重之意。在十九歲時，吳澄曾作《皇極經世續書》，用來推究始亂相禪之由，並將邵子之學與術數之流加以區別。可惜兵燹之後，此書已散失掉了。吳澄究心於邵雍的《皇極經世》，大概得自家學。前文曾提及他的祖父鐸「精通天文星曆之學」，想必有得於邵子之學。吳澄自云：「澄……家貧不能從師，唯大父家庭之訓是聞」，〔註21〕故自小吳澄就對邵雍有一種親切之感。他在〈約齋記〉中說：

　　　　康節邵子……偉然爲百代人豪，予每尚友其人，樂聞其風。〔註22〕

又在〈明經書院記〉中云：

　　　　必共城邵子，必春陵周子，必關西張子，必河南二程子，而後爲眞

　　　　儒之明經。……嗣邵、周、張、程者，新安朱子也。〔註23〕

依慣例，提到北宋五子，必先周子而後邵子，但吳澄在此卻躋邵子於周子之前，其用心可謂迴不尋常。他的學生虞集在吳澄的〈行狀〉中說吳澄：

　　　　以邵子爲孔子以來一人而已。〔註24〕

而揭傒斯在其〈神道碑〉也說吳澄的學問：

　　　　深造極詣，猶莫尚於邵子。〔註25〕

可見吳澄自早年即對邵子之爲人、學問極爲傾心，終其一生不變。

　　　不外朱子以爲邵子之學居儒學正統之外。關於朱子道統觀的建立，可參看劉
　　　述先《朱子哲學思想的發展與完成》（台北，台灣學生出版社，民國71年），
　　　頁413～427，特別是424頁。

〔註20〕　吳澄在其所著的〈道統〉一文中稱「其時有邵子者亦非常人也……得夫道統
　　　之傳者也」（見注16），而在其〈道統圖〉（《臨川吳文正公外集》卷二〈道統
　　　圖〉，頁134）中則是將周子與邵子並列，其中周子上接孔孟，下開二程與張
　　　載之傳，而邵子則上接文王之統，然在〈道統〉中他卻又說：「至於周子則我
　　　朝之元也，程張則我朝之亨也，朱子則我朝之利也」並未將邵子列爲與周子
　　　同位之「元」，可見吳澄雖出自於對邵子的尊崇，以邵子爲「得道統之傳者」，
　　　但卻又不得不接受朱子以邵子之學居儒學正統之外，爲一岐出之統，否則將
　　　否認其自身所要繼承的朱子之學的正統性。

〔註21〕　《吳文正公外集》卷3〈謁趙判簿書〉，頁139上。

〔註22〕　《吳文正公集》卷22，頁398下。

〔註23〕　《吳文正公集》卷20，頁373上。

〔註24〕　《道園學古錄》卷44，〈行狀〉，頁632上。

〔註25〕　《吳文正公集》卷首，頁16上。

四、隱教鄉里

宋度宗咸淳三年（1267），蒙古軍開始進攻襄陽、樊城，當時鎮守襄陽的是呂文煥，守樊城的是范天順，他們苦守到咸淳九年（1273），這期間，賈似道僅在咸淳七年（1271）六月時派范文虎援助一次，但一戰而敗，一敗而逃。〔註26〕此時南宋敗亡之徵，已十分明顯。

吳澄也知宋室將亡，於是在二十四歲（1272）時，隱居鄉里，授徒山中，並建造了幾間茅屋，作為教授鄉弟子之所。但吳澄並非置國家社稷於不顧，他在所居茅屋的戶牖上題字曰：「抱膝梁父吟，浩歌出師表」，以諸葛武侯隱居時伺機救世的心態自處。其一番苦心，唯有好友程鉅夫明白，並以「草廬」二字題其所居之所。可惜吳澄用世的希求未能實現，宋恭帝在德祐二年（元世祖至元十三年，1276年）五月降元，三年後陸秀夫負帝昺跳海，宋亡（1279），吳澄年三十一歲。

宋朝遽亡，山崩海竭，形勢全非。遭受到如此大的打擊，往日出師表、梁父吟之豪志，如今已完全不復存在。這個巨變對吳澄造成極大的影響，在他所寫的〈宋沂字說〉一文中，吳澄對孔子「與點」一章有如下的闡釋：

> 予觀四子言志，而聖人獨與曾點，何哉？三子皆言他日之所能為，而曾點但言今日之所得為。期所期於後，不若安所安於今也。……夫子之樂在飯疏飲水之中。邵子曰：「在朝廷行朝廷事，在林下行林下事」，其知曾點之樂者歟？〔註27〕

這篇文字作於何年並不可考，但想必是在宋室既屋之後。吳澄認為夫子之樂在飯疏飲水之中，不免已把夫子當年行道救世的心情淡化，同時又深賞邵子「在朝廷行朝廷事，在林下行林下事」的處事態度，所以他才會說：「期所期於後，不若安所安於今也」為的是要安撫自己心中之痛，並表示自己對出處的看法，〔註28〕表現出不願出仕的態度。

〔註26〕《宋史》（北京，中華書局）卷46〈度宗本紀〉，頁911。

〔註27〕《吳文正公集》卷5，頁143上。

〔註28〕吳澄直到五十三歲（1301年）時猶抱持著這種態度。在元成宗大德五年（1301）所寫的〈復董中丞書〉中，他說：「夫子勸漆雕開仕，對以『吾斯之未能信』而夫子說之，何哉？說其不自欺也。然則開之可仕不可仕，雖夫子不能知，惟開自知之爾……邇年習俗日頹，儒者不免苟求苟得……澄以古之賢人君子自期，則其出處進退必有道矣……康節邵先生詩云：『幸逢堯舜為真主，且放巢、由作外臣』，澄雖不肖，願自附於前修」。見《吳文正公集》卷7，頁171上～171下。有關南宋遺民之風的討論，可參考王師明蓀《元代的士人與政治》

元朝在亡宋前後，便不斷下詔訪求賢逸之士，世祖在至元十三年（1276）二月詔中說：「前代聖賢之後，高尚儒、醫、僧、道、卜、筮，通曉天文曆數，並山林隱逸名士，仰所在官司，具以名聞」〔註29〕至元十八年（1281）時又下詔求「前代聖賢之後，儒、醫、卜、筮，通曉天文曆數，並山林隱逸之士」〔註30〕到至元二十三年（1286）又令侍御史行御史臺事程文海（即程鉅夫）至江南訪賢，博采知名之士。〔註31〕程鉅夫與吳澄年少時在臨汝書院同窗為友，相知甚深，因此程鉅夫此次南下訪賢，〔註32〕也前往撫州，欲起吳澄於鄉野間。

五、北游南歸

據危素所撰的〈年譜〉記載，吳澄自宋亡後便與樂安鄭松結廬隱居布水谷中，纂次諸經，校定《易》、《書》、《詩》、《春秋》，修正《儀禮》小戴記。〔註33〕至元二十年（1283）才返家。至元二十三年（1286）程鉅夫來撫州訪見老友，並以朝廷求賢心切，力邀吳澄赴京，但吳澄卻以母老為由，拒絕仕進。程鉅夫明白吳澄的考慮與處境，宋亡之前，吳澄以諸葛武侯自比，等待明主來訪，如今時代轉換，對吳澄而言，世上已無「劉備」，又有誰值得他這位「諸葛亮」來為其盡忠呢？因此程鉅夫對吳澄說：「誠不肯為朝廷出，中原山川之勝，得無一覽乎？」〔註34〕以故國山川之美為誘因，希望吳澄能隨他北上京師。因吳澄相當重視遊覽山川對個人博學功夫的重要，〔註35〕所以便

（台北，學生書局，民國81年）頁275〜285。勞延煊〈元初南方知識份子〉，《香港中文大學中國文化研究學報》，第十期上冊，（1979）頁129〜159。

〔註29〕《元史》卷9〈世祖本紀六〉，頁179。

〔註30〕《元史》卷81〈選舉志〉，頁2034。

〔註31〕《元史》卷14〈世祖本紀十一〉，頁287。

〔註32〕關於程鉅夫江南訪賢的問題，可參考姚從吾〈程鉅夫與忽必烈平宋以後的南人問題〉，《台灣大學文史哲學報》第十七期，頁354〜379。孫克寬《元代漢文化活動》（台北，台灣中華書局，民國57年）之〈江南訪賢與延祐儒治〉，頁345〜363。

〔註33〕《道園學古錄》卷44，〈行狀〉，頁625上則言：「修正《儀禮》小戴、大戴記」。

〔註34〕《吳文正公集》卷首〈年譜〉，頁20下。

〔註35〕《吳文正公集》卷19〈送何太虛北游序〉，頁346上云：「聖人生而知也，然其所知者，降衷秉彝之善而已，若夫山川、風土、民情、世故、名物、度數，前言往行，非博其聞見於外，雖上智亦何能悉知也」又說：「士何可以不游也」，明白主張遠遊對士人的重要性。

答應與程鉅夫一同北上，時年三十八歲。

此次隨程鉅夫往南訪賢、北歸復旨，沿途遊歷了諸多勝景，也結交了一些朋友，如趙孟頫，〔註36〕待到達京師時，程鉅夫仍不放棄推薦的心意，吳澄發覺後又以母老力辭。

吳澄不願仕元的真正原因，趙孟頫在〈送吳幼清南還序〉中有較深刻的理由：

> 士少而學之於家，蓋亦欲出而用之於國，使聖賢之澤沛然即於天下，此學者之初心。然而往往淹留偃蹇甘心草萊巖穴之間，老死而不悔，豈不畏天命而悲人窮哉？誠退而省吾之所學，於時為有用耶？可行耶，不可行耶？則吾出處之際，瞭然定於胸中矣。……近年以來，天子遣使巡行江左，搜求賢才，……程公（鉅夫）思解天子渴賢之心，得臨川吳君澄偕來。吳君博學多識，經明而行修，達時而知務，誠稱所舉矣。……既至京師，吳君翻然有歸志，曰：「吾之學無用也，迂而不可行也」，賦淵明之詩一章，朱子之詩二章而歸。〔註37〕

吳澄在「退而省吾之所學，於時為有用耶？可行耶，不可行耶？」後，認為其學不可行，因此決定南歸。至於何以其學於時無用不可行，可在他南歸途中所賦二十五首〈感興詩〉中找到較清楚的想法。在此只舉兩首較能表白其意見者：

1. 瑜濟巢鵁鶄，入洛啼杜鵑。大事可知已，禽鳥得氣先。〔註38〕
2. 風前白浪惡，雨後黃流渾。公無渡河去，天未喪斯文。〔註39〕

第一首詩引用《周禮》、《春秋》中鵁鶄不北渡濟，表示南北飛禽不相互踰，接著用邵雍在京聞杜鵑啼聲，以為南人將入相天下將大亂。這兩件事都暗示吳澄認為在元朝種族、地域歧視政策下，南士根本不可能有一展長才的機會。第二首詩則以狂浪惡水形容當前政局，向仍在京的南士勸告，不必強行入仕，因為天未喪斯文，不入仕仍有一番作為。〔註40〕於是吳澄轉而南歸，沿途多所停駐，直到同年十二月才返回家門。

〔註36〕《吳文正公集》卷32〈跋子昂楷書後〉，頁536上：「至元丙戌（二十三）冬，予始解后子昂於維揚驛，明年在京，每日相聚」。

〔註37〕趙孟頫《松雪齋文集》，（四部叢刊初編，台北，台灣商務印書館，民國54年）卷6，頁9下～10上。

〔註38〕《吳文正公集》（元人文集珍本叢刊第四冊）卷45〈感興詩〉，頁52上。

〔註39〕同上。

〔註40〕以上所論，多引自勞延煊〈元初南方知識份子〉一文，勞先生在此文中對吳澄的〈感興詩〉有很精彩的解析，並對吳澄對出處的想法有深入的評論。

吳澄雖不願仕元，但朝廷對他的學術成就仍是高度肯定，故因程鉅夫之請，乃令取吳澄所考訂的《易》、《詩》、《書》、《春秋》、《儀禮》大戴記、小戴記置於國子監，供諸生研讀學習。〔註41〕此舉無疑是對吳澄學術成就的肯定，同時也使得吳澄聲名大噪。

六、講學龍興

至元三十一年（1294），世祖崩，當時四十一歲的吳澄正在福州拜訪程鉅夫（時程鉅夫為福建閩海道肅政廉訪使），停留了近一年才返家。成宗元貞元年（1295）八月，吳澄遊覽龍興西山，江西湖東道肅政廉訪使司經歷郝文得知，立即將吳澄迎接到郡，向他請教了《易經》疑義數十條，並令人從旁筆錄成書。而地方官、郡學生也趁此難得之機，邀請吳澄到郡學講「修己以敬」一章，吳澄「指畫口授，反覆萬餘言」令在場千百之人，凡曾用力於此者，無不有會心感嘆之意。〔註42〕當時的行省掾原明善，博學多才，以文學自負常令旁人屈折。吳澄到郡時，原明善向他請教諸經的疑義，吳澄一一剖析，令原大為折服，並有所領會，但待吳澄談及理學，原明善卻似懂非懂，吳澄要他從《二程遺書》、和《近思錄》入手。經此一番問答，原明善對吳澄大為敬佩，遂請終生執弟子禮。〔註43〕

第二節　出處久速　道義以之

一、任教國子學

次年（1296）吳澄又再度到龍興，因原明善的引介，行省左丞董士選親迎吳澄至家，向他請教經義治道。董士選見吳澄德容嚴厲而不失其和，引經據典，博洽過人，實為平生所未見。於是在成宗大德二年（1298）入覲時，向朝廷極力推薦吳澄。過了一年又再度薦舉，卻因吏員延誤，又不成。但董氏仍不放棄，在大德四年（1300）第三度推薦，朝廷遂詔除吳澄為應奉翰林文字、登佐郎、同知制誥兼國使院編修官，〔註44〕董士選並親自寫了一封信

〔註41〕《吳文正公集》卷首〈年譜〉，頁20下～21上。
〔註42〕《道園學古錄》卷44，〈行狀〉，頁625下。
〔註43〕同上。
〔註44〕《吳文正公集》卷17〈贈周文暐序〉，頁328上云：「大德庚子（四年）朝廷

勸勉吳澄出仕。吳澄在回信中說：

> 學者非以求知於人也，欲其德業有於身而已矣……（澄）繇布衣授
> 七品官，成命記頒而閣下又先之以翰墨敦請教諭，如前代起處士之
> 禮。澄何人，斯而足以當之？……邇年習俗日頹，儒者不免苟求苟
> 得，鑽刺百端，媚竈乞墦，不以爲羞；舐痔嘗糞，何所不至。今之
> 大臣宰相當有以微幹其機，而丕變其俗，若俾疏賤之人驟得美仕，
> 非其所以遏其徼倖冒進之萌也。澄以古之賢人君子自期，則其出處
> 進退必有道矣。〔註45〕

一方面強調對董士選知遇之恩表示感謝，一方面批評當時儒者爲求仕進，不擇
手段的醜態，進而希望在位者能選士進人得宜，以斷冒進貪徼的士風。而對於
出仕一事，則引邵子詩「幸逢堯舜爲眞主，且放巢由作外臣」〔註46〕來表示自
己無意任官。但與上次力辭程鉅夫而南歸之激越相比，吳澄的遺民思想，畢竟
因爲時間的流逝和環境的變遷而被沖淡許多，加上「有司敦迫日久」，吳澄在大
德六年（1302）八月，終於動身北上赴任。但因出仕意願並不強烈，吳澄途中
便順道拜訪了老友程鉅夫，到京城時已是十月，而執事者早以官曠日久而別授
他人了。面對這樣的情況，吳澄不以爲忤，整裝欲歸，但因大雪難行，遂在京
暫時停留，與在京士人交遊唱和，大德七年（1303）春才離開京師。

　　對於吏部這樣的舉措，董士選上章抗議，以爲「似失朝廷崇儒重道之意」。
〔註47〕但如上所言，吳澄本身卻一點也不在意，本來赴任就非其所願，如此
結果也許是他所樂見的。原明善在〈送吳幼清先生南歸序〉中說：「（先生）
居京三月，卻跡治歸，來去容與，若無足動其心者。不矯、不抗以干名，不
奔赴以射利。嗚呼！眞有道士也」，〔註48〕對吳澄的高風，發出讚嘆！

　　吳澄在南返途中，在揚州停留講學兩個月，後又至眞州講學，住了一年多
的時間。大德八年（1304），吳澄年五十六，朝廷又授他爲將仕郎、江西等處儒
學副提舉。吳澄並未直接赴任而是先返家校定了邵子《皇極經世》書和郭璞的
《葬書》，直到大德十年（1306）四月，江西儒學提舉鄭陶孫遣使致書，催請赴

用薦者（董士選）言，授某應奉翰林文字」。危素〈年譜〉繫此事於大德五年
（卷首，頁 21 下），恐有誤。
〔註45〕《吳文正公集》卷7〈復董中丞書〉，頁 170 下～171 上。
〔註46〕同上，頁 171 下。
〔註47〕《吳文正公集》卷首〈年譜〉，頁 22 上。
〔註48〕《國朝文類》（四部叢刊初編）卷35，頁 362 上。

任，吳澄才於同年十月到任。吳澄此次赴任之因，可在他給鄭陶孫的回信中看出一些端倪。吳澄在〈與鄭提舉書〉中說：「昔夫子學夏殷之禮，必欲徵杞宋之文獻。文也獻也，二者不可得兼，則如之何？……澄謂其有文而無獻不若有獻而無文。何也？所貴乎獻也者，非以其幼壯官學之所歷，故家軌物與！然則，獻在是文即在是」。吳澄在宋亡三十年之後，眼見宋室遺民一一凋謝，深恐南方高度文化，無法由原爲游牧民族的蒙古人所繼承，故提出「獻在是文即在是」的看法，希望能藉由出仕爲故國文化盡一點保存之功。〔註49〕

到任後，吳澄大刀闊斧地展開一連串的改革，去餽禮之陋習，止上下告訐之歪風，〔註50〕並主張若要作成人才，必須教其言忠信、行篤敬，以尊德行。一時間，學風丕變。但三個月後，吳澄便稱疾辭官了。他認爲：「學校教育各有其職，錢穀出入，總之有司，提舉之官本爲虛設，徒糜廩祿」。〔註51〕儒學提舉之官本應統行省內學校教育及錢穀之事，但事實上卻不如此，有名無實。吳澄雖能使行署所在的風氣改變，但卻無法將之貫徹到地方，失望之餘，只有辭官去職了。

武中至大元年（1308），吳澄六十歲，朝廷又授其爲從仕郎、國子監丞。但有了上次任官去職的經驗，吳澄實無意再出仕，加上他的次子袞盛年早逝，尤使吳澄哀痛逾恒，不擬奉詔。但是京師、郡縣的趨行者，絡繹不絕於途，當時的南方儒士也認爲這是殊榮，如劉岳申就記錄時人之說：

> 監丞七品……官雖卑，以教則尊。……使先生以道教冑子，他日出宰大藩，與爲天下左右大臣者，皆出先生之門，是猶先生之志得道行也，此世道生民之福也。〔註52〕

〔註49〕《吳文正公集》卷7〈與鄭提舉書〉，頁172下。關於這點，可參看David Gedalecia〈The Life and Career of Wu Ch'eng: A Biography and Introduction〉, in《Journal of the American Oriental Society》（99，4，1979）p.602。
〔註50〕見《吳文正公集》卷首〈年譜〉大德十年條，頁22上～22下。
〔註51〕《吳文正公集》卷首〈年譜〉大德十年條，頁22下。有關儒學提舉之職責，《元史》卷91〈百官志‧儒學提舉司〉云：「各處行省所屬之地，皆置一司，統諸路、府、州、縣學校祭祀、教養、錢糧之事，及考校呈進著述文字。每司提舉一員，從七品」。與《新元史》卷62〈百官志‧儒學提舉司〉所載略同。有關儒學提舉司的設立、改置、職責可參考《元史論叢》第五輯，陳高華〈元代地方官學〉，頁168～169。
〔註52〕劉岳申《申齋劉先生文集》（元代珍本文集彙刊，國立中央圖書館，民國59年3月初版）卷1〈送吳草廬赴國子監丞序〉，頁29～30。

認爲國子監官雖小，但爲冑子師，學生將來都是出宰大蕃的儲備人才，〔註53〕故實際上關係民生福澤甚大。也許吳澄也有此認知，〔註54〕所以在至大二年（1309）五月到京，六月即上官執教。

在世祖時，以許衡爲國子祭酒，許衡以所得之朱子《小學》、《四書集注》爲教育原則，訓授學生。許衡歿後，繼其位者多是他的學生，尙能守住許衡的教育方法，但後來監官失職，學風日頹。吳澄有鑑於此，到官之後：

> 公清晨舉燭堂上，使諸生各舉所疑以質問。日晨退就寓舍，則執經
> 以從。公因其才質之高下而開導誘掖之，講論不倦，每至夜分，寒
> 暑不廢。〔註55〕

而吳澄教學：

> 使其刻意研窮，以究乎精微之蘊，反身克治以踐乎進修之實。〔註56〕

於是一時間，不僅在學者有所受益，連不在弟子員列者，也都有所觀感而興起向學之心。因吳澄德業顯著，朝中權臣意欲將他羅致幕下，助其立新政，變鈔法。〔註57〕吳澄不願助成之，遂以疾辭，並避居門生家中，最後事情才不了了之。

至大四年（1311）春正月，武宗崩，仁宗繼位。因中樞省臣之薦，升吳澄爲國子司業。當時的集賢學士兼國子祭酒劉賡深爲諸生能得此名儒爲師感到高興，遂召集諸生說：

> 朝廷徒以吾舊人，自台臣遷，以重國學。司業大儒，吾猶有所質問，
> 師不易得，時不可失，諸生勉之。〔註58〕

可見吳澄深受時人所尊重。

吳澄上任後，損益程顥的〈學校奏疏〉、胡瑗的二學教法、及朱子的〈貢

〔註53〕劉岳申在同文中有言：「方今出宰大蕃，入爲天子左右大臣者，皆世冑焉」。可見蒙人用人之重根腳。又說：「以故中州之人，雖有傑然者不在是任，然則南士愈不敢望矣」，透露出元廷用人的地域偏見。見上文，頁30。

〔註54〕《吳文正公集》卷19〈江西廉訪司經歷司廳壁記〉，頁356下：「夫肅政者，固以正夫人也。……正人之本安在？正己是也」。在此，吳澄表示在上位者必先正己才能正人，而要正己，依儒家說法，當然必須先接受教育才能達此目的。

〔註55〕《吳文正公集》卷首〈年譜〉，至大二年條，頁23上。

〔註56〕《道園學古錄》卷44，〈行狀〉，頁627上。

〔註57〕《吳文正公集》卷首〈年譜〉，至大二年條，頁23上。另參見《元史》卷23〈武宗本紀〉，頁513。和王師明蓀《元代的士人與政治》，頁225。

〔註58〕《道園學古錄》卷44，〈行狀〉，頁627上。

舉私議〉〔註59〕作成四條教法，即：經學、行實、文藝、治事，〔註60〕可謂
兼備周到。但同僚卻未加採用，而欲改課爲試，吳澄認爲這是教導學生互相
競爭，於是乎起了去意。吳澄曾對學生說：

> 朱子道問學功夫多，陸子靜卻以尊德性爲主。學問不本於德性，則
> 其弊偏於言語訓釋之末，果如陸子靜所言矣。今學者當以尊德性爲
> 本，庶幾得之。〔註61〕

吳澄這段話引起軒然大波，許多人認爲他公開主張陸學，與當初許衡尊信朱
子之意不同。（有關許衡尊信朱學的討論，請參本文第三章第三節）這種狹隘
的門戶之見是吳澄所不能認同的，何況吳澄所說的、所強調的是：欲救朱學
的流弊，唯以尊德性爲本，並未對朱子有任何的不敬。但在眾人喧囂不斷的
情形下，吳澄毅然於次年（仁宗皇慶元年，1312）春離職。

　　當時任國子助教的虞集得知消息後，馬上派遣學生持函追至，懇請吳澄
務必復職，〔註62〕朝廷也遣使追留，但吳澄去意已堅，〔註63〕不肯復職。部
份學生竟也不謁告而跟隨他南返。

二、教授江南，主講經筵

　　吳澄返鄉途中經過眞州，舊日學友強留講學，四月至金陵，〔註64〕接著

〔註59〕　分別見《二程集》（台北，漢京文化事業公司，民國72年）頁448～450；《宋
　　　　　元學案》卷1〈安定學案〉，頁24；《朱子大全》（四部備要本，台北，台灣中
　　　　　華書局）文集，卷69〈學校貢舉私議〉，頁18～26。
〔註60〕　《吳文正公集》卷首〈年譜〉，頁23上記載：「一曰經學。《易》、《書》、《詩》、
　　　　　《儀禮》、《周禮》、《禮記》，大戴記附、《春秋》，三傳附。右諸經各專一經，
　　　　　並須熟讀經史，旁通諸家講說，義理度數明白分曉。凡治經者，要兼小學書
　　　　　及《四書》。二曰行實。孝於父母，在家弟於兄，在外弟於長。睦和於家族，
　　　　　姻和於外姓之親。任厚於朋友，恤仁於鄉里，以及眾人。三曰文藝。古文詩。
　　　　　四曰治事。選舉、食貨、禮儀、樂律、算法、吏文、星曆、水利，各依所習，
　　　　　讀《通典》、《刑統》、《算經》諸書」。
〔註61〕　《道園學古錄》卷44，〈行狀〉，頁627上～627下。
〔註62〕　《道園學古錄》卷12〈請吳先生書〉，頁189上：「謹遣學生某等請於河上，
　　　　　以必還爲期」。
〔註63〕　吳澄離職後登舟賦詩曰：「昨日辭京國，通州岸下船。年年此初度，度度似今年。
　　　　　快活神仙地，歡愉父子天。小成八重數，圓滿大三千」（《吳文正公集》卷46〈壬
　　　　　子自壽〉，頁71下。）詩中透露出離職後的快活、輕鬆，如魚歸江湖般自在。
〔註64〕　《吳文正公集》卷首〈年譜〉記此事於皇慶元年七月，但卷19〈送廉充赴浙
　　　　　西照磨序〉（頁347上）則云：「皇慶元年……夏四月，充至江南，過家省親，

一路上走訪舊友門生，直至歲末年終才回到家，時年六十四。

　　吳澄南歸後在江南各地講學，而朝廷方面則有人主張以國子祭酒之職招還吳澄。但仍有人認為吳澄是陸子學派，不可為國師，〔註65〕中書平章政事李孟知吳澄必不肯來，乃向朝廷上言曰：「吳司業年高養病而歸，今即召返，是苦之也」〔註66〕因此，吳澄得以專心從事講學與著述。

　　延祐三年，吳澄年六十八，為專心修《易纂言》，乃入宜黃山中之五峰庵住越半年。蒙古入主中國後，廢止科舉，一直要到仁宗延祐元年（1314）才又恢復科舉取士，這對廣大的學子而言實為一大鼓勵。江西行省主事者為考選得人，特意在延祐四年（1317）鈞請吳澄出題考校鄉試，在堅辭不獲之後，吳澄乃出問校文。

　　吳澄所出的經問是：「孟子道性善，堯舜至於塗人一耳，而《論語》曰性相近，何也？」同為校文者皆以為此問過於平易，但吳澄卻不以為然，覺得只要真能對這個問題有深刻的認識，便不失為有識之士。然而在與試的二十二人當中，卻只有三、四個考生的回答能令吳澄感到滿意，由此也可略見吳澄論學與當時的學風不同。〔註67〕

　　延祐五年（1318）吳澄剛從武城的永豐書院返家，不久虞集便奉詔以集賢學士奉議大夫登門聘召。當時的吳澄年已七十，身又染疾，無意北上，但虞集以「此除實出上意，宜勉為行」〔註68〕為由，敦請吳澄應召。不得已，五月北上拜命，但途至儀真，疾又復發無法再行，於是南返至建康，在門人王進德所創的書塾養病，停留近一年。這段期間，吳澄吸引了無數學者來此問學，並完成了《書纂言》。至於朝廷聘召之事，完全不放在心上。到了延祐六年（1319）十月，吳澄由建康溯江而上，到了江州，在濂溪書院住了數月，又再次吸引了南北學者百餘人來此求學，其中北方學者為多，且當吳澄於次年（1320）七月返回臨川時，追隨他南歸的都是北方學者。從這兒我們可以看出吳澄所代表的南方學術，已被北方學者所接受。

　　　予留金陵，適相值。」吳澄自述應較危素的記載可信，故從之。

〔註65〕詳見《道園學古錄》卷5〈送李擴序〉，頁81上。

〔註66〕《吳文正公集》卷首〈年譜〉，皇慶二年條，頁23上。

〔註67〕《吳文正公集》卷14〈贈學錄陳華瑞序〉，頁275下：「四書進學之本也……然讀四書有法……必究竟其理而有實悟，非徒誦習文字而已；必敦謹其行而有實踐，非徒出入口耳而已」。指出讀四書應有的態度與實際行為，不同於當時俗學以利祿之心讀四書。

〔註68〕《吳文正公集》卷首〈年譜〉，延祐五年條，頁24上。

　　英宗至治二年（1322），吳澄年七十四，又再一次前往建康，爲門人王進德的義塾訂定規制，朝廷並賜額「江東書院」。同年，吳澄完成了一生重要的著作《易纂言》。

　　至治三年（1323）丞相拜助向英宗推薦，以爲吳澄的才德是當時儒者之冠，〔註69〕英宗乃特遣直省舍人劉李蘭奚至吳澄家聘召，向他表明朝廷重用人才的心意。由於君相皆賢明，使吳澄覺得可有一展長才之地，加上吳澄受朝廷重用，有突破南人入仕的限制，及對江南儒士形成一種鼓勵的作用。基於以上兩點理由，吳澄此次很快地便北上赴任。

　　吳澄上任後第一件事是英宗要他寫金書佛經序，但他以爲佛教輪迴、超生薦拔之說乃是爲了蠱惑世人，以利佛教發展，所以婉拒此任。而在吳澄還來不及向英宗面奏此事，英宗已被亂臣弑於南坡，丞相拜助也同時遇害。懷抱報效君國之志的吳澄，面對這麼一件弑君反叛、大逆不道的事，滿腔熱血冷卻大半，失望之餘打算南歸，但因河凍未能成行。

　　次年，即泰定帝泰定元年（1324），朝廷用江浙行省左丞趙簡言，開設經筵，令太子及諸大臣子孫受學，〔註70〕平章政事張珪推薦吳澄進講經學。在討論進講事宜時，吳澄提出講官賜坐的要求，表現出他對尊嚴師道的堅持。虞集記載吳澄講經時：

> 言溫氣和經旨敷暢，得古人勸講之體，廷中驟見文物之盛，而先生首當其任。〔註71〕

而泰定帝也一再御駕聽講，故劉岳申稱讚吳澄說：

> 伏聞聖朝開經筵，明公正講席，此千載一時也。在宋大儒，惟程朱二夫子得以所學進講，嘗有啓沃之功……明公則所以大起今日之殊遇者，固將大明五經四書之用，大慰普天率土之望，豈徒富貴榮名明公一身而已？〔註72〕

表露出傳統士人一貫對帝王之師所扮演的啓迪者角色的高度肯定。〔註73〕

〔註69〕《吳文正公集》卷首〈年譜〉，至治三年條，頁24下。《元史》卷28〈英宗本紀二〉（頁627）也記載此事：「拜助言：『前……直學士吳澄……有德老儒，請徵用之』帝喜……遂以……澄爲（翰林）學士」。

〔註70〕《元史》卷29〈泰定帝本紀〉，頁644。

〔註71〕《道園學古錄》卷44，〈行狀〉，頁628上。

〔註72〕劉岳申《申齋劉先生文集》卷4〈與吳草廬書〉，頁149。

〔註73〕事實上進講之功實在有限，因當時的皇帝、太子、諸王大臣皆爲蒙人，不通漢文，透過翻譯後所能瞭解的漢文化實在有限。與吳澄同時爲講官的張珪在

吳澄在任經筵講官時期，對民生疾苦也時加關切，〈行狀〉上說：「延祐經理民田時，激變贛之寧都，中外騷然。事定，詔蠲虛增之稅，惟江西有郡縣舞文之吏，以減削則例為名，增稅三萬餘石，不得免。至治初，又行包銀，為害亦甚。先生在朝，數言於執政，泰定改元，中書議便民之事，先生復以二事為言，詔書始免包銀，且命體覆減削之名，而蠲除其稅」〔註74〕但有司因循，未能執行詔命。吳澄曾對這種污壞的吏治痛加批評曰：

> 數十年來風俗大壞，居官者習於貪，無異盜賊，己不以為取，人亦
> 不以為怪。〔註75〕

面對這種污壞的官場風習，吳澄又起歸意。

泰定二年（1325）正月，吳澄七十有七歲，因疾移居南城天保宮別館，歸意時起。閏正月，翰林國史院開局纂修英宗實錄，朝廷命吳澄總其事，而丞相又奉旨親臨問疾，吳澄不便就此南歸。二月仍回任進講，至八月實錄修成，未呈天子觀閱，吳澄又稱疾不出。中書左丞許師敬奉旨賜宴，並表達朝廷慰留之意，但宴畢後，吳澄便出城登車而去，中書遣使追之，但吳澄已去遠，追之不及。

三、著書立言，隱教鄉里

吳澄南返後，丞相數度有意召還，但考量其年高，不忍使他受舟車之苦，於是報請朝廷特加優禮，以示尊敬。泰定三年（1326）三月，朝廷遣翰林編修劉光到吳澄居處，特授為資善大夫、翰林學士、知制誥、同修國史，並賜中統鈔五千貫，金織文幣二表裏。吳澄拜表懇辭，不肯接受。適曾與他同為經筵官的張珪奉旨入朝，上書表彰吳澄，稱吳澄：

> 心正而量遠，氣充而神和，博考於事物之跡，而達乎聖賢之蘊，致
> 察於踐履之微，而極乎神化之妙，正學直傳，深造自得，實與末俗
> 盜名欺世者，雲壤不同粵。〔註76〕

泰定三年的薦章中就說：「備位宰臣，首當勸講……所謂明經，實愧寡陋，況通譯之難，講明有限」（《道園學古錄》卷44，〈行狀〉，頁629上。）把當時經筵進講的情況，作了一番較真實的描述。

〔註74〕《道園學古錄》卷44，〈行狀〉，頁628下～629上。

〔註75〕《吳文正公集》卷14〈贈史敏中侍親還家序〉，頁266。關於吏治污壞之因，吳澄在同卷〈贈何仲德序〉中有較詳細的解析，可參看。

〔註76〕《道園學古錄》卷44，〈行狀〉，頁629上～629下。

甚至舉以自代，以爲：

> 制誥、國史二事所以成一王之大經，爲萬世之昭憲……翰林學士吳
> 澄，學通天人，行足師表，書事得筆削之法，代言近典誥之文……
> 須使當承旨之任總裁，方可成就所合。舉以自代，允協輿論。〔註77〕

對吳澄可說是褒揚讚譽至極，〔註78〕但七十八高齡的吳澄終究沒再回朝廷任職了。

辭官歸里後的吳澄，專心致力於教學與著述。分別在文宗天曆元年（1328）與天曆二年（1329）完成《春秋纂言》和《易纂言外翼》，又於至順四年（1332）以八十五歲的高齡完成《禮記纂言》。〔註79〕在幾年中完成三部重要的著作，可見吳澄退隱後對著書立言的專注與勤奮。在至順三年，其三子京爲撫州路儒學教授，迎接吳澄到郡學奉養，而學者往來，吳澄無不會見並加以指授，不分晝夜，即使偶有小病，也不間斷，充分表現出教不倦的精神。吳澄不但教不倦，還深恐有遺珠之憾，他說：「吾郡多俊秀，宜有可望者」並問原明善「得無有未見者乎！」〔註80〕言語間透露出對後學的殷殷期望，也表現出對文化延續發展的高度關懷，實不愧爲一代儒宗。

元統元年（1333）六月，吳澄感暑得疾，稍癒後又復作，吳澄似乎自知天限已至，招學者曾仁，告訴他說：「死生常事，可須使吾子孫知之」，言畢，拱手胸前，正臥不動，瞑目不語，數日後薨，享年八十五歲，卒時，神色泰然。〔註81〕朝廷聞，詔加贈資德大夫、江西等處行中書省左丞、上護軍，追封臨川郡公，諡文正。〔註82〕

吳澄一生著述甚豐，計有：

〔註77〕同上，頁 629 下～630 上。

〔註78〕危素所著〈年譜〉特意將張珪這段文字全數抄錄，目的大概也是再次褒揚吳澄的學識德業。見《吳文正公集》卷首〈年譜〉，泰定三年條，頁 25 下～26上。

〔註79〕虞集記此事於至順四年（1333），即元統元年。（見《道園學古錄》卷44，〈行狀〉，頁 630 下。）與危素〈年譜〉之載差一年，而虞集爲吳澄之及門弟子，其記載應較可信。

〔註80〕《道園學古錄》卷 44，〈行狀〉，頁 630 上。

〔註81〕《吳文正公集》卷首〈年譜〉，頁 26 下。〈年譜〉還記載在吳澄去世前一晚，「見一大星隕於其屋之東北隅」似乎象徵一代大儒將隕落，也可見吳澄當時受人敬重的程度已近乎極至。

〔註82〕吳澄於明英宗宣德十年（1435）從祀孔廟，以式百世。見《吳文正公集》卷首〈臨川郡公吳澄從祀孔廟議〉，頁 12 上～13 上。

    （1）《吳文正公集》四十九卷，外集三卷。（此爲明成化刻本，四庫全書

           本則爲一百卷）

    （2）《易纂言》十二卷。

    （3）《易纂言外翼》八卷。

    （4）《禮記纂言》三十六卷。

    （5）《書纂言》四卷。

    （6）《儀禮逸經傳》三卷。

    （7）《春秋纂言》十二卷，總例一卷。

    （8）《孝經定本》一卷。

    （9）《道德眞經注》四卷。

    （10）《月令七十二候集解》一卷。

    由此可見吳澄著述之勤，而後人對他的稱譽「考據援引，博極古今，近世以來，未能或之先也」，〔註83〕也確非空言了。

第三節　總　論

    吳澄自幼穎悟過人，加以自視甚高，隱隱然以道統自任，奮發努力於馳騖空言、汨亂實學的宋學末流之間。吳澄雖曾任官，但吳澄生命的基調是屬於學術的，並不宜於出仕，他的學生危素就說他：

> 研經籍之微，玩天人之妙。朝廷歷聘起，或不久而即退，或拜命而
>
> 不行。要之，無意爲世之用。著書立言，以示後學，蓋燦然乎簡編。
>
> 〔註84〕

這個評論是中肯的，也讓我們明白何以吳澄一生任官從來未嘗超過三年了。

    此外，吳澄一生行事的風格，則深受邵雍的影響。吳澄在〈約齋記〉中說：

> 康節邵子……偉然爲百代人豪，予每尚友其人，樂聞其風……尊之
>
> 之至，慕之之深而不能自已。〔註85〕

可見吳澄對邵子推崇已極，甚至連朱子尊爲開宋代理學之風的周濂溪也比不

〔註83〕虞集《道園學古錄》（影印文淵閣四庫全書，集部264，台灣商務印書館）卷
　　　　五〈送李擴序〉，頁80下。
〔註84〕《吳文正公集》卷首〈年譜〉，頁17上～17下。
〔註85〕《吳文正公集》卷22，頁398下。

上。這可從吳澄在〈明經書院記〉中將朱子以來理學家們已習慣的北宋五子之排列順序作了一番調整可知。他說：

> 必共城邵子、必舂陵周子、必關西張子、必河南二程子，而後爲眞儒之明經。〔註 86〕

明顯地躋康節于濂溪之上。無怪乎虞集在吳澄的〈行狀〉中說草廬以邵子爲「孔子以來一人而已」。〔註 87〕

　　吳澄何以對邵子如此傾心？大概跟其祖父有相當大的關係。吳澄自稱：「澄之齠齔，惟大父家庭之訓是聞」，〔註 88〕而根據危素所撰的吳澄〈年譜〉，稱其大父「精通天文星曆之學，寬厚不屑細務」。〔註 89〕其大父既精通天文星曆之學，想必有得於邵子之說，故吳澄受其影響，早歲時即留心於邵子之學，作《皇極經世續書》（此書後來毀於兵火），又在五十七歲時校定邵子之書，於邵子之學可謂用心。故虞集說吳澄「於邵子之學，深有所會悟也」，〔註 90〕而揭傒斯更說吳澄的學問「深造極詣，猶莫尙於邵子」，〔註 91〕可見吳澄於邵子之學確實有深刻的體悟。

　　吳澄一生學《易》五十餘載，寫成《易纂言》、《易纂言外翼》，用功至深。關於《易》，他說：

> 世儒誦習（《易》），知有《周易》而已，伏羲之圖，鮮或傳授，而淪沒於方技家。雖其說具見於夫子之〈繫辭〉、〈說卦〉，而讀者莫之察也。至宋邵子始得而發揮之，於是人乃知有伏氏之《易》，而學《易》者，不斷自文王、周公始也」。〔註 92〕

大概其《易》學之研究也深受邵子的影響。

　　此外，吳澄又認爲：

> 邵子著書，一本於《易》。〔註 93〕

如此想來，吳澄對《易》學的鑽研，也和邵子對《易》學的重視有關吧。

　　元成宗在大德五年（1301）授吳澄爲翰林文字、同知制誥兼國使院編修，

〔註 86〕《吳文正公集》卷 30，頁 373 上。
〔註 87〕《道園學古錄》卷 44，頁 632 上。
〔註 88〕《道園學古錄》卷 44〈行狀〉，頁 624 下。
〔註 89〕《吳文正公集》卷首〈年譜〉，頁 17 下。
〔註 90〕《道園學古錄》卷 44〈行狀〉，頁 632 下。
〔註 91〕《吳文正公集》卷首〈神道碑〉，頁 16 上。
〔註 92〕《吳文正公集》卷 1〈四書敘錄〉，頁 71 上。
〔註 93〕《吳文正公集》卷首〈年譜〉，頁 22 上。

董士選（時爲御史中丞）私下寄書給吳澄，希望他能赴任，但吳澄辭謝了元廷之召，復書給董士選說：

> 夫子勸漆雕開仕，對以吾斯之未能信，而夫子說之，何哉？說其不自欺也……澄敢不以古賢人君子之所以自處者自勉而事閣下哉？

又說：

> 康節邵先生詩云：幸逢堯、舜爲眞主，且放巢、由作外臣。澄雖不肖，願自附於前修。〔註94〕

一方面自遜無入仕的能力，一方面則希望能保自由之身，而其所根據的，正是邵子的詩句。看來邵雍對吳澄的影響並不只限於學術，更擴及到現實生活中，而成爲吳澄思想中一重要淵源。

〔註94〕《吳文正公集》卷7〈復董中丞書〉，頁171上～下。

第三章　論吳澄的思想背景和學術歸向

　　全祖望在《宋元學案》之〈草廬學案序錄〉中說：「草廬出於雙峰，故朱學也，其後亦兼主陸學……然草廬之著書，則終近乎朱」〔註1〕然卻又在〈師山學案序錄〉中說：「繼草廬而和會朱、陸之學者，鄭師山也。草廬多右陸，而師山則右朱，斯其所以不同」。〔註2〕前說吳澄「著書近乎朱」，後說吳澄「多右陸」，有何根據？而全氏所謂的「和會朱陸」又為何意？本章的目的就在試圖回答這些問題，以探討到底吳澄的思想背景和學術歸向為何。為解釋何為「近朱」，何為「右陸」，故先討論朱陸思想的比較，以瞭解「著書近乎朱」的意涵，接著論及宋末元初「和會朱陸」之風，以探討吳澄的思想背景，最後則論定吳澄真正的學術歸向。

第一節　朱陸思想的比較

一、朱陸異同

　　明清論朱陸異同的學者，或謂朱陸早異晚同，或謂朱陸早同晚異，〔註3〕

〔註1〕　《宋元學案》卷92〈草廬學案〉，頁3036。
〔註2〕　《宋元學案》卷94〈師山學案〉，頁3125。
〔註3〕　陳建《學蔀通辯》（叢書集成簡編，台北，台灣商務印書館）〈提綱〉云：「朱陸早同晚異之實，二家譜集具載甚明。近世東山趙汸對江右六君子策，乃云朱子答項平父書有去短集長之言，豈鵝湖之論至是而有合耶？……此朱陸早異晚同之說所由萌也，程篁墩因之，迺著《道一編》分朱陸異同為三節，始焉若冰炭之相反，中焉則疑信之相半，終焉若輔車之相倚，朱陸早異晚同之說於是乎成矣。」（頁1）可知陳建著書之用意在反駁程敏政所說的朱陸早異晚同。

如冰炭之相反。但不管所謂早同也罷，晚同也罷，大都以朱子早年或晚年文字是否同於陸子爲判準，而並沒有從思想上仔細去辨析兩者的異同；也有一些學者主張調和兩家，如黃宗羲就說：「二先生平生自治，先生（象山）之尊德性，何嘗不加功於學古篤行；紫陽之道問學，何嘗不致力於反身修德。特以示學者之入門，各有先後，曰『此其所以異耳』。然至晚年，二先生亦俱自悔其偏重……二先生同植綱常，同扶名教，同宗孔、孟。即使意見終于不合，亦不過仁者見仁，智者見智，所謂『學焉而得其性之所近』」。〔註4〕黃百家也同意此說，亦言：「陸主乎尊德性……朱主乎道問學……二先生之立教不同，然如詔入室者，雖東西異戶，及至室中，則一也」。〔註5〕又如全祖望所說：「朱子之學，出於龜山。其教人以窮理爲始事，積集義理，久當自然有得。至其『所聞所知，必能見諸施行，乃不爲玩物喪志』，是即陸子踐履之說也。陸子之學，近於上蔡。其教人以發明本心爲始事，此心有主，然後可以應天地萬物之變。至其戒『束書不觀，游談無根』，是即朱子講明之說也。斯蓋其從入之途各有所重，至於聖學之全，則未嘗得其一而遺其一也」。〔註6〕

三人所言皆以爲朱陸都是以道德實踐爲爲學目的，都是「同植綱常，同扶名教，同宗孔、孟」，但並不能就此抹除兩者的異同，因爲兩者之爭表面上雖只是爲學方法的爭論，但事實上，朱陸各自的爲學方法卻聯繫著特定的思想體系，不能不細加辨析。

二、心性論的比較

有關朱陸思想的根本分別，如黃進興先生所言是在於兩者對於「心」的存有論地位持有不同的看法，〔註7〕而朱子對人心的瞭解又深受其宇宙論的影響，尤其是「氣」的觀念的影響。朱子曾說：

> 天地之間，有理有氣。理也者，形而上之道也，生物之本也；氣也者，形而下之器也，生物之具也，是以人物之生必稟此理，然後有性；必稟此氣，然後有形。〔註8〕

〔註4〕《宋元學案》卷 58〈象山學案〉，黃宗羲案語，頁 1886。
〔註5〕同上，黃百家之案語，頁 1888。
〔註6〕《宋元學案》卷 58〈象山學案〉引全祖望〈淳熙四先生祠堂碑文〉，頁 1888。
〔註7〕黃進興〈「朱陸異同」：一個哲學的詮釋〉，收入氏著《優入聖域：權力、信仰與正當性》（台北，允晨文化公司，民國 83 年），頁 332。
〔註8〕《朱子大全・文集》（台北，中華書局）卷 58，〈答黃道夫〉第二書，葉 4b。

又說：

> 以其理而言之，則萬物一原，固無人物貴賤之分。以其氣而言之，
> 則得其正者、通者爲人，得其偏且塞者爲物。是以或貴或賤而有不
> 能齊者，蓋以此也。〔註9〕

依朱子的說法，萬物生成皆具有「理」，而且此理萬物皆同，只緣氣之稟受有
所不同，萬物之間才有分別，而人則爲萬物中最爲靈慧者，但在人之中，也
因氣質清濁的不同，而有秉賦的差異。〔註10〕

　　人所以有別於萬物而最爲靈慧，是因爲人的心是「氣之精爽」與「氣之
靈」，〔註11〕這些性質使心得以包含眾理，應接萬物。朱子一直爲心的體用定
位問題困擾，先是主張「未發是性，已發是心」，後來則採取張載「心統性情」
的觀點，認爲：性爲心未發的狀態，情則爲心已發的狀態。朱子說：

> 仁義禮智，性也，體也；惻隱羞惡辭遜是非，情也，用也。統性情
> 該體用者，心也。〔註12〕

性是心之體，而情是心之用，但情爲氣，故不免雜染有濁而不清的部份，因
此心的發用不能全善，只有性才是全善的。又因人是由氣所構成，故有「天
地之性」和「氣質之性」之別，朱子說：

> 論天地之性則是專指理言，論氣質之性則以理與氣質雜而言之。
> 〔註13〕

朱子所謂天地之性，對人而言，是強調道德性的內在根據，所謂氣質之性，
則是指受到氣質熏染的性理，且「天地之性」和「氣質之性」不是並立的，
前者乃是後者的本體狀態。因此朱子所謂的「性即理」實指天地之性而言，
非氣質之性也。

　　相較之下，「氣」的觀念就未在陸子的思想中佔有那麼大的份量。陸子認
爲心與天理一致，心的本身就是天理，他宣稱：

> 心只是一個心，某之心，吾友之心，上而千百載聖賢之心，下而千

〔註9〕　《朱子語類》（台北，華世出版社，1987台一版）卷4，頁59。
〔註10〕　《朱子大全·文集》卷62〈答李晦叔〉第七書，葉27a，載朱子之說：「若大
　　　　概而論，則人清而物濁，人正而物偏。又細別之，則智者乃清知清，賢乃正
　　　　之正，愚乃清之濁，不肖乃正之偏」。
〔註11〕　《朱子語類》卷5，頁85。
〔註12〕　《朱子大全·文集》卷56〈答方賓王〉第四書，葉14b。
〔註13〕　《朱子大全·文集》卷56〈答鄭子上〉第十四書，葉35a。

百載復有一聖賢，其心亦只如此。〔註14〕

陸子所謂的心，是超越時空且普遍的的心，人人皆有，他說：

天之所以與我者，即此心也。人皆有是心，心皆具是理，心即理也。

〔註15〕

「天之所以與我者，即此心也。人皆有是心」說明了此心爲天之所與，乃人所固有，「心皆具是理」，則是說人心都具有此理，人心的內容就是此理，所以說「心即理」。然在此，「理」的意義是什麼？就陸子而言，「心即理」的「理」，指的正是萬世不變的宇宙之理，〔註16〕「心即理」的意思是說：人心內含的即是宇宙之理，宇宙內含的就是人心之理。陸子所說的：「萬物森然於方寸之間，滿心而發，充塞宇宙，無非此理」，〔註17〕是強調內心的道德準則與宇宙之理的同一性，而不是說宇宙之理是人心的產物。但相對於朱子所說，「有此理，便有此天地；若無此理，便亦無天地，無人無物，都無該載了」，〔註18〕在朱子，「理」超越於人物，變成主體意識之外的法則，善並非根源於主體之心者；〔註19〕陸子則認爲，「理」並非外在於心者，因此善的根源也就並非在主體意識之外。

雖然吾心即理，純然至善，但在現實世界中，由於或內或外的因素，使本心受到蒙蔽，陸子說：

此心本靈，此理本明，至其氣稟所蒙，習尚所梏，俗論邪說所蔽，

則非加剖剝磨切，則靈且明者曾無驗矣。〔註20〕

也就是說，造成人心之蔽的原因有兩個：一資稟，二漸習。〔註21〕他從這兩

〔註14〕《陸象山全集》（台北，世界書局，民國 79 年，與《陽明傳習錄》合刊）卷35，頁 288。

〔註15〕《陸象山全集》卷 11〈與李宰・二〉，頁 95。

〔註16〕關於陸子思想中「理」的各種定義可參見張立文《走向心學之路——陸象山思想的足跡》（北京，中華書局，1992。），頁 93～101。「心即理」之說，可參見郭齊家、顧春合著《陸九淵教育思想研究》（南昌，江西教育出版社，1996），頁 124～126；陳來《宋明理學》（台北，洪葉出版社，民國 83 年），頁 174～178。

〔註17〕《陸象山全集》卷 34〈語錄〉，頁 272。

〔註18〕《朱子語類》卷 1，頁 1。

〔註19〕儘管朱子曾說：「理不是面前別爲一物，即在吾心」（《朱子語類》卷 9，頁 155）但朱子所謂「即在吾心」意謂「理」爲吾心所認知、所賅攝，因朱子所理解的「心」只屬於氣，屬形而下，對此「心」而言，「理」必然爲外鑠，而非根源於內在。

〔註20〕《陸象山全集》卷 10〈與劉志甫〉，頁 87。

〔註21〕《陸象山全集》卷 35〈語錄〉，頁 291 云：「人之所以病道者，一資稟，二漸

方面探討人何由不善的原因，但朱子則是以為，人有氣質之性，此氣質之性為理與氣雜，故有善有惡。雖然朱陸二人皆認為氣稟是造成惡的原因，但卻在如何去惡見善的方法上有極大的不同。以下論兩者修養論的異同。

三、修養論的比較

朱子主張「性即理」，強調「心統性情」，以心指人的現實知覺活動的複雜總體，照朱子看，常人之心遠不合聖人之心，因此需先學聖人之道，才能知聖人之心。所以朱子認為應該追溯聖人立教的意圖，進而從聖人的意圖裡，瞭解天理。因此，經典既是聖人言行的記錄，就成為朱子「格物」最重要的泉源。但對陸子而言，朱子的錯誤就在於求天理於外物（讀書、格物），而不反求於心。且陸子對讀書的態度也不同於朱子，對於他來說，讀書只是用以驗證個人體驗的手段而已，所以才有「學苟知本，六經皆我註腳」〔註22〕的說法，甚而在發現自己的體驗與經書或聖人之言衝突時，他會進而質疑經書和聖人之言，如他所說的：「自得、自成、自道，不倚師友載籍」。〔註23〕相對於此，朱子認為，如果不是通過窮理來驗證內心的價值標準，則無論如何存養本心，所存所養的只能是汩沒於人欲無所規範的心，這種心是不可能合於天理的。因此朱子尋求一個系統井然的程序，用以引導人們在心中發現天理，同時又能確定此天理為客觀與確實的，而如何確定所獲天理是否客觀真實，則有待讀書或格物來驗證了。

上文指出朱子認為常人之心與聖人之心不同，在早年因受胡宏學派的影響，〔註24〕認為人只要生存著，心的作用就從不停止，也就是說心在任何時候都是處於「已發」狀態，所謂的「未發」指的是性。但在四十歲之後，朱子改變了想法，〔註25〕把心的活動分為有已發時，有未發時：思慮未萌時心的作用雖未停止，但朱子規定此種狀態為寂然不動的未發；思慮已萌時心的

習」。

〔註22〕《陸象山全集》卷34〈語錄〉，頁252。

〔註23〕《陸象山全集》卷35〈語錄〉，頁294。

〔註24〕關於此點，可參看陳來《朱熹哲學研究》（台北，文津出版社，民國79年），第二部份，第一章，特別是頁115。

〔註25〕朱子此改變，一般稱之為「己丑之悟」，所形成的學說稱「中和新說」，此可參看陳來《朱熹哲學研究》，第二部份，第一章，〈四、己丑之悟〉部份；而牟宗三先生在《心體與性體》（台北，正中書局，民國75年一月初版七刷）第三冊第三章，則對朱子此新說有詳細的解析，可參看之。

作用明顯活動，可視爲感而遂通的已發。

　　無所思慮並非無所知覺，但此時思維作用沒有主動發揮，也未被動反應，相對於思慮意念產生後，主客體相互之間的交互活動，此時的狀態可稱爲靜。朱子關於已發未發的規定，目的在於給靜中的涵養一個地位，他說：

> 未發之前不可尋覓，已發之後不容安排，但平日莊敬涵養之功至而無人欲之私以亂之，則其未發也，鏡明水止，而其發也，無不中節矣。此是日用本領工夫，至於隨事省察，即物推明，亦必以是爲本，而於已發之際觀之，則其具於未發之前者固可默識……向來講論思索，直以心爲已發，而日用工夫止以察識端倪爲最初下手處，以故闕卻平日涵養一段工夫。〔註26〕

可見朱子視未發之涵養功夫爲更根本處，有了未發時的涵養，已發時的即物推明（察識）才有所準據。於是朱子從這種心性論出發，把人的修養功夫分爲兩方面，一種是未發功夫，即主敬涵養；一種是已發功夫，即格物致知。兩者「不可廢一，如車兩輪，如鳥兩翼」。〔註27〕至於兩者的爲學次第，朱子言：「涵養、致知、力行三者便是以涵養做頭，致知次之，力行次之」，〔註28〕是以主敬涵養爲先。

　　其實朱子所說的主敬涵養有廣狹兩義，狹義的主敬涵養專指未發功夫而言，與格物致知相對；廣義的主敬涵養則貫通已發未發，貫通動靜內外。但由於朱子注重未發時的涵養工夫，所以特別強調未發時的主敬。而在朱子的意思中，這種未發時的主敬，多指小學的持敬工夫，他說：

> 近來覺得敬之一字，眞聖學始終之要。……蓋古人由小學而進於大學，其於灑掃應對進退之間，持守堅定，涵養純熟，固已久矣。是以大學之序，特因小學已成之功，而以格物致知爲始。今人未嘗一日從事於小學，而曰必先致其知然後敬有所施，則未知其以何爲主而格物以致其知也。〔註29〕

唯有先養成常惺惺、主敬的態度，把注意力集中在內心，使心有所警省，保持清明不昏亂的狀態，這種未發的主敬修養，才能爲大學格物致知做準備，所以朱子才說：「誠欲因夫小學之成以進乎大學之始，則非涵養踐履有素，亦

〔註26〕《朱子大全・文集》卷64〈與湖南諸公論中和第一書〉，葉28b～29a。
〔註27〕《朱子語類》卷9，頁150。
〔註28〕《朱子語類》卷115，頁2777。
〔註29〕《朱子大全・文集》卷42〈答胡廣仲〉第一書，葉1a～b。

豈能居然以夫雜亂紛糾之心以致其知哉？……故大學之書，雖以格物致知爲用力之始，然非謂初不涵養踐履而直從事於此也」。〔註30〕不過朱子所說的主敬並不是只作爲致知的準備工夫，廣義上來說，敬是貫通動靜、內外、知行，已發未發的全部過程。朱子的大弟子黃榦作朱子行狀有云：

> 其（朱子）爲學也，窮理以致其知，反躬以踐其實，居敬者所以成
> 始成終也。謂致知不以敬，則昏惑紛擾，無以察義理之歸；躬行不
> 以敬，則怠惰放肆，無以致義理之實。〔註31〕

黃榦這個說法，較能概括朱子以敬貫動靜、敬貫知行的爲學之方，也較全面呈現朱子的思想。

和涵養相對的修養工夫就是格物致知。朱子對格物致知的解說是：

> 格物只是就一物上窮盡一物之理，致知便只是窮得物理盡後我之知
> 識亦無不盡處，若推此知識而致之也。此其文義只是如此，……但
> 能格物則知自至，不是別一事也。〔註32〕

格物是指努力窮索事物之理，而當通曉事物之理後，人的知識也就完備徹底了。所以致知只是指主體透過考究物理在主觀上得到的知識擴充的結果，所以致知可說是格物的目的和結果，而不是和格物平行的另一種修養方法。

朱子對於格物之說，最大的創作是他爲〈大學〉所做的補傳，此說最爲後人所重視，也最受後人爭論。〔註33〕他在此補傳中說：

> 所謂致知在格物者，言欲致吾之知，在即物而窮其理也。蓋人心
> 之靈莫不有知，而天下之物莫不有理，惟於理有未窮，故其知有
> 不盡也。是以〈大學〉始教，必使學者即凡天下之物，莫不因其
> 已知之理而益窮之，以求至乎其極。至於用力之久，而一旦豁然
> 貫通焉，則眾物之表裡精粗無不到，而吾心之全體大用無不明矣。
> 〔註34〕

朱子認爲格物的目的是認識宇宙的普遍之理，而要達此目的，不可能只格一物便能把握到萬物之理，但卻也不須將天下之物一一格盡，因爲根據其「理

〔註30〕《朱子大全・文集》卷 42〈答吳晦叔〉第九書，葉 17a。
〔註31〕《勉齋集》（四庫全書本）卷 36〈朱熹行狀〉，頁 423 下。
〔註32〕《朱子大全・文集》卷 51〈答黃子耕〉第五書，葉 24a。
〔註33〕其實朱子此說實來自程子。朱子在〈答江德功〉第二書中說：「格物之說，程子論之詳矣。……熹之謬說，實本其意」。（《朱子大全・文集》卷 44，葉 37a。）
〔註34〕《四書章句集注》（台北，長安出版社，民國 80 年）〈大學章句〉，頁 6～7。

一分殊」〔註35〕的思想，具體事物的物理、倫理雖是各有不同，但卻都是普遍、統一的宇宙之理的表現，只要能今日格一物、明日又格一物，經過反覆的累積，逐漸從個別事物之理中，認識到一切事物間共同而普遍的規律。因為人在正常的認識過程中，經過反覆思考推究的過程後，在某一階段後就會產生一種跳升，即朱子所說的「豁然貫通」，〔註36〕而根本原因在於「所以謂格得多後自能貫通者，只為是一理」，〔註37〕此一理是既超越又統一的，「一旦豁然貫通」以後，事物間共通的理即會全體朗現，事後再作反省工夫，則可了知理是如何陷入氣中，轉成各種不同的事物了。

陸子雖也講「格物」，認為「欲明明德於天下，是入大學標的，格物致知是下手處」，〔註38〕但對陸子而言，其意義不同。因為在他的格物思想中，「格物」所指的乃是「研究物理」，〔註39〕但所謂理，乃吾心之理。他說：

> 彝倫在人維天所命，良知之端形於愛敬。擴而充之，聖哲之所以為聖哲也。先知者，知此而已；先覺者，覺此而已。……學校庠序之間，所謂切磋講明者，何以捨是而他求哉？所謂格物致知者，格此物，致此知也。〔註40〕

陸子所說的格物是「格此物」，致知是「致此知」；「此物」的此字所代表的是彝倫與良知，亦即「心即理」之此心此理，「致此知」即是致至關於此物之知，都是要在「心即理」的心上做工夫，來保存、養護這個本心。因此在陸學中，其修養論主要是圍繞著發明本心展開的。

陸子這種發明本心的學說，其本旨在為人的道德行為找到一種取之不盡、用之不竭的內在泉源，以獲得最大限度的道德自覺和自主。他強調：

> 明得此理，即是主宰，真能為主，則外物不能移，邪說不能惑。〔註41〕

人應樹立主體的道德自覺，讓本心成為意識的主宰，這樣任何邪說外惑都不

〔註35〕關於朱子此說，可參見沈享民〈朱熹理一分殊哲學之溯源與開展〉（台大哲學研究所碩士論文，民國83年）之第三章。

〔註36〕楊儒賓先生之〈朱子的格物補傳所衍生的問題〉（收入《史學評論》，台北，華世出版社，民國72年，第五期，頁133～172）一文，對朱子「豁然貫通」的觀念有詳細的解析。

〔註37〕《朱子語類》卷18，頁399。

〔註38〕《陸象山全集》卷34〈語錄〉，頁264。

〔註39〕《陸象山全集》卷35〈語錄〉，頁285。

〔註40〕《陸象山全集》卷19〈武陵縣學記〉，頁152。

〔註41〕《陸象山全集》卷1〈與曾宅之〉，頁3。

能產生作用，但若「此理不明，內無所主」將失去依歸，而「終日只依外說以爲主」，〔註42〕因此他並不贊成鉅細靡遺的經典研究，認爲許多學者過度強調經典的瑣碎支離研究，反而失去本心而爲經典所束縛。所以陸子強調：「某讀書只看古注，聖人之言自明白，……何須得傳注？學者疲精神於此，是以擔子越重，到某這裡，只是與他減擔」，〔註43〕他認爲沒有必要把精力花費到尋行數墨上，〔註44〕任何人只要「正坐拱手，收拾精神，自作主宰，萬物皆備於我，有何欠闕！」，〔註45〕人只要在內心眞正樹立起良心的主宰，這個主宰就可以引導我們成爲一個眞正的人。

　　朱子和陸子對讀書的不同看法，導源於兩人對爲學工夫中，心性的道德涵養與經典研究兩者孰重孰輕，觀點有了差異。朱子重道問學，故教人先讀書窮理；陸子重尊德性，故教人先立其大。〔註46〕陸子認爲爲學的目的在實現道德的境界，經典的學習與外物的研究都不能直接有助於於這個目的，人的本心就是道德的根源，因此只要擴大、完善人的良心，就能實現道德境界。也就是說，在陸學體系中，求放心、存心的工夫不須以讀書窮理爲手段。但對朱子而言，學問之道在格物，而格物的精義則在研讀經書，〔註47〕在朱子思想中，宇宙萬物都涵具此理，但天理的精義卻已完美地呈現在經典中，因此讀經就爲成聖鋪下最迅捷的途徑，經典成爲尋求天理的重要手段，因此經典的研究對朱子而言絕非與道德涵養無關。〔註48〕

〔註42〕　同上。

〔註43〕　《陸象山全集》卷35〈語錄〉，頁286。

〔註44〕　吳澄很清楚陸子的思想，他在〈象山先生語錄〉中即說：「清田陸先生之學，非可以言傳，而學之者不可以言求……不求諸我之身，而求諸人之言，此先生之所深憫也」，見《吳文正公集》卷10，頁217上～下。

〔註45〕　《陸象山全集》卷35〈語錄〉，頁297。

〔註46〕　〈陸象山年譜〉（見《陸象山全集》，台北，世界書局，民國79年，與《陽明傳習錄》合刊）載：「鵝湖之會，論及教人，元晦之意欲令人泛觀博覽而後歸之約，二陸之意欲先發明人之本心，而後使之博覽。朱以陸之教人爲太簡，陸以朱之教人爲支離，此頗不合」（見上揭書頁323）。從此也可見朱陸對讀書的態度不同。

〔註47〕　《朱子大全・文集》卷14〈行宮便殿奏箚二〉，葉11a云：「爲學之道，莫先於窮理，窮理之要必在於讀書」。

〔註48〕　徐復觀先生在〈象山學術〉一文（收入氏著《中國思想史論集》，台北，學生書局，民國77年）中指出：「朱子一生的學問是『窮理以致其知，反躬以踐其實』，前者是知識，後者是道德……但我們應特爲留意，『窮理以致其知』的外向活動，並不一定可作爲『反躬以踐其實』的途轍或手段，更不能以此

第二節　著書近乎朱

一、宋以來以己意解經之風

　　全祖望在《宋元學案》中，提出吳澄「著書近乎朱」的說法。筆者以為，此說除指出吳澄在經典研究、注疏方面有近於朱子者外，筆者更認為朱子與吳澄在著述的精神上，也有其傳承，此點少有學者提出，因此有說明的必要。

　　唐修《五經正義》是對兩漢以下各家經學注疏的一統，更因用以取士，故天下奉為圭臬，莫敢異議。〔註49〕但到了北宋中期，有孫復著《春秋尊王發微》，不依三傳，自成一家之言，並在〈與范天章書〉中主張治五經不可專拘傳注，〔註50〕而這只是對漢唐傳注的不滿與懷疑，對經典本身的權威仍堅信不移。南宋王應麟在《困學紀聞》卷8〈經說〉中，引了陸游的一段話：

> 唐及國初，學者不敢議孔安國、鄭康成，況聖人乎！自慶曆后，諸儒發明經旨，非前人所及，然排〈繫辭〉、毀《周禮》、疑《孟子》、譏《書》之〈胤征〉、〈顧命〉、黜《詩》之序。不難於議經，況傳注乎！〔註51〕

可知到了北宋慶曆以後，連經典之權威也已經動搖。於是，諸儒從此敢越乎經傳訓詁之外，以己意解經，自出議論，與漢唐注疏之風全異。此風並不因北宋滅亡而熄，到了南宋，朱子註解《四書》，不但以己意加以分章，且更為〈大學〉寫了格物致知補釋。朱子在〈學校貢舉私議〉中說：

> 治經者，必因先儒已成之說而推之。借曰未必盡是，亦當究其所以得失之故而後可以反求諸於心而正其謬。〔註52〕

作為『反躬以踐其實』的保證」（上述書，頁37）因而認為朱子將知識與道德的界域混淆。但黃進興先生認為指責朱熹混淆道德與知識的領域，其實是一種誤解，因此提出上述主張，認為經典的研究對朱子而言，絕非與道德涵養無關。見氏著〈「朱陸異同」：一個哲學的詮釋〉（收入《優入聖域：權力、信仰與正當性》），頁347～348。

〔註49〕皮錫瑞《經學歷史》（台北，漢京文化公司，民國72年）頁198、207。

〔註50〕見宇野哲人著，馬福辰譯，《中國近世儒學史》（台北，中國文化大學出版部，民國71年）頁3。陳植鍔《北宋文化史述論》（北京，中國社會科學出版社，1992）頁195。

〔註51〕《困學紀聞》（明，吳獻台重刊本，中國子學名著集成編印基金會出版）上冊，頁566。

〔註52〕《朱子大全‧文集》，卷69，葉22b。

雖表現出對先儒成說之尊重，但終歸還是要「反求諸於心而正其謬」。這樣的主張，確實繼承並發展了北宋以來以己意解經的遺風。

二、著書近乎朱

　　吳澄生於朱子死（1200）後四十九年，在他十歲時，得朱子〈大學〉等書，讀之甚喜，並自此每日清晨誦〈大學〉二十遍，如是者三年。由此可以想見吳澄對朱子註解〈大學〉的方法定然有所瞭解。在宋室滅亡之際吳澄得鄭松之招，隱居布水谷，其所從事的工作是纂次諸經，校定《易》、《詩》、《書》、《春秋》，修正《儀禮》及大、小戴記。〔註53〕吳澄曾說：

> 通天地人曰儒，一物不知，一物不能，恥也。洞觀時變不可無諸史；度求名理不可無諸子；游戲詞林不可無諸集；旁通多知，亦不可無諸雜記錄也，而其要唯在聖人之經。聖人之經，非如史、子、文集、雜記、雜錄之供涉獵而已，必飲而醉其醇，食而飽其腴，我與經一，經與我一。〔註54〕

可知四部書中，吳澄歸重在經，故從年輕隱居時起，便校定諸經，終寫成《五經纂言》。大陸學者胡青論吳澄的經學研究，以為是受到戴良齊的影響，其所根據者為《宋元學案》卷66〈南湖學案〉中的記載，曰：「林公輔〈答徐始豐書〉有：『當今經書，雖皆具完，而《禮經》獨為殘缺，加以漢儒之記有不純者，郡先哲戴大監嘗力為之辯。草廬吳文正公師之，得其說，於今未大行也。』」，〔註55〕胡青據此而說：「吳澄的經學貢獻主要是在《三禮》，這一點則是與戴良齊分不開的。」，〔註56〕筆者認為，吳澄在其文集中未曾提過他與戴良齊的關係，因此無法證實吳澄在禮學方面的見解是否如林公輔所說，是從戴良齊而來，所以胡青斷言吳澄在經學上得到戴良齊的營養，似乎有待他證。筆者以為吳澄註解經書，所秉持的精神是「以己意解經」，乃是透過朱子的《四書集注》而受北宋以來以己意解經之風的影響。

〔註53〕吳澄校定諸經傳，原因在於「古書自秦火之餘，炎漢之初，率是口授，五代以前，率是筆錄。口授者，寧無語音之訛；筆錄者，寧無筆畫之舛，為經之大害矣！不訂正，循襲其訛舛，強解鑿說，不幾於侮聖言與？」見《吳文正公集》卷12〈經傳考異序〉，頁244上。

〔註54〕《吳文正公集》卷29〈題楊氏志雅堂記後〉，頁499上。

〔註55〕《宋元學案》卷66，頁2133～2134。

〔註56〕胡書，頁15。

吳澄著《易纂言》，自言：

> 吾於《易》書，用功至久，下語尤精，其象例皆自得於心，庶乎文、
> 周繫辭之意。〔註57〕

以「自得於心」而自喜；著《書纂言》，專主今文，而斥古文尚書爲僞，以
爲：

> 伏氏《書》雖難盡通，然辭義古奧，其爲上古之書無疑。梅賾所增
> 二十五篇，體制如出一手，采集補綴，雖無一字無所本，而平緩卑
> 弱，殊不類先漢以前之文。夫千古之書，最晚乃出，而字畫略無脱
> 誤，文勢略無齟齬，不亦大可疑乎！〔註58〕

主張大膽，以致全祖望甚至怪罪吳澄說：

> 宋人多疑古文尚書者，其專主今文，則自草廬始。是書（指吳澄的
> 《書纂言》）出世，人始決言古文爲僞，而欲廢之，不可謂非草廬之
> 過也。〔註59〕

這也可說是吳澄以己意解經的又一例證。

對於朱子未能考定三禮，吳澄深爲之惋惜，故因朱子未竟之緒，重加編
訂，將《儀禮》區分爲〈正經〉、〈逸經〉、〈傳〉三部份，又把《禮記》加以
割裂，重新編排，〔註60〕這種作法，比之宋朝諸儒更明顯地是以一己之意來
重新解釋經典。

吳澄《五經纂言》的完成，所依憑的學術精神是來自北宋以下新的經學
傳統—以己意解經，且是透過朱子之書得此遺風，故清朝黃百家說：

> 草廬《五經纂言》，有功經術，接武建陽。〔註61〕

而虞集則以爲，透過這些著述，吳澄

> 得以其學肆於聖經賢傳，以辨前儒之惑，以成一家之言，天下後世
> 之學者，可以探索玩味於無窮矣。〔註62〕

虞集以上的看法可在明英宗宣德十年（1435）詔吳澄從祀孔廟之文獲得印證，
其文曰：

〔註57〕《宋元學案》卷92〈草廬學案〉，頁3050。
〔註58〕《吳文正公集》卷1〈四書敍錄〉，頁72下。
〔註59〕《宋元學案》卷92〈草廬學案〉，諸經序說，全祖望〈讀草廬書纂言〉，頁3053。
〔註60〕《吳文正公集》卷1〈三禮敍錄〉，頁75。
〔註61〕《宋元學案》卷92〈草廬學案〉，頁3037。
〔註62〕《道園學古錄》卷44，〈行狀〉，頁631上。

蓋元之正學大儒，許衡、吳澄二人……二人之卒皆諡文正……今吳
澄所著諸書具在，我國家崇儒重道，大明《四書》、《五經》及性理
之旨，凡澄所言，皆見採錄，以惠學者。蓋澄問學之功，朱熹以來，
莫或過之。〔註63〕

如此看來，全祖望說：「草廬之著書，則終近乎朱」〔註64〕不是沒有根據的。

第三節　朱陸和會的趨勢

一、朱陸末流之弊

　　朱熹和陸九淵是南宋中期思想界兩個最有影響力的人物，他們聚徒講
學，互相詰難，一時間，天下學子雷動雲從，不歸朱則歸陸，朱學和陸學成
為當時的顯學。然而這樣的情形在朱陸去世之後起了很大的變化。

　　如本章第一節所言，朱子之學主張格物窮理，且特重由外界的格物以達
到內在的致知，而此過程中，重要的一項內容就是讀書博覽。然而朱子之學
的重心並不在讀書博覽、記誦、訓詁，而是在義理之發揮，「道問學」並不是
朱學的全部。在朱子歿後，「足以光其師傳，為有體有用之儒者，勉齋黃文肅
公其人與？」〔註65〕然而除黃榦尚能守住朱學面貌外，其餘朱學門人，並無
法守住朱子思想之精神面貌而「支離、桀戾、固陋無不有之」，〔註66〕如黃榦
門下的董夢程和黃鼎、胡方平等師弟，將朱熹的讀書博覽「流為訓詁之學」，
〔註67〕偏離了發揮義理的朱子家法。又如朱子的另一弟子陳淳，雖似能株守
朱學，多所發明，然而卻是「操異同之見而失之過」。〔註68〕至於全祖望所說
能中興朱學的「北山師弟為一支，東發為一支」，〔註69〕其中北山何基這一支，
黃宗羲卻說他僅能「熟讀《四書》而已」，〔註70〕並不能張大師說。而何基的
弟子金履祥，論說雖能「發朱子之所未發」，但卻每與朱子之說「多所牴牾」，

〔註63〕《吳文正公集》卷首〈臨川郡公吳澄從祀孔廟議〉，頁12下～13上。
〔註64〕《宋元學案》卷92〈草廬學案〉，全祖望案語，頁3036。
〔註65〕《宋元學案》卷63〈勉齋學案〉，全祖望案語，頁2020。
〔註66〕《宋元學案》卷86〈東發學案〉，全祖望案語，頁2884。
〔註67〕《宋元學案》卷89〈介軒學案〉，全祖望案語，頁2970。
〔註68〕《宋元學案》卷68〈北溪學案〉，全祖望案語，頁2219。
〔註69〕《宋元學案》卷86〈東發學案〉，全祖望案語，頁2884。
〔註70〕《宋元學案》卷82〈北山四先生學案〉，頁2727。

〔註71〕至於王柏則認為〈大學〉「格致之傳不亡，無待於補」，〔註72〕否認了朱子的〈大學〉格物補傳。至於許謙則是「以文章著」，〔註73〕流於朱子生前所不取的末流之學。而黃震一支，其「《日鈔》之作，折衷諸儒，即於考亭（朱子）亦不肯苟同」，〔註74〕並不堅持朱學。

綜合上述論之，在朱子之後，可說並無足以守成門風之人，〔註75〕而更嚴重的問題是朱門後學不止不能守住師門精神，反而氾濫於經纂訓釋，如全祖望所說：

> 朱徽公之學統，累傳至雙峰（饒魯）、北溪（陳淳）諸子，流入訓詁派！〔註76〕

將朱學變得更加支離煩瑣，落入博而不能反約的弊端。

而陸學在陸象山歿後又如何呢？似乎比朱學更加衰微！陸象山自稱其學是因讀《孟子》而自得之，本人又不喜文字著作，他的影響主要建立在個人人格感化，因此他逝世後，再傳弟子即無法領受他的精神感召。其門徒中以江西一支稱「槐堂諸儒」為最盛，但其學術淺疏，思想境界不高，一般說來，掌握不住象山思想實質。如傅夢泉，雖稱象山高足，但張南軒卻說他「論學多類揚眉瞬目之機」，〔註77〕已類佛門禪機之說。至於象山門下較有影響的「甬上四先生」，為首的楊簡，把象山的「發明本心」之說推至極端，發展為「此心為道」、「不起意為宗」，〔註78〕朱子門人陳淳說他與袁燮（甬上四先生之一）「不讀書，不窮理，專做打坐功夫」，〔註79〕而楊、袁二人卻正是陸子之後對陸門再傳弟子最有影響力者。前述槐堂弟子，守楊、袁二人「學貴自得，心明則本立」之說，「稍有所見，即以為道在是，而一往蹈空，流

〔註71〕《宋元學案》卷82〈北山四先生學案〉，頁2738。

〔註72〕《宋元學案》卷82〈北山四先生學案〉，頁2733。

〔註73〕《宋元學案》卷86〈東發學案〉，頁2886，引全祖望〈澤山書院記〉語。

〔註74〕《宋元學案》卷86〈東發學案〉，黃百家案語，頁2886。

〔註75〕陳榮捷先生以為朱子之學完整齊全，體用兼顧，誠明並重，由太極而陰陽理器而至于中正仁義、修齊治平。學子一人，未必能傳其全面，故斷定朱子之學，獨手難繼。（見氏著《朱子門人》，頁22。）筆者同意此看法，因筆者在此所要強調的，正是朱子歿後朱門思想分裂支離與不守師說的現象。

〔註76〕《宋元學案》卷86〈東發學案〉，頁2886，引全祖望〈澤山書院記〉語。

〔註77〕《宋元學案》卷77〈槐堂諸儒學案〉，頁2571，引張南軒〈與朱元晦書〉語。

〔註78〕《宋元學案》卷74〈慈湖學案〉，黃宗羲案語，頁2479。

〔註79〕《宋元學案》卷74〈慈湖學案〉，頁2478，引陳淳〈答陳師復書〉語。

於狂禪」，〔註80〕所以黃百家認爲：

> 慈湖（楊簡）之下，大抵盡入於禪，士以不讀書爲學，源遠流分，
> 其所以傳陸子者，乃其所以失陸子也。〔註81〕

「其所以傳陸子者，乃其所以失陸子也」說明陸學在陸子之後，不但已不復原來面貌，而且更已流入於禪了。

二、朱陸和會之風

從上述可以看出，自朱、陸歿後，朱學的「格物」之說更加支離氾濫，而陸學的「本心」之旨進一步被禪化。這種現象，無論就朱學或陸學後裔來看，都是偏離了當年朱陸的學旨，因而朱陸各自的學術正統也就難以爲繼了。然而，朱陸門人彼此間卻不斷攻詰，門戶之見，入主出奴之說，甚囂塵上。可是在經過一段長時間的爭辯之後，各自的長短、利弊也更加明顯。於是乎，在朱陸之間取長避短，兼綜和會者，大有人在，並漸成爲一時的風會。元末的鄭玉對這股風潮所以形成的原因有其獨到的觀察：

> （朱子、陸子）后之學者，不求其所以同，惟求其所以異，江東
> 之指江西，則曰此怪說之行也；江西之指江東，則曰此支離之說
> 也，此豈善學者哉！朱子之說，教人爲學之常也，陸子之說，才
> 高獨得之妙也。二家之說，又各不能無弊。陸氏之學，其流弊也，
> 如釋子之談空說妙，工於卤莽滅裂，而不能盡夫致知之功。朱子
> 之學，其流弊也，如俗儒之尋行數墨，至於頹惰委靡，而無以收
> 其力行之效。然豈二先生垂教之罪哉？蓋學者之流弊耳！〔註82〕

按鄭玉的說法，兩家流弊如此，並非朱陸之罪，故唯有打破門戶，匯綜兩家之長方能以彼之長救己之短。在此認識下，宋末元初出現了一批調和朱陸的思想家。

全祖望在〈奉臨川帖子一〉引袁桷的話說：

> 朱子與陸子，生同時，仕同朝，其辯爭者，朋友麗澤之益，書牘具
> 在。不百餘年，異黨之說興，深文巧闘。淳祐中，鄱陽湯中〔註83〕

〔註80〕《宋元學案》卷74〈絜齋學案〉，頁2582，引全祖望〈城南書院記〉語。
〔註81〕《宋元學案》卷87〈靜清學案〉，頁2913。
〔註82〕《宋元學案》卷94〈師山學案〉，頁3128。
〔註83〕應爲湯巾，見《宋元學案》卷84〈存齋晦靜息庵學案〉，頁2843，王梓材的考證。

氏合朱陸之說，至其猶子端明文清公（湯）漢益闡同之，足以補兩

家之未備，是會同朱陸之最先者。〔註84〕

袁桷所說的湯巾是江西鄱陽三湯（湯千、湯巾、湯中）之一，湯漢是其從子。
根據全祖望所說：

三湯子之學，並出於柴憲敏公中行，固朱學也。其後又並事眞文忠

公（眞西山），亦朱學。乃晚年，則息（息庵，即湯千）存（存齋，

即湯中）二老仍主朱學，稱大小湯，而晦靜（即湯巾）別主陸學。

東澗（即湯漢）之學……晚亦獨得於晦靜。〔註85〕

可知湯巾與湯漢原爲朱學，而不囿於門戶，能取兩家之長，補兩家之未備，
乃是朱陸門戶形成後，最早主張會同的人。湯巾、湯漢的文集今已佚失，無
法得知他們是如何和會朱陸，殊爲可惜！湯巾另一著名的弟子叫徐霖，徐霖
有一弟子叫徐直方，其同調好友便是吳澄的老師程紹開。程紹開曾築道一書
院，用以和會朱陸兩家之說，〔註86〕吳澄和會朱陸思想的形成，大概可知是
受了其師程紹開直接的影響。〔註87〕

另一個和會朱陸的例子是史蒙卿（由宋入元，一直活到元成宗大德十年，
1306 年，入元後不仕）。全祖望在〈靜清學案序錄〉中說：「四明史氏皆陸學，
至靜清（即史蒙卿）始改而宗朱」，〔註88〕似乎認爲他是由陸入朱的學者，並
認爲當時浙東「四明之學，祖陸氏而宗楊（簡）、袁（燮），其言朱子之學，
自東發（黃震）與先生（史蒙卿）始」，〔註89〕主張黃震與史蒙卿是在浙東四
明振起朱學的人物。但事實上，史蒙卿的理學思想中揉和了朱陸兩家之說。
他在《果齋訓語》中說：

學問進修之大端，其略有四：一曰尚志，二曰居敬，三曰窮理，四

〔註84〕 引自《宋元學案》卷 84〈存齋晦靜息庵學案〉，頁 2843。

〔註85〕 《宋元學案》卷 84〈存齋晦靜息庵學案〉，頁 2842，引全祖望〈答臨川序三
湯學統源流札子〉。

〔註86〕 《宋元學案》卷 84〈存齋晦靜息庵學案〉，頁 2849。

〔註87〕 有關程紹開對吳澄的影響，David Gedalecia 認爲有兩方面：一是使吳澄察覺
到朱陸後學的漸行漸遠，二是使吳澄覺得有必要加以去除兩派的門戶之見。
見 David Gedalecia ' Wu Ch'eng's Approach to Internal Self-cultivation and
External Knowledge-seeking' (in "Yüan Thought—Chinese Thought and Religion
Under the Mongols"ed. by Hok-lam Chan and Wm. Theodore de Bary，Columbia
University Press, 1982，New York) P.280。

〔註88〕 《宋元學案》卷 87〈靜清學案〉，頁 2910。

〔註89〕 同上。

曰反身。〔註90〕

　　其中，他所謂的尚志，接近陸子「先立乎其大」的意思，所謂「居敬」就是「涵養其本源之心」，因為「人心虛靈，天理具足，仁義禮智，皆吾固有。聖賢之所以為聖賢者，非自外而得之也」。〔註91〕天理既具足於心，則「窮理」也就是窮其渾然於吾心的天理。通過窮理的工夫，體認到心中之理，踐其實於日用之間，便是反之於身。顯然，這種修養方法，比起陸象山的直指本心，是吸取了朱學較慎密的下學工夫，然而主要的歸結點，卻是陸學「發明本心」的學則。因此，全祖望也不得不說他：「似乎未必盡同於朱」。〔註92〕

　　不管如湯巾之由朱入陸，或如史蒙卿之由陸入朱，和會兩家的思想似乎已滲透到當時的思潮中，許多人甚至身受影響而不自知。元初朱學的代表人物——許衡，便是如此。

　　許衡之學，傳自趙復，而趙復所傳為南宋程朱之學。許衡在元初官至中書左丞，又為國子祭酒，身顯廟堂。朱學在元代能成為官學，與許衡有很大的關係，〔註93〕元人姚燧說他：「先生之學，一以朱子之學為師」，〔註94〕因此許衡講格物窮理以致其知，講反躬以踐其實。就朱學的立場而言，格物窮理是作為體驗外於心之天理的手段，然而許衡卻也講「人與天地同，是甚地同？……指心也，謂心與天地一般」。〔註95〕「心與天地一般」，心就是宇宙本體，就是天理，這實際就是陸象山所謂的天理即在吾心之說。在許衡看來，「蓋人心……其本體，至靈至虛，莫不有個自然知識」，〔註96〕因此許衡求天理，不是向外，而是向內盡心，認為「盡其心，是知至也」，〔註97〕而能「盡其心者，知其性也」，〔註98〕已將朱學中「心」與「性」的區別模糊、泯滅了。顯然，「一以朱子之言為師」的許衡，其思想中也暗含了陸學的影子。

〔註90〕《宋元學案》卷87〈靜清學案〉，頁2911。
〔註91〕同上。
〔註92〕《宋元學案》卷87〈靜清學案〉，頁2910。
〔註93〕有關元代朱學的興起，可參考王師明蓀〈略述元代朱學之盛〉，《中華文化復興月刊》第16卷，第12期，頁12～18。William T. de Bary 著，侯健譯〈元代朱熹正統思想之興起〉，《中外文學》第8卷第3期，頁66～76。陳榮捷《朱學論集》，〈元代之朱子學〉，頁299～329。
〔註94〕《魯齋遺書》（四庫全書，第1198冊）卷14〈先儒議論〉，頁463下。
〔註95〕《魯齋遺書》卷2〈語錄下〉，頁288下～289上。
〔註96〕《魯齋遺書》卷4〈大學直解〉，頁325下。
〔註97〕《魯齋遺書》卷2〈語錄下〉，頁288上。
〔註98〕同上。

　　從以上三例看來，自南宋末年起，朱陸兩派雖然彼此攻詰，互相論辯，但因朱學流爲支離氾濫；陸學則談空說妙，近於狂禪。所以兩家中較具前瞻性的學者，開始折衷朱陸，兼長避短，久而蔚爲一時風會，無形中成爲時代的趨向，並對元代理學思想起了很大的影響。吳澄曾批評當時的學者說：「大概近世學者，涉獵乎老佛空虛無用之說，故其言道皆欲超乎形器之上，出乎世界之外，全無依靠，全無著實，茫茫然妄想而已，卒之自叛吾道，而於老佛眞處亦無窺見。此今日學者之大病也。」〔註99〕又說：「博文約禮者，聖賢相傳，爲學之方也……近世……窮物理者，多不切於人倫日用；析經義者，亦無關於身心性情。如此而博文，非復如夫子之所教，顏子之所以學矣。」〔註100〕由此批評，大概可看出吳澄論學：一反蹈空談虛，流於佛老，二反言語訓詁，流於支離。而這兩種學風，卻恰是朱陸後學的弊病！吳澄既知朱陸兩家末學之弊，又身處「朱陸和會」潮流中，以其敏銳的學術嗅覺，受到風氣影響，有了朱陸和會的主張，並不會令人感到訝異。

　　此外，前一章談吳澄生平時，說他在十歲時得朱子《四書集注》，讀之甚喜，並每日誦讀，如是者三年。而在他十六歲那年，碰到了朱們再傳弟子程若庸，因而間接得到饒魯（雙峰）思想的啓發。〔註101〕饒魯的思想「蓋不盡同於朱子者」，〔註102〕其弟子程若庸更是主張「道爲太極，造化之樞紐……心爲太極，品彙之根柢。一物各統體，一太極也。有人心之全體，而後天地之全體，始於是立焉」〔註103〕以太極爲心，等於是對朱陸關於太極之辯的一種調和，〔註104〕由此也可知何以程若庸之說「不盡合于朱子」。〔註105〕從饒魯到程若庸，皆不株守朱子門戶，甚至如上所說，暗合兩家學說而不自知，在此影響下，吳澄也對朱子之學不無懷疑，吳澄曾說：「朱子《中庸章句》、《或問》擇之精，語之詳矣。惟精也，精之又精，鄰於巧；惟詳也，詳之又詳，流於多。其渾然者，巧則裂；其粲然者，多則惑。澄少讀《中庸》，不無一二與朱子異」。〔註106〕由此不難想見，吳澄的懷疑精神，將使他不滿足於株守朱學門戶。

〔註99〕《吳文正公集》卷3〈答田副使第二書〉，頁107下。
〔註100〕《吳文正公集》卷7〈答孫教諭說書〉頁169下。
〔註101〕《宋元學案》卷83〈雙峰學案〉，頁2812。
〔註102〕同上。
〔註103〕《宋元學案》卷83〈雙峰學案〉，頁2818～2819。
〔註104〕陳榮捷先生主此說。見《朱學論集》，頁306～307。
〔註105〕《吳文正公集》卷首〈年譜〉，頁19上。
〔註106〕《宋元學案》卷83〈雙峰學案〉，頁2812。

吳澄的另一位師從是程紹開（上文已提及他與湯巾、湯漢一脈的關係），又是一個思和會朱陸的學者，筆者從這兒得到一個很有趣的發現，那便是朱學在江西的兩支：不管是由黃榦而饒魯而程若庸，或是由詹體仁而真西山而湯巾到湯漢，再而徐直方及其同調程紹開，最後都匯集到吳澄身上。因此可知吳澄的朱學學承應是很深厚的，但是，不論是黃榦所傳或詹體仁所傳的朱學，在江西都起了不同程度的變化，皆或多或少地接受了陸學的思想，形成了和會兼綜的體系。因此吳澄在師承上，早就接受「和會朱陸」思想的灌溉。

總言之，外在的學術紛圍，加上自身的師承走向，吳澄雖「近乎朱」但卻也不免「多右陸」，〔註107〕形成獨特的思想體系。

第四節　吳澄的學術歸向

一、吳澄和朱陸的比較

從第一節所述，大概可知朱陸間的差異可從心性論、和修養論看出，因此本節也就先根據這兩方面來判定吳澄的思想與朱陸的關係，以斷定吳澄的學術歸向。

（1）心性論

吳澄的心性論明顯地帶有朱學色彩，如他主張「人之生也，以天地之氣凝聚而有形，以天地之理付畀而有性」，〔註108〕這和朱子「天地之間，有理有氣。理也者，形而上之道也，生物之本也；氣也者，形而下之器也，生物之具也，是以人物之生必稟此理，然後有性；必稟此氣，然後有形。」〔註109〕的說法有相同的理論基礎，都認為人是因理而有性，因氣而有形，更重要的是吳澄主張「性即天理，豈有不善」，〔註110〕只是因為「人……受氣於父之時，既有或清或濁之不同；成質於母之時，又有或美或惡之不同。氣之極清、質之極美者為上聖。蓋此理在清氣美質中，本然之真無所污壞，此堯舜之性所以為至善……其氣之至濁、質之至惡者為下愚。上聖以下，下愚以上，或清

〔註107〕《宋元學案》卷94〈師山學案〉，序錄，頁3125。
〔註108〕《宋元學案》卷92〈草廬學案〉，頁3046。
〔註109〕《朱子大全・文集》卷58，〈答黃道夫〉第二書，葉4b。
〔註110〕《吳文正公集》卷2〈答人問性理〉，頁93下。

或濁、或美或惡，分數多寡有萬不同。惟其氣濁而質惡，則理在其中者，被其拘礙淪染而非復其本然矣！此性之所以不能皆善而有萬不同也。」〔註111〕氣質的不同造成人不能皆善，這又如同朱子所說：「人之性皆善。然而有生下來善底，有生下來便惡底，此是氣稟不同」，〔註112〕都是認為氣稟（氣質）是人性中惡的來源。

但吳澄並沒有像朱子般提出「心統性情」來處理心、性、情的關係，而是特別強調「心」的重要，認為「夫學……孰為要？孰為至？心是已。天之所以與我，人之所以為人者，在是。不是之求而他求焉，所學何學哉？」，〔註113〕這和陸子所說的「天之所以與我者，即此心也。人皆有是心，心皆具是理，心即理也。」〔註114〕同樣主張「心」是天之所與，乃人人所同有。

由此可知，吳澄的心性論一方面主張「性即天理」，只因性落入氣質之中，故不能無所污陷，因此有惡的產生；但另一方面，卻又主張「天之所以與我，人之所以為人」者「心是矣」。因此，吳澄一方面要人讀書以求「變化氣質」，同時也要人主一存心以求放失之心。

（2）修養論

因為吳澄的心性論同時具有朱陸的特色，故其修養論也兼具兩家的功夫。吳澄說：

> 仁義禮智，性同一，初隨其氣質而有萬殊，……苟非聖人，其率各偏……人人則可聖，蓋由乎學以復其性。復性之學，其功有二：知性其先，養性其次。若何而知，格物窮理；若何而養，慎行克己。知則知天，養以事天。〔註115〕

在此，吳澄指出人人之性皆同，但因氣質的影響，使得每人所稟受之性不完全，因而有不同，〔註116〕只有藉由學習才能復其天性。而實際的方法則是先格物窮理以知其性，再慎行克己以養其性。吳澄雖未明說「格物窮理」是何

〔註111〕《吳文正公集》卷2〈答人問性理〉，頁93下～94上。
〔註112〕《朱子語類》卷4，頁69。
〔註113〕《吳文正公集》卷5〈王學心字說〉，頁142上。
〔註114〕《陸象山全集》卷11〈與李宰・二〉，頁95。
〔註115〕《吳文正公集》卷27〈率性銘〉，頁469下。
〔註116〕朱子早有此說。《朱子語類》卷四載朱子與學生的問答：「問……理無不善者，因墮在形氣中，故有不同，所謂氣質之性者正如此否？曰：『固是，但氣稟偏，則理亦欠闕了』」。頁71。

功夫，但他曾說：「雖然齊家之本在修身，而修身之本安果在？曰：有二，明善一也，誠善二也。明善者何？讀書以開其智識而不昧於理也；誠善者何？慎獨以正其操履而無愧於天也。」〔註117〕這裡所說的明善、誠善，明顯的就是上文所說的知性、養性，因此可知吳澄要人先讀書明理，再存心養性。

　　就吳澄要人讀書以明理這點來說，無疑的與朱子的思想較接近，照朱子看，常人之心遠不合聖人之心，因此需先學聖人之道，才能知聖人之心。所以朱子認為應該追溯聖人立教的意圖，進而從聖人的意圖裡，瞭解天理。因此，經典既是聖人言行的記錄，就成為明理最重要的泉源。不過讀書只是尋求天理的重要手段，並非最終目的，朱子說：「經之有解，所以通經，經既通，自無事於解，借經以通乎理耳，理得則無俟乎經」，〔註118〕吳澄也有類似的看法，他說：

> 書不可不熟讀也，……書之所載，果何言與？理也，義也。理義也者，吾心所固有，聖賢先得之寓之於書者也。善讀而有得，則書之所言皆吾之所有，不待外求也。〔註119〕

吳澄和朱子一樣，肯定義理為吾心所固有，但須藉讀書以明得此義理，一旦明得心中固有之理，則行為處事之際，只須內求於己，義理即顯，無俟乎外物。但吳澄似乎比朱子給予「心」更大的轉化能力，認為人心的反思能力是人得以識見天理（善讀而有得）的主要原因，而不是像朱子所主張般，一定要經過格物窮理的歷程，才能豁然貫通，識見天理。

　　吳澄對「心」的強調，可從〈仙城本心樓記〉一文中看出。他說：「此一心也，自堯、舜、禹、湯、文、武、周公傳之以至孔子，其道同。道之為道具於心，豈有外心而求道者哉？」〔註120〕在此文中，吳澄更進一步認為，要明白道理，不必透過任何外在形式的學習，只須就心上求即可。這個觀點，他在〈王學心字說〉中表達的更明顯，他說：「夫學……孰為要？孰為至？心

〔註117〕《吳文正公集》卷23〈脩齊堂記〉，頁409上，指出個人的修身，不管是外在的讀書求知，還是內在的道德涵養，都必須兼備。但吳澄也曾說：「聖之德雖如天如海，然亦有從入之門也。子思子於中庸末章……示人以入聖之門……俾學者先立志……次……俾學者急修行也。立志在務內，修行在慎獨。務內者，篤行不衒，為所當為，而其志不求人知也；慎獨者，幽暗不欺，不為所不當為，而其行可與人知也。」（《吳文正公集》卷6〈柴溥伯淵字說〉，頁156下。）表示其讀〈中庸〉而得，以德性為本的立場。
〔註118〕《朱子語類》卷11，頁192。
〔註119〕《吳文正公集》卷23〈卷舒堂記〉，頁412下。
〔註120〕《吳文正公集》卷26〈仙城本心樓記〉，頁453下。

是已。天之所以與我，人之所以為人者，在是。不是之求而他求焉，所學何學哉？」〔註121〕這樣的看法，雖不能說一定非是朱子學說之意，但可確定是比較接近陸子之學。吳澄論陸子之教說：

> 清田陸先生之學，非可以言傳，而學之者非可以言求……道在天地間，今古如一，人人同得……能反之於身，則知天之與我者，我固有之，不待外求也，……先生之教蓋以是，豈不至簡至易而切實哉？
> 〔註122〕

我們可以發現，吳澄就他對陸子的瞭解，形成自己對道德修養的看法，而這樣的看法又遠不同於上述讀書明理的進路，兩者似乎矛盾，其實不然。筆者以為吳澄有心調和朱陸兩家之學，才有如此不同的說法，吳澄自己的話可以作為此觀察的佐證，吳澄曾說：

> 夫朱子之教人也，必先之讀書講學；陸子之教人也，必使之真知實踐。讀書講學者，固以為真知實踐之地，真知實踐者，亦必自讀書講學而入。二師之為教一也，而二家庸劣之門人，各立標榜，互相詆訾至於今，學者猶惑。〔註123〕

此說明顯地具有消弭朱陸兩學派的門戶之爭的企圖，進而希望能使雙方優點並存。他批評朱陸後學，指出其弊端，目的也在去蕪存菁，保留優良學風於異族統治下的時代。他指出朱門後學「既以世儒記誦詞章為俗學，而其為學亦未離乎言語文字之末，甚至專守一藝而不復旁通它書，掇拾腐說而不能自遣一辭，反俾記誦之徒嗤其陋，詞章之徒譏其拙，此則嘉定以後朱門末學之弊，而未有能救之者也」，〔註124〕又說陸子後學「口有言輒尊陸子，及訊其底裏，茫然不知陸子之學為何如。雖當時高弟門人往往多有實行，蓋謂有一人能得陸子心法者？陸學之孤絕而無傳，稀矣哉！」〔註125〕「今人談陸子之學，往往以本心為學，而問其所以，則莫能知陸子之所以為學者何如……不失其本心，非專離去事物，寂然不動，以固守其心而已」。〔註126〕分別指出朱陸後學的弊病，目的就在棄兩家之短，以集兩家之長，如吳澄的學生虞集所說：

〔註121〕《吳文正公集》卷5〈王學心字說〉，頁142上。
〔註122〕《吳文正公集》卷〈象山先生語錄序〉，頁217上。
〔註123〕《吳文正公集》卷15〈送陳洪範序〉，頁293下。
〔註124〕《吳文正公集》卷22〈尊德性道問學齋記〉，頁393上。
〔註125〕《吳文正公集》卷42〈故臨川逸士于君王汝甫妻張氏墓志銘〉，（第四冊）頁30上。
〔註126〕《吳文正公集》卷26〈仙城本心樓記〉，頁453下～454上。

（先生）門人眾多，浩不可遏，各以其所欲而言之，各以其所能而
受之，蓋不齊也，乃著〈學基〉一篇使知德性之當尊，著〈學統〉
一篇使知問學之當道。〔註127〕

明示吳澄教學乃要人既尊德性，且不可無道問學之功，調和兩家之用心，昭
然若揭。〔註128〕

二、吳澄的學術歸向

　　從以上所論可知，吳澄不管在心性論或是修養論都涵蓋兩家思想，有調
和朱陸之意。但在吳澄一生中，其思想的轉變是我們不能忽視的問題。王陽
明作〈朱子晚年定論〉，取朱子三十二篇文章，論定朱子早年雖從事於撰注詞
章等支離之學，但晚年「大悟舊說之非」，轉而主張要人尊德性爲先。並說：
「朱子之後如眞西山、許魯齋、吳草廬，亦皆有見於此，而草廬見之尤眞，
悔之尤切，今不能備錄，取草廬一說附於後」，〔註129〕而陽明所附吳澄的文章，
便是〈尊德性道問學齋記〉。〔註130〕吳澄說：

天之所以生人，人之所以爲人，以此德性也。然自孟氏以來，聖傳
不嗣，士學靡宗，……逮夫周、程、張、邵興，始能上通孟氏而爲
一。程氏四傳而至朱，文義之精密，句談而字議，又孟氏以來所未
有者。其學徒往往滯於此，而溺其心。既以世儒記誦詞章爲俗學，
而其爲學亦未離乎言語文字之末，甚至專守一藝而不復旁通它書，
掇拾腐說而不能自遣一辭，反俾記誦之徒嗤其陋，詞章之徒譏其拙，
此則嘉定以後朱門末學之弊，而未有能救之者也。夫所貴乎聖人之
學，以能全天之所以與我者爾。天之與我，德性是也……澄也鑽研
於文義，毫分縷析，……墮此窠臼中，垂四十年而始覺其非。

吳澄首先指出聖學之要在德性，因此學貴乎全天之所與者—德性。他並指出

〔註127〕《道園學古錄》卷44〈吳公行狀〉，頁632下。
〔註128〕與吳澄同時且爲其好友的劉岳申，在〈送吳草廬赴國子監丞序〉中說：「臨川
　　　　自王氏（王安石）以文學、行誼顯，過江陸氏（陸象山）以道顯，至於今不
　　　　可尚。先生（吳澄）生乎二氏之後，約其同而歸於一，所謂尊德性而道問學
　　　　者，蓋兼之矣」（《申齋劉先生文集》卷1頁30～31。）可知吳澄早在入國子
　　　　學前，即被認定爲兼主尊德性與道問學。
〔註129〕《陽明傳習錄》（台北，世界書局，民國79年，與《陸象山全集》合刊）附
　　　　錄〈朱子晚年定論〉，頁91。
〔註130〕見《吳文正公集》卷22，頁393上～394上。以下所引若出自本文，不再註
　　　　明出處。

自宋嘉定之後，朱門後學未能繼承朱子學問精神，反而墮入文句訓詁之中，
而溺其心。接著，吳澄自悔其早年的學問進路，並勸後學要「自今以往，一
日之內子而亥，一月之內朔而晦，一年之內春而冬，常見吾德性之昭昭，如
天之運轉，如日月之往來，不使有須臾之間斷，則於尊知之道，殆庶幾乎」。
明白要人先樹立道德的優先性，且暗示外在的知識追求是次要的。

　　此文的寫作年代並不清楚，但吳澄既言「垂四十年而始覺其非」，故可確定
是晚年之作。若配合吳澄的年譜來看，此文極有可能是作於離開國子司業之職
以後，因爲文中所批評的朱門後學，隱然是指元初北方許衡學派，因當時掌國
子學者，多爲許衡弟子及再傳弟子。吳澄因曾對國子學生言：「朱子道問學功夫
多，陸子靜卻以尊德性爲主。學問不本於德性，則其弊偏於言語訓釋之末，果
如陸子靜所言矣。今學者當以尊德性爲本，庶幾得之。」〔註131〕這樣的主張
與上述〈尊德性道問學齋記〉一文的思路幾乎相同，都是反對偏於言語訓詁之
末，而主張濟以德性之尊，因此我們大概可斷定，〈尊德性道問學齋記〉一文寫
於吳澄離開國子學以後。但我們真正的問題是，吳澄是否真如反對者所言，是
完全主張陸學？（詳見本文第二章第二節）筆者並不同意這樣的說法，以爲吳
澄取兩家之長以濟後學之偏的態度，一直沒有改變。〔註132〕這可從吳澄也曾對
陸門後學大加批評看出其用意。吳澄在〈仙城本心樓記〉中說：

> 道之爲道具於心，豈有外心而求道者哉？……蓋日用事物，莫非此
> 心之用，於其用處，各當其理，而心之體在是矣。操舍存亡，惟心
> 之謂……孟子傳孔子之道，而患學者之失其本心也，於是始明指本
> 心以教人。其言曰：『仁，人心也，放其心而不知求，哀哉。』又曰：
> 『學問之道無他也，求其放心而已矣』又曰：『耳目之官不思而蔽於
> 物，心之官則思，先立乎其大者，而其小者不能奪也』。嗚呼！至矣，
> 此陸學之所從出也……今人談陸子之學，往往曰以本心爲學，而問
> 其所以，則莫能知陸子之所以爲學者何。如是，本心二字，，徒習

〔註131〕《道園學古錄》卷44，〈行狀〉，頁627上～627下。

〔註132〕與吳澄同時的劉岳申，在吳澄北上赴國子監丞之任時，寫信給吳澄說：「臨川
　　　　自王氏（安石）以文學行，過江陸氏（象山）以道顯，至於今不可尚。先生
　　　　出乎二氏之後，約其同而歸於一，所謂尊德性而道問學者，蓋兼之矣」（《申
　　　　齋劉先生文集》卷1〈送吳草廬赴國子監丞序〉，頁30～31），劉氏說吳澄是
　　　　合歸王、陸二者，是因王、陸皆爲江西人，吳澄也是籍貫江西，所以才如此
　　　　說，而劉氏以「尊德性而道問學者，蓋兼之矣」稱吳澄，可見吳澄早在北赴
　　　　京師之前，其思想已是尊德性、道問學兩兼之。

其名而未究其實也。……此心也，人人所同有，反求諸身即此而是。以心而學，非特陸子爲然，堯、舜、禹、湯、文、武、周、孔、顏、曾、思、孟，以逮邵、周、張、程蓋莫不然，故獨指陸子之學爲本心學者，非知聖人之道者也。應接酬酢，千變萬化，無一而非本心之發見，於此而見天理之當然，是之謂不失其本心，非專離去事物，寂然不動，以固守其心而已也。〔註133〕

在這段引文中，吳澄指出陸學之所從出，以批評徒知高喊本心說，而不知所本的陸門後學，並強調所謂不失本心，絕非空守寂然不動之心，而必須於心之發用處去體會天理之當然。這對只知空談性命，不知實踐的陸門後學，是一大糾正。而更令人注意的是吳澄所自創的「心學」道統，以爲本心之說乃聖賢相傳之道，即使是北宋五子，也都以心爲學，因此不能獨指陸子之學爲心學。言下之意，在強調陸子不應被排斥在道統之外，同時似乎暗示：心學也應是集北宋理學之大成的朱子的學問宗旨，如此一來，朱陸同屬「心學」道統（吳澄所自創的道統），故兩家後學，不應有門戶之別。

　　此篇文章是吳澄於京師所寫，而吳澄身在京師的時間，根據年譜所記，分別是 54 歲、61～64 歲、75～77 歲（參見附表），其中 54 歲時，只在京師停留兩個月，因此這篇文章寫於 61 歲以後的機會較大，也可能與〈尊德性道問學齋記〉一文的寫作時間差距不大。若此推論正確，則可知吳澄一方面批評朱門後學偏於言語訓詁，但也批評陸門後學空談心性，，所以不能只因吳澄曾批評朱學之偏，就認爲吳澄是陸學。

　　吳澄，在明初是被定位爲「朱學後勁」，而非如筆者所說是一「調和朱陸」者，這可從其入祀孔廟的原因看出，據明宣德十年（1435）〈臨川郡公吳澄從祀孔廟議〉載：「蓋元之正學大儒，許衡、吳澄二人……二人之卒，皆諡文正……今澄所著諸書具在，我國家崇儒重道，大明四書五經及性理之旨，凡澄所言，皆見采錄，以惠學者。蓋澄問學之功，朱熹以來，莫或過之」，〔註134〕指出吳澄在學術上是元代正統，是朱學正傳，且因此得以從祀孔廟。這樣的看法，在當時學者的著作中也出現。程敏政（1445～1499）主張朱陸早異而晚同，他舉朱子〈答項平父〉第二書爲例，因朱子自言：「子靜所說專是尊德性事，熹平日所論卻是問學上多了……今當反身用力，去短集長，庶幾不墮一邊

〔註133〕《吳文正公集》卷 26〈仙城本心樓記〉，頁 453 下～454 上。
〔註134〕《吳文正公集》附錄，頁 12 下～13 上。

耳」，〔註135〕而認爲：「朱子所以集諸儒之大成者如此⋯⋯然陸子亦有書論爲學有講明、有踐履，全與朱子合，而無中歲枘鑿之嫌」；接著又指出「草廬吳氏爲國子司業，謂學者曰：『朱子於道問學之功居多，而陸子靜以尊德性爲主，問學不本於德性，其敝必偏於言語訓釋之末，故學必以尊德性爲本，庶幾得之』。當時議者，以草廬爲陸學而見擯焉。然以朱子此書觀之，則草廬之言正朱子本意」。〔註136〕顯然地程敏政之意是以爲吳澄所說「學問以尊德性爲本」是出自避免爲學偏於一邊，與朱子合同朱陸兩家之意相同。〔註137〕

以吳澄爲朱學後勁的看法，到清初有了改變。李紱（1675～1750）作《陸子學譜》，而將吳澄列爲第一個「私淑」陸子的學者，而據黃進興先生的說法，李紱如此的選擇，首要原因就在吳澄的學術生涯，始於朱學而終於陸學，〔註138〕但有趣的是，與李紱同時的全祖望，對吳澄思想的論斷則與李紱有相當的差距，全祖望在《宋元學案》之〈草廬學案序錄〉中說：「草廬出於雙峰，故朱學也，其後亦兼主陸學⋯⋯然草廬之著書，則終近乎朱」，〔註139〕似乎全祖望並不因吳澄思想中兼主陸學，就和李紱一般無視於吳澄在著書方面更接近於朱學，但全祖望終也不能無視於吳澄「調和朱陸」的用心，及其晚年趨近陸子心學的走向，所以他又在〈師山學案序錄〉中說：「繼草廬而和會朱、陸之學者，鄭師山也。草廬多右陸，而師山則右朱，斯其所以不同」，〔註140〕點出吳澄在調和兩家時，其思想中較偏向「尊德性」的一面。但就如清朝四庫館臣所說：「元儒敦樸，無門戶之成見也」，〔註141〕故筆者以爲，吳澄所關切者，正如陳榮捷先生所言，乃在（發揚）「兩家門戶精神」〔註142〕之精髓，而以泯門戶、矯時弊爲最終目標。

〔註135〕《朱子大全・文集》卷54，葉5b～6a。

〔註136〕《篁墩集》（四庫全書本，第1252冊）卷38〈書朱子答項平父書〉，頁671下。

〔註137〕大陸學者徐遠和就以爲：「吳澄始終比較自覺的繼承和發揮朱熹的理學思想⋯⋯他主觀上並不是要和會朱陸，而只是吸取陸學的某些合理因素，以利於發展朱熹理學⋯⋯」（見其《理學與元代社會》，頁124）因而提出吳澄「宗朱兼陸」的主張，但筆者認爲吳澄並非自覺的繼承和發揮朱學，而是自覺的吸取陸學以矯朱陸兩家末流之弊。

〔註138〕氏著《優入聖域：權力、信仰與正當性》，頁402。

〔註139〕《宋元學案》卷92〈草廬學案〉，頁3036。

〔註140〕《宋元學案》卷94〈師山學案〉，頁3125。

〔註141〕見李存《俟菴集》（四庫全書本，第1213冊）頁598上之提要。

〔註142〕《朱學論集》，頁316。但筆者並不同意陳先生所說：「總其（吳澄）定向，終在朱子」。因爲吳澄所著重的應在泯門戶、矯時弊。

第四章　吳澄的教育理論

　　教育，是教育者遵照一定的社會文化的要求，借助一定的教育理論，通過一定的教育方法，對受教育者產生影響的活動。我們都知道儒家從孔子、孟子以下，皆強調教育的目的在求人格的自我完成和自我實現，其最終目標則是「成聖成賢」，在上一章已討論過吳澄獨特的學術歸向——「和會朱陸」，本章將指出吳澄除繼承了傳統的教育理論外，並且因其「和會朱陸」之說，提出他個人獨特的教育理論。

　　又教育目的與功用的確定與成立，往往視學者對於「人性」、「心」的看法為何而有不同的立論，也就是說，心性論乃是教育理論的基礎，故先論述之。

第一節　心性論——教育思想的理論基礎

一、理氣不分先後

　　所謂「心性」問題，它所探討的是人的本質、本性、自我價值及其在宇宙間的地位等問題。它一直以人為中心課題，但又無法與宇宙本體論脫離。

　　儒家的心性論從孔子的「仁」說發其端，孟子繼之加以發揮，但魏、晉、南北朝時玄學大盛，佛學也接其踵而成為顯學，對儒家的心性論學說造成很大的衝擊。玄學提倡個人的精神自由，佛學則主張個人的絕對解脫，都與儒家以群體意識為核心的道德人性論大大不同。但從中唐以後，韓愈、柳宗元、李翱等人開始推動儒學的復興，經過北宋初年胡瑗、孫復、石介的大力提倡，

到北宋中期，終於形成一股學術思潮—理學。〔註1〕理學的心性論以先秦儒家道德人性論為基礎，吸收融合了佛、道兩家的思想，完成其道德形上學的理論體系，以「天人合一」為框架，把人性論與本體論結合起來，在此理論中，「仁」不僅是人之所以為人的內在本性，而且被提昇為自然界的根本法則，也就是說「人性就是天道」。〔註2〕這種理論體系充分肯定人的道德價值，且為人性找到最終的價值根源。故在此種體系中討論心性，必然會牽涉到有關宇宙論或本體論的問題。因此，在正式討論吳澄的心性論之前，有必要先瞭解其本體論之說。

　　吳澄在〈答人問性理〉一文中說：

> 自未有天地之前至既有天地之後，只是陰陽二氣而已。本只是一氣，
> 分而言之則曰陰陽，又就陰陽中細分之，則為五行。五氣即二氣，
> 二氣即一氣。〔註3〕

吳澄所說的「一氣」是具有實體性的，他認為經由「一氣」的運轉，宇宙天地所以形成。吳澄解釋說：

> 天地之初，渾沌洪濛，清濁未判，莽莽蕩蕩，但一氣爾。及其久也，
> 其運轉於外者，漸漸輕清，其凝聚於中者，漸漸重濁。輕清者，積
> 氣成象而為天；重濁者，積塊成形而為地。天之成象者，日月星辰
> 也；地之成形者，水火土石也。〔註4〕

經由「一氣」的運轉，天地萬物因之生成，但此過程是經由「理」來主宰的，吳澄認為：

> 五氣即二氣，二氣即一氣。氣之所以能如此者何也？以理為之主宰
> 也。理者，非別有一物在氣中，只是為氣之主宰者，即是無理外之
> 氣，亦無氣外之理。〔註5〕

吳澄首先指出氣所以能一化為二，二化為五，是因有「理」為之主宰。但「理」為一形而上的指導原則，無形無跡，並非形而下、有對待之物，故「非別有

〔註1〕　理學在此處指宋、元、明之時居主導地位的學術體系。既包括程朱學派的「理學」，也包括陸王學派的「心學」。此定義引自陳來《宋明理學》引言，頁10。
〔註2〕　此說引自蒙培元《中國心性論》（台北，台灣學生書局，民國79年），頁309。
〔註3〕　《吳文正公集》卷2，頁93下。
〔註4〕　《吳文正公集》卷1〈原理有跋〉，頁80上。
〔註5〕　《吳文正公集》卷2〈答人問性理〉，頁93下。

一物在氣中」。而就作爲宇宙運行指導原則的「理」而言,「理」既指自然的普遍法則,又指人類社會的倫理原則,天地間所有有形有跡之事物(即「氣」),都必須依從此「理」,故曰「無理外之氣」;然而形而上之「理」卻必須透過形而下之事物才得以彰顯,故曰「無氣外之理」。 吳澄曾引二程與張載之語來說明理氣的關係:

> 理氣不可分先後,理是無形之物,若未有氣,理在那裡頓放?……
> 理與氣,有則俱有,未嘗相離。〔註6〕

吳澄非常讚賞二程與張載的話,以爲乃知道者之言。很明顯的,吳澄認爲理氣是不可分離的,理不能離開氣而單獨存在,但同樣的,也沒有獨立存在的氣。因此他說:

> 理與氣之相合,互古今永無分離之時。〔註7〕

所以他才會在上面的引文中說「理氣不可分先後」。〔註8〕

二、天地之性,氣質之性

　　吳澄以爲理與氣的關係是不雜不離,而理和氣的結合則化生成天地間的萬物,人亦是如此而形成。他說:

> 人之生也,以天地之氣凝聚而有形,以天地之理付畀而有性。〔註9〕

又說:

> 人得天地之氣而成形,有此氣即有此理。所有之理謂之性……其在
> 人而爲仁義禮智是也。〔註10〕

這是說氣構成人之形體,而一旦有了形體,也便同時具備了「本性」。所謂「有此氣即有此理」是說人一旦成形了,便自然具有作爲人應有的特徵,也就是「理」,而此種特徵便是人的本性(「所有之理謂之性」)。人在成形之初便具

〔註6〕《吳文正公集》卷3〈答海南海北道廉訪副使田君澤問〉,頁98下。

〔註7〕吳文正公集》卷3〈答田副使第二書〉,頁101上。

〔註8〕吳澄以爲理氣不分先後也是朱子的看法,但近代學者如牟宗三、劉述先、陳來都認爲朱子論理氣先後有兩個層次,一者是從時間上言,理氣自無先後;然若從形上學的、邏輯的觀點來看,則必然得出「理先氣後」的結論。分見牟宗三《心體與性體》(台北,正中書局,民國75年)第三冊,頁507;劉述先《朱子哲學思想的發展與完成》(台北,台灣學生書局,民國71年),頁274-~275;陳來《朱熹哲學研究》(台北,文津出版社,民國79年),頁18~34。

〔註9〕《宋元學案》卷92〈草廬學案〉,頁3046。

〔註10〕《吳文正公集》卷2〈答人問性理〉,頁93下。

備了應有之「理」。而吳澄以爲「理」在人身上表現爲仁義禮智，仁義禮智乃是人之所以爲人的特性。

既然人人都具有仁義禮智，那麼人類社會應是一片祥和，沒有罪惡，但事實上卻不如此。理學家們在面對人類社會上諸多的罪惡時，如何還能堅持人性是仁義禮智呢？吳澄也有這樣的困惑。他問道：「性即天理，豈有不善？」〔註11〕爲了處理這個問題，吳澄（1）一方面借用了張載「氣質之性」〔註12〕一詞來說明現實社會中萬種不同的「人性」；（2）一方面則採取程頤對「理」與「氣」的看法來說明人性的善惡；（3）最後，吳澄以程頤「論性，不論氣，不備；論氣，不論性，不明」〔註13〕之說爲判準，對各種人性論提出批判。

（1）他說：

> 人……受氣於父之時，既有或清或濁之不同；成質於母之時，又有或美或惡之不同。氣之極清、質之極美者爲上聖。蓋此理在清氣美質中，本然之眞無所污壞，此堯舜之性所以爲至善……其氣之至濁、質之至惡者爲下愚。上聖以下，下愚以上，或清或濁、或美或惡，分數多寡有萬不同。惟其氣濁而質惡，則理在其中者，被其拘礙淪染而非復其本然矣！此性之所以不能皆善而有萬不同也。〔註14〕

吳澄以爲人性之所以不能皆善且有極多不同的面相，原因就出在每一個人出生之時，從父母身上所稟受之氣質有各種不同的組合情形，因此表現在外的個性、特質自然有所不同。但必須注意的是，這種不同的表現只是外在的，只是「理」受到不同氣質的拘限、污壞才有諸多的惡出現，這時人所表現的乃是「氣質之性」，〔註15〕而非稟受於天的本然之性。

人所稟之氣質有清濁、美惡，而這種清濁美惡會直接影響到人的賢愚，「賢

〔註11〕 同上。
〔註12〕 《張載集》（台北，里仁書局，民國70年）〈正蒙·誠明篇〉，頁23云：「形而後有氣質之性，善反之則天地之性存焉」，將人的屬性分成「天地之性」與「氣質之性」兩種。
〔註13〕 《二程集》（台北，漢京文化公司，四部刊要本，民國72年）〈遺書〉卷6，頁81。
〔註14〕 《吳文正公集》卷2〈答人問性理〉，頁93下～94上。
〔註15〕 最早提出「氣質之性」之說的人是張載，但張載所說的氣質之性指的是人的稟性如剛柔緩急等，乃是把人之「氣質」本身當作是一種性（他說：「剛柔緩速，人之氣也，亦可謂性」見《張載集》〈語錄中〉，頁324）但吳澄卻是把「氣質之性」說成是「理」在氣質中濾過，因而成爲在氣質限制中之性，與張載不同。兩者的區分可參考牟宗三《心體與性體》第一冊，頁336～337。

愚」在此處所包含的意義並不單只是個人的聰明才智，而是更多地指一個人的道德水準，故決定人的善惡的不僅有稟受於天之「性」，而且有受之於父母的「氣質」。

（2）吳澄有這樣的觀念，除了得自張載的學說之外，更有得自程頤之處。程頤講人性不僅強調「性即理」，同時他也重視「氣」對人性的影響：

> 性即是理，理則自堯舜以至於塗人，一也。才稟於氣，氣有濁清，
> 稟其清者為賢，稟其濁者為愚。〔註16〕

很清楚的，吳澄對人之賢愚（如上所說，賢愚在此具有善惡的意味）的看法是來自於此，只是更進一步的將「氣」區分為受之於父的「氣」跟成之於母的「質」，而基本的觀念與程頤並無不同。

（3）基於這樣的認知，吳澄對人性善惡的問題有了答案，因此他對歷史上各種的人性論提出批判。他說：

> 孟子道性善，是就氣質中挑出其本然之理而言，然不曾分別性之所
> 以有不善者，因氣質之有濁惡而污壞其性也……蓋孟子但論得理之
> 無不同，不曾論到氣之有不同處，是其言之不備也。不備者謂但說
> 得一邊，不曾說得一邊，不完備也。故曰「論性不論氣，不備」，此
> 指孟子之言性而言也。至若荀、揚以性為惡、以性為善惡混，與夫
> 世俗言人性寬、性偏、性緩、性急皆是指氣質之不同者為性，而不
> 知氣質中之理謂之性，此其見之不明也。不明者謂其不曉得性字，
> 故曰「論氣不論性，不明」，此指荀、揚、世俗之說性者言也。程子
> 「性即理也」一語，正是針砭世俗錯認性字之非。〔註17〕

吳澄引用程頤「論性不論氣，不備；論氣不論性，不明」之說當作其人性論的最終判準，因此孟子的性善論就顯得不夠完備，因為孟子只強調稟於天之性是人人相同，而並未考慮到每一個人的氣質有不同；至於荀子的性惡論、揚雄的性善惡混說，與一般世俗語之性寬、性偏、性急、性緩等，則是只強調人有氣質的差異，卻未認知到人有相同的天性，根本就是對人性認識不清。最後，吳澄以為程頤的「性即理」才是最正確的說法，以為性即理，因此沒有不善之性，但卻有局限在氣質中，因而受到污壞之性。

性雖無不善，但卻被拘限在氣質之中，因此形成了兩種情況的性：一為

〔註16〕《二程集》，〈遺書〉卷18，頁204。
〔註17〕《吳文正公集》卷2〈答人問性理〉，頁94上。

得之於天之性，稱「天地之性」；一為局在氣質中的性，稱「氣質之性」。吳澄說：

> 張子（張載）言：「形而後有氣質之性，善反之則天地之性存焉」……
> 觀者不能解其言，反為所惑，將謂性有兩種。蓋「天地之性」、「氣
> 質之性」兩性字只是一般，非有兩等性……人之性本是得天地之理，
> 因有人之形，則所得天地之性局在本人氣質中，所謂形而後有氣質
> 之性也。氣質雖有不同而本性之善則一。〔註18〕

吳澄引用張載的說法，並加以說明，認為「性」只是一種，不管是天地之「性」、還是氣質之「性」都是一樣，都是指天地之理，而不是說「氣質之性」本身就是人的一種屬性。吳澄這樣的解釋似乎有違張載的本意，〔註19〕因為就張載人性論來看，他認為人既有仁義禮智的性，主張：「仁義禮智，人之道也，亦可謂性」；〔註20〕又有剛柔緩速的性，而說：「剛柔緩速，人之氣也，亦可謂性」，〔註21〕但吳澄卻不就氣質本身之不同（種種差異相）而說為一種性，堅信性無不同。故他說：

> 夫五方之人，言語有不通也，嗜欲有不同也，而其仁義忠孝之心則
> 一而已，豈以東西南北之地而間哉！何也？人之生於兩間也，地之
> 所以成其質者異，天之所以成其性者不異也。仁義忠孝根乎性者也。
> 〔註22〕

只要是人，不管生於何方何處，儘管言語不通，風俗不同，但其天性卻都是相同，都具有仁義忠孝之心。因為「天之生斯民也，民之稟是性也，豈以地之遠近偏正而有異哉！」。〔註23〕又「天之付於人者，公而不私；人之受於天也，同而不異，雖或氣質之不齊，而其善則一也」。〔註24〕因此根於天之人性皆是善，是人人皆同的。

　　經過一番詳說細解之後，對吳澄「天地之性」與「氣質之性」的區分可歸納如下：

〔註18〕《吳文正公集》卷2〈答人問性理〉，頁94下。
〔註19〕兩者的區分，見註16。
〔註20〕《張載集》〈張子語錄〉中，頁324。
〔註21〕《張載集》〈張子語錄〉中，頁324。
〔註22〕《吳文正公集》卷14〈送崔兵部序〉，頁277上。
〔註23〕《吳文正公集》卷20〈潮洲路重修廟學記〉，頁363上。
〔註24〕《吳文正公集》卷23〈善樂堂記〉，頁414上。

（1）理氣不雜不離，人一旦成形，便同時具有理與氣。理之在人者曰性。

（2）每一人所稟受之理皆同，但氣質會有種種差異，而每一個人所所稟受之天理因拘限於不同的氣質中，故有不同的面貌。

（3）人稟於天而同者稱為「天地之性」，「天地之性」拘限於個人氣質中而有異者稱為「氣質之性」。

三、變化氣質

從以上的歸納可看出「氣質」是吳澄人性論中的一大變數。人性雖皆相同，但人人的氣質不同卻是事實，如果氣質不改變，那拘限在氣質中的人性就永無恢復本然面貌之時。吳澄自己也舉例說：

> 性原於天而付於人，局於氣質之中。人之氣質不同猶地之岩石泥塵有不同也。氣質之明粹者，其性自如岩石之水也；氣質之昏駁者，性從而變泥塵之水也。水之濁於泥塵者，由其地；而原之所自，則清也。〔註25〕

人性如水之源，清澈無染，但氣質卻猶如泥塵將使水變得污濁般也會污壞人性。因此，唯有變化氣質一途才能使人恢復本然之性。吳澄說：

> 學者當用反之之功反之……反之於身而學焉，以變化其不清不美之氣質，則天地之性渾然全備，具存於氣質之中……能學者，氣質可變，而不能污壞吾天地本然之性，而吾性非復如前污壞於氣質者。
> 〔註26〕

又說：

> 玉者，質之粹美者也……若人之氣質則有粹駁美惡之殊，上智大賢以下，豈能人人而如玉哉！苟不能以如玉，則必變化其質乃可求至於道……故學者以變化氣質為先。〔註27〕

因為「氣質之生而美者甚不易得」，〔註28〕所以必須努力學習以變化氣質。而變化氣質的目的則是為求至於道，也就是透過自我人格的完成，以達到天人合一的境界。關於此點，下一節將會進一步討論。

〔註25〕《吳文正公集》卷7〈易原以清名字說〉，頁162上～下。
〔註26〕《吳文正公集》卷2〈答人問性理〉，頁94下。
〔註27〕《吳文正公集》卷7〈吳琛玉成字說〉，頁168上。
〔註28〕《吳文正公集》卷15〈送方元質學正序〉，頁290下。

四、明明德

在吳澄思想中，與變化氣質有關的還有明明德這個觀念。先談談在吳澄的思想體系中，「德」的定義。吳澄說：

> 人之明德，即天所以與我之明命也。自天所付於人而言則謂之命，
>
> 自人之所得於天而言則謂之德，其實則一而已。〔註29〕

吳澄將「德」視爲天之所授之「命」。比較之下我們大概可以說：「德」之一字，所重在人得之於天者；而「命」之一字，則偏重天之在人者。命與德兩者所指其實是同一個對象，所以用兩個不同的字來指涉，目的在強調授受者與所受者兩者的不同！

我們再看吳澄的說法：

> 德也者，天命之性得於心而靡有失也。〔註30〕

此處吳澄明顯是在強調「德者，得也」這樣的觀念。但必須注意的是，德乃人得之於天，人人皆有的，然而人從天所得到的「德」，將如何保存於人身上呢？吳澄的回答是：「得於心」，又說「蓋德具於心者也」，〔註31〕可知人心具備、保存了人之「德」。

吳澄曾引周敦頤的話來說明「德」之可貴：

> 周子曰：「天地間至尊者道，至貴者德而已矣。至難得者人，人而至
>
> 難得者，道德有於身而已矣。〔註32〕

人是至爲難得的物種，因爲我們擁有天地間至爲寶貴的「德」。但世人卻鮮能白這個道理，仍汲汲營營於求名求利。何以如此呢？吳澄在〈何自明仲德字說〉一文中解釋其原因說：

> 德者，人人所同得也，而鮮或明之，何哉？有查滓以混淆於未生之
>
> 先，有邪穢以污壞於既長之後，德之所由不明也。〔註33〕

從上面的引文可知「德」雖是人人皆同，只是因受到先天氣質不良及後天習性不佳的影響，得知於天之德，遂不能通明。

對吳澄而言，「明明德」的目的在使心無氣質物欲之累，而「變化氣質」也是要使氣質對本性的影響降低，因此在吳澄的思想中可視爲同一組觀念，

〔註29〕《吳文正公外集》卷2〈雜識‧五〉，頁128下。
〔註30〕《吳文正公集》卷7〈彭訓永年字說〉，頁167下。
〔註31〕《吳文正公集》卷7〈陳幼德思敬字說〉，頁164下。
〔註32〕《吳文正公外集》卷3〈答程敎講義〉，頁145上。
〔註33〕《吳文正公集》卷6，頁160上。

至於變化氣質與明明德之方，將於下節討論。

第二節　教育目的與教育功用

一、學為聖人

教育目的是教育者根據一定社會、文化的要求和需要，借助教育理論和教育方法等教育影響，以達到所期望的目標。而此所期望達到的目標，從另一個角度而言，即教育者所認定的教育功用，兩者是緊密相關的。中國歷代儒者談教育目的時，儘管其內容可能天差地別，重點和興趣亦有所不同，但整體而言，總不外後述兩大類：一是強調教育對個人的影響；二是著重於教育對社會的作用。〔註34〕而這兩類教育功用關係密切。我們都知道，社會是由個體所形成的集合，社會中個體的素質決定了社會的素質，而社會的發展與進步，則繫乎每一個個體的道德養成。所以，教育固然可以發揮化民成俗、敦厚民風、普及知識之功，但其基礎則在對每一個個體的教育。因此，個人的道德教育成為歷代儒家教育者的理論重心，聖賢君子也就成為求學者的終極目標。關於這一點，早期儒家希望培養的是志於道的仁人君子，也就是希望受教育者能在道德修養方面下功夫，求取已放之心。到了宋代，理學家更強調使個人達到完善的道德境地才是教育要旨，「學為聖人」成為學者的終生嚮往。〔註35〕

吳澄生長於理學興盛的時代，其教育理論受此影響，故在論及為學目的時也說：「學必至於為聖人」。〔註36〕這樣的說法，基本上已肯定了聖人可學而至，而其根據正是上節所談的心性之論：人心本具性理，但因氣質不清不美，蔽障了本心，遂令本心迷失，本性不復。若能變化氣質，反身而思，將已放之心約之，使反之身來，則本性可復，聖人可至。〔註37〕

〔註34〕此即孔子所強調的克己復禮的道德修養和博施濟眾的人道主義。

〔註35〕程頤年輕時遊太學，當時著名學者胡瑗在太學主教，問諸生以「顏子所好何學」？程頤也作一書，開頭便曰：「學以至聖人之道也。聖人可學而至歟？曰：然」胡瑗得其書大驚，便聘之為學官。（事見《宋史》，中華書局點校本，卷427，〈道學傳〉，頁12718～12719。）而從此「學為聖人」便成為宋明理學的重大課題。

〔註36〕《吳文正公集》卷6〈虞豐虞登字說〉，頁147上。

〔註37〕這樣的論證在理論上是說得通的，但為何能達聖人之境的學者如此之少？問

聖人可學而至，但吳澄更進一步強調「學必至於爲聖人」。事實上，這樣的說法並不是吳澄才有，程頤早就說過：「人皆可以至聖人，而君子之學必至於聖人而後已。不至於聖人而後已者，皆自棄也」。〔註38〕想必吳澄也與程頤有同樣的看法，以爲學不至聖人是自棄自賊的行爲！〔註39〕

二、聖人之教

學要至於爲聖人，而聖人，一般來說是理想而完美的的人格典範，則所謂至於爲聖人，應是指達到聖人之德。而聖人之德，是妙不可測的，並非可認知的對象，想認知聖人，唯有透過其表現在外的，即聖人之道來著手。關於聖人之道，吳澄說：

> 道者，日用常行之路，非有甚高甚難之事，甚高甚難則非道也。孔
> 門四子言志，曾點獨見與於聖人。曾點不過安其日用之常而已，日
> 用之常所謂道也。〔註40〕

吳澄認爲聖人之道不高不難，根本只是日用常行之理，凡是把道理講得甚高遠飄渺的人，可說是對聖人之道並不瞭解。

聖人之道如此平實易行，所以聖人之教人也是如此。吳澄認爲聖人教人不過想使每個人都能依照原有的本性來生活，他說：

> 古聖人教人，初非過爲高遠，而以人所不可知、不可能者強夫人也。
> 〔註41〕

題就出在人肯不肯立下心來向上求進？此乃是屬於道德個體自我的決斷問題，沒有任何其他人可以勉強之。若有人堅持不上進，對此，聖人也只能說：「汝安則爲之」了。

〔註38〕《二程集》，〈遺書〉卷25，頁318。

〔註39〕《吳文正公集》卷6〈柴溥伯淵字說〉有云：「人皆可以爲聖人，特患不爲爾」。（頁156下）可見吳澄與程頤的說法是相當一致的。

〔註40〕《吳文正公集》卷6〈李安道字說〉，頁157下。

〔註41〕《吳文正公集》卷15〈送南城教諭黃世弼序〉，頁292下。依陳榮捷先生的研究，元儒論學偏重於經世實務，因而不欲從事於玄思，形而上或上達之學。孔子教人「下學而上達」，在朱子則頗致力於兩者之均衡兼顧。然至元朝，許衡卻以下學之教懸爲治學之主要鵠的，而許衡既統御元代理學思想，因此，陳榮捷先生以爲許衡已決定元代思想之景觀。見氏著《朱學論集》，〈元代之朱子學〉頁308～309。想來吳澄也是受到此風之影響，故有此說。但必須注意的是吳澄特別指出一「初」字，在吳澄心中聖人之教並不能止於下學而不上達。他曾說：「小學者，大學之始；下學者，上達之基」（《吳文正公集》卷6〈虞豐虞登字說〉，頁147下。）而吳澄的學生虞集在〈送李擴序〉一文中指出：「程子曰『聖

聖人教人之方，乃是由近小者入手，，循序漸進，至於大道。吳澄舉例說：

> 聖門教人自庸言庸行之常，至一事一物之微，諄切平實，未嘗輕以
> 道之大原示人也……子貢之敏悟，曾子之誠篤，皆俟其每事用力，
> 知之既遍，行之既周，而後引之會歸於一以貫之之地。〔註42〕

可知聖人之教乃是循序漸進的。然其所教者何？吳澄以爲乃是「因其所固
然，革其所不然者」。〔註43〕什麼是人性中的固然？即得之於天而人人所同
者：

> 生而愛其親，長而敬其兄，出而行之於朋友，娶而行之於夫婦，仕
> 而行之於君臣，此良知良能之得之於天而人人所同也。〔註44〕

雖然人同有得之於天之良知良能，但卻：

> 以其所稟之氣，所賦之質不能皆清且純，故於倫理之間有厚者、有
> 薄者、有全者、有偏者、有徇者、有悖者，於是而有萬，有人同者
> 焉。〔註45〕

因氣質的不同，人因而有萬不同的個性，但不同中卻有相同之處。吳澄以爲
聖人教人，即針對這種情形立論，他說：

> 聖人之教，使人順其倫理，克其氣質，因其同，革其異，所以同其
> 同也。〔註46〕

可知在吳澄心中，聖人之教的目的在使個人都能恢復原有的良知良能，恢復
「人之同心」，〔註47〕如此人人便能順行人倫而不違背常道，社會自然安詳和
諧。但要達此目的，其先決條件就是「克其氣質」，即下文要談的變化氣質。

人教人有序，非是先教以近者、小者而不教之遠者、大者也』……使文正（許
衡）復生於今日，必有以發理義道德之蘊，而大起夫人心之精微、天理之極致，
未必止如前日之法也」（《道園學古錄》卷五，頁 80 上。）正可說明吳澄的想
法，同時也指出了吳澄與許衡論學重點之不同，乃是時勢不同所造成，明顯地
爲吳澄被指爲陸學一事（見本文第二章第二節）抱屈。

〔註42〕《吳文正公集》卷6〈姜河道原字說〉，頁 146 上。
〔註43〕《吳文正公集》卷15〈送南城教諭黃世弼序〉，頁 292 下。
〔註44〕《吳文正公集》卷15〈送南城教諭黃世弼序〉，頁 292 下。
〔註45〕同上。
〔註46〕同上。關於此點，吳澄另有說明：「《易》之同人曰：『唯君子爲能通天下之志』
　　　　夫以天下之大，千萬人之心至不一也，而吾之一心與之相通，何也？同其所
　　　　同而已」。推此以同乎彼，此乃聖人之教的精神所在。見《吳文正公集》卷21
　　　　〈絜矩堂記〉，頁 386 上。
〔註47〕《孟子·告子上》：「欲貴者，人之同心也。人人有貴於己者，弗思耳！」。

三、學貴變化氣質

吳澄要人「學必至於爲聖人」，基本上已具有聖人可學而至的想法。人而可以成聖，是從孟子以來即有的觀念，〔註48〕宋朝的理學家在此基礎上，發展出一套心性論，用來說明人何以能成聖。關於此點，已在上節闡述過，簡言之，就是人的內在本性和宇宙的根本法則是等同的，也就是說「人性就是天道」。而且每一個人的內在本性無有不同，因此都擁有達到「天人合一」（即聖人境界）的潛能。然而人性雖無不同，但「氣質」卻有差異，「氣質」會阻礙人性的完全呈現。因此如何使人性完全呈現，達到「天人合一」境界，其關鍵就在於「變化氣質」的工夫了。

吳澄也看到此點，因此主張「學者以變化氣質爲先」，〔註49〕認爲讀書問學以變化氣質爲優先，甚至認爲：

> 所貴乎學者以其能變化氣質也。學而不足以變氣質，何以爲學哉？……學者……昏可變而明也，弱可變而強也，貪可變而廉也，忍可變而慈也。學之爲用大矣哉！〔註50〕

爲學的目的和作用在「變化氣質」這點上有了交集：因爲不論是想要成聖成賢，或是想要改變個人習性，都需要先變化氣質，才能識見天理，進而發展自己的本然之性；而另一方面，變化氣質正是爲學的功用。因此「變化氣質」一事自然成爲爲學的第一要務。

然而如何透過教育、學習來變化氣質呢？之前曾提過吳澄主張「所貴乎學者，以其能變化氣質也」，〔註51〕而他所謂的「學」又有三種，即記誦之學、詞章之學、和儒者之學，〔註52〕而「詞章、記誦，華學也，非實學也」。〔註53〕對於記誦與詞章，吳澄批評之：

> 雖然學之名一也，而其所以學者或不同，蓋亦有表表然號於人曰爲學，而逐逐於欲，役役於利，泪沒於卑污苟賤以終其身，與彼不學者，曾不見其少異，是何也？所學非吾所謂學也。夫今之學者之學，

〔註48〕《孟子・告子篇下》：「曹交問曰：『人皆可以爲堯舜，有諸？』孟子曰：『然』」但孟子在此處著重於外在言行的實踐，未討論人何以能成聖的內在因素。

〔註49〕《吳文正公集》卷7〈吳琢玉成字說〉，頁168上。

〔註50〕《吳文正公集》卷15〈送方元質學正序〉，頁290下。

〔註51〕《吳文正公集》卷15〈送方元質學正序〉，頁290下。

〔註52〕見《吳文正公集》卷2〈評鄭夾漈通志答劉教諭〉，頁88上。

〔註53〕《吳文正公集》卷5〈王學心字說〉，頁142上。

不過二端，讀書與爲文而已矣。讀書所以求作聖人之路徑，而或徒
以資口耳；爲文所以述垂示之訓辭，而或徒以炫華采。如是而學，
欲以變化氣質，不亦難哉！〔註54〕

讀書只記誦或爲文重詞章，都無法達到變化氣質之功，吳澄以爲：

予所謂學，非欲其學記誦……非欲其學辭章……其學在處善循
理，在信言謹行，在孝悌忠順，在睦姻任恤。於家而一家和，於
族而一族和，於鄉而一鄉和，於官而一府和，推而廣之，無施不
宜。〔註55〕

學而所以能如此，乃是因爲儒者之學重視「心」的作用，吳澄說：

夫學……孰爲要？孰爲至？心是已。天之所以與我，人之所以爲人
者在是。不是之求而他求焉，所學何學哉？聖門之教，各因其人，
各隨其事，雖不言心，無非心也。孟子始直指而言「先立乎其大者」，
噫！其要矣乎！其至矣乎！邵子曰：「心爲太極」。周子曰：「純心爲
要矣」。張子曰：「心清時視明聽聰，四體不待羈束而自然恭敬」。程
子曰：「聖賢千言萬語，只是欲人將已放之心約之，使入身來」。此
皆得孟子之正傳者也。〔註56〕

吳澄在這一段引文中指出爲學最重要的是孟子所說的「求放心」，並引用北宋
五子的話來強調正統儒學中「心」的重要性。而「心」之所以重要，乃是因
爲心具有反思的功用，而反思正是「變化氣質」的工夫，他指出：

氣質不美者，其本性不免有所污壞，故學者當用反之之功反之……
謂反之於身而學焉，以至變化其不清不美之氣質，則天地之性渾然
全備，具存於氣質之中。〔註57〕

所謂「反之於身而學」，指的正是孟子所說的「求諸己」。只要能反求諸己，
即可使原有的本性彰顯，不受氣質的影響，即所謂「變化其不清不美之氣質」，
也就是達到變化氣質之功，天地之性自然渾然具現了。

　　本文在上一節曾說，在吳澄的思想中，變化氣質與明明德可視爲同一組
觀念，筆者認爲可同時探討吳澄說明人是如何達到明明德，以進一步解釋吳

〔註54〕《吳文正公集》卷15〈送方元質學正序〉，頁291上。
〔註55〕《吳文正公集》卷6〈黃玨玉成字說〉，頁150下。
〔註56〕《吳文正公集》卷5〈王學心字說〉，頁142上～142下。
〔註57〕《吳文正公集》卷2〈答人問性理〉，頁94下。

澄「反求諸己」而達變化氣質之功的說法。吳澄說:

> 明明之法不一……儻能感觸前聖所已言,歸求吾心之所同得,而一旦有覺焉,猶目翳頓除,燭光四達,左右前後,至寶畢現,皆吾素有不可勝用也。〔註58〕

又說:

> 欲求所以克明其德者,必常自在乎天之所以與我之明德而有察焉:則必能因其所發,而致其學問思辯推究之功;又能因其所明,而致其存養省察推行之實,則吾之明德,亦得以充其本體之全,以無氣質物欲之累,而能明其德與堯無異矣。〔註59〕

吳澄在此兩文中所提的方法並不一致。在前一文中吳澄要人「感前聖所已言,歸求吾心之所同得」,意思即是要人先經由讀書(前聖所已言)明理,再和吾心原具之德,兩相對照,一旦有所感悟,則自可去除氣稟物欲的影響,恢復得之於天之明德。而在後一文,吳澄卻要人先察識吾心之德,再於日用間從心之發用處,去思辯推究,何者為天理,何者為人欲,然後來行存天理去人欲之功。如此,吾心之德才能無氣質物欲之累,才能算是明明德。

　　吳澄如此不同的明德之方,筆者以為是取自不同的學派思想。後文極似湖湘胡氏所提倡的「先察識後涵養」之說,〔註60〕強調於良心之發見處省察,爾後努力加以擴充;不過朱子的中和舊說〔註61〕中有「天理本真,隨處發見,不少停息者,其體用故如是……故雖汨於物欲流蕩之中,而其良心萌蘗亦未嘗不因事而發見。學者於是致察而操存之,則庶乎可以貫乎大本達道之全體而復其初矣」〔註62〕吳澄之說似乎更接近朱子此說,因為胡宏所謂的察識,乃是察識本心之發見而當下體認之,而朱子所說的察識則是於心之發用處而言,且其「致察而操存」之說較符合吳澄引文之意。至於吳澄之前說,要人先讀書明理,並將書中先賢之理把來與心中本具之德相對照,這樣的說法與朱子要人藉由讀書以求天理的主張相似,又談不上要如朱子所說「萬物之表裏精粗無不到」的地步,反而與陸子「此心同,此理同」之說較接近,都肯

〔註58〕《吳文正公集》卷6〈何自明仲德字說〉,頁160上。
〔註59〕《吳文正公外集》卷2〈雜識・五〉,頁128下～129上。
〔註60〕關於胡宏的學說,可參看牟宗三《心體與性體》第二冊,第三章。
〔註61〕關於朱子「中和舊說」、「中和新說」的形成與轉變,可參看劉述先《朱子哲學思想的發展與完成》,第三章。
〔註62〕《朱子大全・文集》卷30〈與張欽夫書〉(第三書),葉19b。

認聖賢之理與吾人心中之理相同。由此說來，吳澄論「明明德」是一方面採朱子「致察操存」之說以為修養方法，另一方面則採陸子「此心同，此理同」之說以為理論基礎；而要達到「致察操存」須先「反求諸己」，以察其明德，而「此心同，此理同」之說必先承認吾心有同得之於天者，故亦須先「反求諸己」以求所同者。因此可知「反求諸己」乃變化氣質的真正工夫。

　　總的來說，變化氣質，變的不是氣質本身，而是氣質對本性的影響程度。聖愚之分就在氣質對本性的影響程度的大小，當然，有人一出生氣質便不錯，所以要擺脫氣質的影響較容易，而氣質較差者，想要恢復本性，自然必須付出較多心力，然而一旦擺脫氣質的影響，兩者皆是恢復到原初上天所賦與的本性，也就沒有區別，也就都已明其明德，皆是聖人。為學、受教育的第一要務就在於使氣質的影響逐漸降低，使自己漸漸接近本性，終至恢復全善無瑕的本性，明其明德，登入聖人境界。

四、教育的社會功用

　　讀書問學的最高目標雖然是成聖成賢，但這並非是每一個人都能達至的境界，而且也不是教育的唯一目的與作用。在本節開頭，曾說教育的作用可分兩類，前一類，教育對個人的影響，可歸約成「學為聖人」四字；而後一類則是指教育的社會教化功用。前一類上文已大致談過，此處要談的是關於吳澄對教育的社會功用的看法。

　　教育的社會功用所涉及的層面很廣，吳澄所談及的，除一般儒者所常談者外，其較特別處在涉及與政治、學校有關的方面，故此處特別就這兩方面來談。首先要談的是吳澄對於君王教育的問題。吳澄認為：

> 有文治之君必有文治之臣，苟非教習之有素，彼亦惘然，孰知文之所以為文者？故建學以興文教、暢文風、涵育其人，將與人主共治也。〔註63〕

要有文治之臣，必先有文治之君，懂得建學興文，使人臣教習有素，才能行善政，與其共治天下。

　　傳統儒家雖承認天子至高無上的權力，但總是想盡辦法要對天子的行為加以規範，或是透過諫諷，或是從制度上來著手，而其中被視為最根本的方法，

〔註63〕《吳文正公集》卷26〈崇文閣碑〉，頁456上。

莫過於教育了。在宮廷中，有一套完整的教育體制用來教育皇太子，而其教育內容不外乎親君子遠小人，虛心納諫，好善勤政，行德治、愛百姓，總的來說，即〈大學〉所強調的「以修身爲本」。若未來的天子能修己以敬，則將可以達到儒家的政治目標：可以安養百姓。在太子登基後，爲了使之能持續、保持修己的工夫，在朝廷開經筵講學，也就成爲儒者心中重要的教育途徑。

　　吳澄在上文已明白指出，先有文治之君才有文治之臣，以爲君賢，臣才能得人，故欲國家大治，必先使國君受儒學教育。故吳澄對身負教育儲君之責的師、傅、保所扮演的角色，有一番期許：

> 師、傅、保得人，則所教之人，其德完成。受教者之德成，則教者
> 爲有功，而教者之道尊隆。教者之道尊，則所教之人能求賢審官，
> 而官無不正。百官無不正，則君明臣良，政事修舉，而其國無不治，
> 如此則可以爲人君矣！〔註64〕

透過教育，君王之德成，而能求賢審官。如此一來，良臣可得，國家可治。而根據危素所作的〈年譜〉，吳澄在泰定帝泰定元年（1324）任經筵講官，「三月壬寅，上御明仁殿聽講，悉屏侍臣，唯丞相、御史大夫在侍，講罷，命內饗侍食」，〔註65〕而吳澄講經「言溫氣和，經旨敷暢，得古人勸講之體」，〔註66〕故泰定帝又於「甲寅，上御流杯池亭聽講，公（吳澄）講〈中庸〉舜其大孝章及《資治通鑑》數條，上大悅」。〔註67〕可見吳澄的確對君王的教育盡了一己之力，而非只是空有理論。只是當時的皇帝是蒙人，不通漢文，進講需透過翻譯，因此所能發揮的功效實在有限，〔註68〕加上種族文化的差異，吳澄的努力似乎無法發生太大的功效。

　　國政之興隆污壞，國君當然必須負很大的責任，但中國古代的政治學家，爲了避免因國君個人之昏庸，造成國家衰亡，因而設計出一套完整的分治系統，將全國的治理工作，分散到地方官員身上。吳澄很清楚地方官守在傳統政治中所扮演的角色，他說：「天子者，天下之人牧，治之不能遍也，於是命州縣之官，分土而治其民，其責任不亦重乎？」。〔註69〕因此吳澄很重視地方

〔註64〕《禮記纂言》（文淵閣四庫全書本，第 121 冊）卷 8，頁 226 上，吳澄案語。
〔註65〕《吳文正公集》卷首〈年譜〉，頁 24 下。
〔註66〕虞集《道園學古錄》卷 44〈行狀〉，頁 628 上。
〔註67〕《吳文正公集》卷首〈年譜〉，頁 25 上。
〔註68〕詳見第二章註 73。
〔註69〕《吳文正公集》卷 11〈州縣提綱序〉，頁 234 上。

官吏所扮演的教化功用，他認為：

> 郡太守……其治民也，有政焉有教焉。政以導之，使不為惡；教以
> 化之，而使為善也。〔註70〕

可知在吳澄心中，地方官守實負有最直接的教化責任，因此這些官吏在任用
之前必須經過一番教育。他援古論今，說：

> 古者，公卿大夫之子，凡未仕必學，學以明義理，仕以行政事。所
> 明者本，所行者用也，本之所培者深，則用之所達者優。……古人
> 十五入大學，四十始仕，所以培其本者久。今人學之日淺，仕之日
> 速，則學必數倍其功，雖仕亦不可以廢學也。〔註71〕

又說：

> 學者事，仕而學，學而仕，相資不相離。〔註72〕

在吳澄看來，仕與學不可分，在入仕之前固然要學以培根基，即使已任官為政，
因為根基之培養不夠深厚，所以仍須不斷學習、受教，才能保證教化之功。

吳澄之所以如此強調仕與學的關係，有其原因。我們都知道元朝入仕之途，
在科舉實施之前，大概有三：一由宿衛，一由儒，一由吏，〔註73〕而由宿衛入
仕者，多為勳臣世家之子，即所謂有根腳之人，〔註74〕而一般士人入仕，若不
由吏進則由儒，但由儒進者，仕途艱難，〔註75〕因此吏進成為元朝最主要的仕
途。〔註76〕然而從唐宋以來，士人一向不屑於為吏，但元制如此，一般急於入

〔註70〕《吳文正公集》卷 20〈南安路儒學大成樂記〉，頁 364 上。

〔註71〕《吳文正公集》卷 17〈贈王士溫序〉，頁 327 上～下。

〔註72〕《吳文正公集》卷 5〈馬氏五子字說〉，頁 140 上。

〔註73〕見王師明蓀《元代的士人與政治》，頁 80，所引姚燧之言。

〔註74〕元朝用人重根腳，當時即有人論之，如權衡的《庚申外史》就說：「元朝之法，
取士用人，惟論根腳。其餘圖大政為相者，皆根腳人也；居糾彈之首者，又
根腳人也；蒞百司之長者，亦根腳人也。」轉引自王師明蓀《元代的士人與
政治》，頁 162。

〔註75〕所謂儒進即當學官，如教諭、山長、學錄、學正、教授等。然而想由學官晉
升而受一命之寵，是非常不容易的。輾轉歲月，能做到州教授的，十不三四，
且已年近致仕；能至郡教授者又不過其中之二三；入流為主簿者，則十不到
一二。（程端學《積齋集》（文淵閣四庫全書本，第 1212 冊）卷 2〈送花教授
秩滿序〉，頁 331 下）這種情形和《大元聖政國朝典章》（台北，國立故宮博
物院，民國 65 年）卷 9〈吏部卷之三‧官制三‧教官‧正錄教諭直學條〉所
載：「自直學至教授中間，待試、聽除、守缺、給由，所歷月日，前後三十餘
年，比至入流，已及致仕，情有可憫」相符。

〔註76〕關於元代吏進之盛，王師明蓀在〈元代之吏書〉（《宋史研究集》26 輯，台北，

仕者只好暫時遵從。〔註77〕吳澄認爲吏進並非不可行，因爲「先漢之初任文吏，宰相往由吏起」，〔註78〕所以漢朝吏進顯得貴重，故而爲吏者也都能自重。後來因吏漸漸與官分流，遂爲士大夫所不齒，這種情形到南宋仍是如此。但在元初時，吳澄就他所接觸的在朝大臣來看，除貴戚、世臣、軍功、武將外，都是以吏出身，「蓋當時，儒者進無方途，惟吏而已」，而當時「曰官曰吏，靡有輕賤、貴重之殊，今之官即昔之吏，今之吏即後之官」，〔註79〕所以爲吏者，自身多能自重如漢初之時。但在元朝統一全國之後，南宋之吏也混入其中，這些爲士大夫所不齒者，通常自身的修養不佳，舞文弄法、逢迎拍馬，甚而貪污受賄。〔註80〕吳澄沈痛的指出這些南方之吏「無識無恥，豈能自貴自重其身哉？不惟不自貴重也，而向之稍自貴重者，亦且相熏染……通天下皆然，莫可救藥」！〔註81〕

　　針對當時風俗之壞，吳澄提出解釋說：

今天下之俗，如黃河之水潰決，橫流渾渾而濁，莫能使之清……若

國立編譯館，民國86年，頁499～525）一文中有較詳盡的解說，而大陸學者許凡所著《元代吏制研究》（北京，勞動人事出版社，1987）一書，則對整個元代的吏制有詳盡的說明，可參看。至於科舉一途，王師明蓀以爲元仁宗起雖恢復科舉取士，但因時間短而得人少，且其仕途與政治地位遠不如以往，故科舉在元朝可說只是多一仕途罷了。見其《元代的士人與政治》頁185。而大陸學者姚大力也有相同的看法，並有詳細的解說、分析。見其〈元朝科舉制度的行廢及其社會背景〉（《元史及北方史研究集刊》6，1982）頁47～48。而蕭啓慶先生對元代的科舉則持較正面的看法，認爲「若元代不速亡，科舉制度或能使『統治菁英』的成分及性質發生不小的改變。」見氏著〈元代科舉與菁英流動〉（《漢學研究》第5卷第一期，民國76年6月）的結論。

〔註77〕虞集《道園學古錄》卷15〈嶺北等處行中書省左右司郎中蘇公墓碑〉，頁220下有云：「我國家初以干戈，平定海內，所尚武力有功之臣，然錢穀轉輸，期會工作，計最刑賞，伐閱道里名物，非刀筆簡牘，無以記載施行，而吏始見用。固未遑以他道進仕，公卿將相，必出此二者而已。事定，軍將有定秩，而爲政者，吏始專之。於是天下明敏有材智操略，志在用世之士，不繇是無以入官，非欲以是名家，趨急用也」。此言對當時士人以吏入仕的心態，是較正確的說明。

〔註78〕《吳文正公集》卷14〈贈何仲德序〉，頁267上。

〔註79〕同上，頁267下。

〔註80〕《吳文正公集》卷16〈贈梁教諭序〉有言：「今貴儒而賤吏……賤吏，惡其不廉」。（頁296上）而爲吏不廉之因，吳澄解釋說：「聖人言，天下國家之經，以重祿爲勸士之道……惟其有養，是以能有守也。國朝官吏之祿未嘗不厚，然自中統以來，至於今，物價之相懸奚啻數十倍，物日以重，幣日以輕，而制祿如其舊，於是小官下吏或有不能自給者矣。彼不能自給，而欲其不疚於利，難矣哉！」見《吳文正公集》卷17〈贈張嘉符序〉，頁318下。

〔註81〕《吳文正公集》卷14〈贈何仲德序〉，頁267下。

是者何哉？無識、無恥、無守也。無識則不知廉介之可尚；無恥則
不知貪瀆之可羞；無守則為子孫之計，為妻妾之奉，為飲食衣服之
不若人而厭貧羨富，以至苟利忘義也。〔註82〕

因為為官為吏者，無識、無恥、無守，所以：

居官者習於貪，無異盜賊，己不以為取，人亦不以為怪，其間頗能
自守者，千百不一、二焉。〔註83〕

夫廉恥道喪，貪濁成風，瘠人肥己，殘下罔上者，比比而是。〔註84〕

而造成此風的原因，在於吏本身素質的不良，而吏之素質不良，原因出在朝
廷選人之方不當。上文已提過蒙古政權並無中國傳統的官吏分流的觀念，一
般胥吏，「以勾當年深，縣升之州，州升之府，府升之部，部升之臺院省，出
職為品官、當要職，外任則承流宣化，內則參決大政，綱領群縣」。〔註85〕對
於這樣只論年資，不論才能的選士之法，吳澄不禁歎道：

才難之嘆，從古已然……然而用人者，以歲月、以資品、以私意，
以邪遷，用不必才，才不必用，則雖周公、孟子復出，且未知其何
如？〔註86〕

因為選人之方不當，所以所選之人，「或貪瀆、或殘酷，或愚黯、或庸懦，
往往惟利己是圖，豈有一毫利民之心哉」！〔註87〕要解決上述的困境，較
根本可行的方法，就是用人惟才，以提高為吏者的品質。既然吏進是一般士
人入仕較易之途徑，那麼，若能使為吏者都是從儒士中挑選，自可提高吏的
素質。〔註88〕因此，吳澄才不斷的強調培養儒士的重要性。至於已任位高

〔註82〕《吳文正公集》卷16〈送河北孔君嘉父官滿序〉，頁300上～300下。

〔註83〕《吳文正公集》卷14〈贈史敏中侍親還家序〉，頁266下。

〔註84〕《吳文正公集》卷5〈冰花說〉，頁131下。

〔註85〕見胡祇遹《紫山大全集》（文淵閣四庫全書本，第1196冊）卷23〈試典史策
問〉頁429下～430上。

〔註86〕《吳文正公集》卷15〈送鼇溪書院山長王君北上序〉，頁291下～292上。

〔註87〕《吳文正公集》卷11〈州縣提綱序〉，頁234上。

〔註88〕事實上元朝吏進選辟的來源很多，其中一種即是歲貢，所貢者有地方儒學教
授所考選的儒生，以及地方官府考選的胥吏兩類。儒與吏並進，此即「歲貢
儒吏」，而「儒人一名必諳吏事，吏人一名必知經史」（見《元史》卷83〈選
舉志三・銓法中〉，頁2071～2073）可見元政府選人原則為「儒吏兼通」，只
是在執行上不能遵行此原則，其結果則如《通制條格》卷5所言：「府州司縣
人吏，幼年廢學，輒就吏門。禮義之教懵然未知，賄賂之情循習已著。日就
月將，薰染成性。及至年長，即於官府勾當，往往收贓匽法，遭罹刑憲」（轉

官者，吳澄只能寄望於爲官者自身的的再教育，期望他們也能成爲一愛民之官。〔註89〕

　　以儒充吏，不但可一改以往爲吏者貪殘之風，而且儒士們也會「本之以慈，行之以公，不汩沒於利，凡事之曲直無高下其手，無變亂其黑白，文無害而人不冤」，〔註90〕如此一來，百姓自然受惠，國家自然安定。而儒之所從出，自然以學校爲培育之所，故學校顯得特別重要。

　　在中國，學校之制很早便存在，《孟子・滕文公上》曰：「夏曰校，殷曰序，周曰庠，學則三代共之」，可見早在夏朝便已有學校的設立。而《禮記・學記》篇說：「建國君民，教學爲先」，又說：「化民成俗，其必由學」非常肯定學校的社會教化作用，因此中國歷代政府對學校教育總是非常重視。

　　對此，吳澄也說：

　　　學校庠序之設，自三代至於今，凡有社有民者，率莫敢後，誠以國
　　　命系於人才，人才系於士學也。〔註91〕

認爲治國靠人才，人才從教育而來，教育則從學校而出。雖然學校如此重要，但事實上，當時的學校教育功用卻不彰。吳澄指出：

　　　今世儒者入仕，格例無不階縣學官而升，苟得之則顯官可以積漸致，
　　　故其職浸重而求爲是者率多。〔註92〕

用學官補吏，雖說是符合吳澄所說的以儒餙吏，但其負面的影響卻超過吳澄原來的設想。因爲：

　　　今世之學官大率借徑以階仕進，孰肯省識其職守之當何如哉？才之
　　　所堪，學之所至，皆所不問，唯計日書滿以待遷而已。〔註93〕

　　　　引自姚大力〈元朝科舉制度的行廢及其社會背景〉，頁41。）故吳澄才大力主
　　　　張要以儒餙吏，提高爲吏者之素質。
〔註89〕吳澄對爲官者有所期許，認爲應行聖人之道，澤被百姓。他說：「天之生是人
　　　　也，此爲智爲賢且貴而爲公卿大夫也，彼爲愚爲不肖且賤爲庶人也……此行
　　　　其道而彼被其福也……孔門弟子問夫子所志，亦曰安老懷少而信朋友……是
　　　　使之一皆得其所也……故曰聖人之心猶天也……夫賢人君子於眾人之中千有
　　　　其一焉，幸有其人矣，而所爲有未合於聖人之道，此故有識者之所惜也」。見
　　　　《吳文正公集》卷7〈與僉憲趙弘道書〉，頁170上～170下。
〔註90〕《吳文正公集》卷16〈贈袁州路府掾張復先序〉，頁297下。
〔註91〕《吳文正公集》卷20〈宜黃縣學記〉，頁366下。
〔註92〕《吳文正公集》卷17〈送周德衡赴新城教諭序〉，頁316上。
〔註93〕《吳文正公集》卷17〈贈紹興路和靖書院吳季淵序〉，頁314下。在實際的操
　　　　作上，任職的年資是最容易用以區別的條件，所以可以想見的是，學官補吏，

可見在實際上，以學官補吏會對學校教育帶來巨大的衝擊，使得任職學官者「苟度歲月以俟敘遷，能思其職，慕效先賢，以圖寡過者蓋鮮」，〔註94〕可見執教者人心不安，不以教書為第一要務，反而把學校當作進入仕途的跳板！使得整個學校教育無法發揮功效。

除上述以學官補吏以致學官不專心於教職外，自宋末以來以會試不第的舉人為學官之例，使得學校之學官不受尊重，也造成學校自然無法發揮教育英才之作用。吳澄指出「宋之季以五舉不第人尸之（學官），乃上之人所謂不才無用，憐其老而恩之者。進士不居是官也，顯官不歷是途也，於是其官雖重，而望已輕矣！」。〔註95〕元朝的情形也是如此，吳澄的弟子虞集說：

> 今天下學官，猥以資格授，強加之諸生之上，而名之曰師爾，有司
> 弗信之，生徒弗信之，於學校無益也。〔註96〕

要改變學官心不在教育和不受尊重的情形，吳澄說：「必以擇師為先」。〔註97〕因為要使學校能發揮應有的功效，唯有求經明行修者來擔任學官，只有由博學高行之士任學官，才能不以升官為重，才能受到應有的尊重，也才能擔負起培養優秀人才的責任，使學校發揮應有的功用。吳澄認為，學官之職雖卑，但「誠能得英才而教育之，以稱明時興文右儒之意，其功異於他官奚翅百倍！」〔註98〕故學官一職，可說是責任重大。

但學校之設並不只為了培養統治人才，吳澄以為學校還另有功用，他說：

> 夫學校之設，三代至今，數千年矣，所以明人倫而善風俗，所以育
> 人才而裨正教，其關係豈小哉？……崇儒重道……風俗之機，政教
> 之本也。〔註99〕

依吳澄的看法，學校的教育功用有二：一為明人倫、善風俗，二為育人才、裨正教。學校的確具有培養政治人才的作用，但同時也具有教化人心的重要功用。然而必須要注意的是，吳澄認為不論是統治還是教化，都要依靠所謂的「儒」來完成，儒者成為統治與教化的樞機。故吳澄說：

　　自然專以年資論算了。
〔註94〕《吳文正公集》卷15〈送南城教諭黃世弼序〉，頁292下。
〔註95〕《吳文正公集》卷17〈送周德衡赴新城教諭序〉，頁316上。
〔註96〕《元史》卷181〈虞集傳〉，頁4175。
〔註97〕《吳文正公集》卷22〈蕭岡義塾記〉，頁402下。
〔註98〕《吳文正公集》卷14〈送孔教授歸拜廟序〉，頁272下。
〔註99〕《吳文正公集》卷26〈崇仁縣孔子廟碑〉，頁460下～461上。

　　儒之爲天下貴也，用之而有益於斯世也。〔註100〕

元朝儒者的地位一向爲後代研究者所詬病，因爲自漢武帝罷黜百家，獨崇儒術後，儒者的地位便受到保障，甚至後世帝王非崇敬儒士便無法使其政權合法化。到了宋代，儒士更成爲萬民羨慕的對象，甚而有「萬般皆下品，唯有讀書高」之諺產生。〔註101〕然而到了元朝，儒士的地位低落，甚至有了「九儒十丐」之說。〔註102〕元代儒士的地位雖不一定如此低下，但比之宋代，的確是大大不如。吳澄早年生長於宋，對於宋元兩代對儒士的態度想必有深刻的體認。面對儒士在元代所受到的冷落，吳澄發出不平之鳴，認爲儒士乃是天下至爲寶貴的資產，若能好好加以重用，一定對天下有所助益。

　　然而吳澄並不是只片面要求政府要重用儒士，他也要求儒士要深自反省，何以不受世人所尊重。他說：

　　世以儒爲無用久矣，惟撰述編纂之職，講論傳授之事，不得不歸之儒，是所謂無用之用者……儒之見輕，未必皆輕之者之過也，殆亦由己取之，而於人也何尤？〔註103〕

儒士若只是懂得記誦講授、爲文編纂，就只是曉得讀書的小用，而不知讀書的大用，被輕視也就理所當然。他說：

　　（讀書）小用之，可以釣爵祿而榮其身而顯其親，大用之，可以躋聖賢而澤被生民而道濟天下，書之用如此。〔註104〕

可見在吳澄心中，儒士讀書的最高目標在成聖賢、在教化天下。而這也就是吳澄何以認爲學校教育除培養治國人才外，還具有明人倫、善風俗的功能之因。〔註105〕

　　儒士而要善風俗、裨正教，先決條件是出仕爲官。然而執政者否能任用儒士，使之大用於天下，則有賴於英明的領導者，故如前文所述的，吳澄也極重視君王的教育，期望得到英主，能大用儒士，使之能善風俗、裨正教。

　　整體而言，吳澄認爲教育具有善風俗、明正教的社會功用：在政治上，

〔註100〕《吳文正公集》卷14〈送盧廉使還朝爲翰林學士序〉，頁270上。
〔註101〕見蕭啓慶《元代史新探》（台北，新文豐出版社，民國72年），頁3。
〔註102〕同上，頁4。
〔註103〕《吳文正公集》卷14〈送鄧善之提舉江浙儒學詩序並詩〉，頁271上。
〔註104〕《吳文正公集》卷4〈收說游說〉，頁119下。
〔註105〕《吳文正公集》卷22〈儒林義塾記〉，頁400載：「學者……行必可化民美俗，才必可經邦濟時……如是，命世大儒由此而出」，指出學者應有的抱負，也可看出吳澄對學校教育的期望。。

透過對君主的教育，使國君成爲一文治之君，能興學建校，培育人才，並選
賢審官，提高官吏之素質；在學校教育方面，則應愼選學官，務求經明行修
之士爲之，以孚眾望，並一改學校教育功能不彰的情況，如此才能培養出有
益於世的儒士。在吳澄的理論中，儒士成爲明正教與善風俗的樞紐，因爲在
吳澄看來，「儒之爲儒……以其孝悌於家，敦睦於族，忠信於鄉，所厚者人倫，
所行者天理爾」〔註106〕而其最基本的特質是知仁知義，〔註107〕能有慈愛人民
之心，更能興學教育百姓，使百姓「耳濡目染之深，日漸月積之久，……人
人有士君子之行，而成美俗」，〔註108〕達到美化社會風俗的功用。而儒士之所
以能有此德性功蹟，不外乎如吳澄所說，因爲他們皆以「學爲聖人」當作終
身的學習目標，故內能變化氣質，外能行仁義之事，而以達聖人之教爲終極
理想。

　　吳澄在人性論的看法上雖多依從程朱之學，然而在如何變化氣質、明其
明德的修養方法上，則有取於陸學之處，這樣的取捨，和其「和會朱陸」的
學術取向有關，因唯有如此，才能形成一較完備的學說：肯定人性乃天理之
在人者，因此皆無不善，但卻因氣質的不清不美，使原有的本性受到侷限，
而要去除氣質的蒙蔽，必先要使學者明白人人皆本有善良之性（先尊德性），
才能透過讀書、致察操存來變化氣質的影響力，使本性能完全顯現。也就是
說唯有「先尊德性」並繼之以「道問學」，才可以達到明明德、學爲聖人的境
界！吳澄這樣的說法，很明顯是爲了濟朱陸兩家後學之偏，使學者能明白讀
書問學的真正目的何在，同時也藉由對教育的社會功用的提出，吳澄表現出
他對後學經世濟民的期待。吳澄這樣的用心，在論教育方法時，更爲凸顯，
下章將論述之。

〔註106〕《吳文正公集》卷17〈贈建昌醫學吳學錄序〉，頁 320 上～下。
〔註107〕《吳文正公集》卷18〈送彥文贊府序〉，頁 339 上：「吏多貪殘而儒流知有仁
　　　　義」。
〔註108〕《禮記纂言》卷35，頁 640 下，吳澄案語。

第五章　吳澄的教育方法論

　　從上一章的論述中，大略可知，吳澄認爲教育具有培養人才、善化風俗的功能，而「儒士」即其所謂的人才，且又是善化風俗的推動者。儒士成爲吳澄教育理論中的樞紐，因此儒士的教養之方，吳澄非常重視。

　　一般而言，理學家的教育方法，可分爲外在的熏習與內在化育兩層級，所謂外在熏習者，不外乎知識學習和行爲制約；而內在化育者，則指我心自得之自我轉化，朱子的教學方式近乎前者，而陸子則近乎後者。吳澄在論及教育方法時，稟其「和會朱陸」的取向，故其教育方法論同時包含了這兩方面，目的在於能教育出內外合一的優秀學者。

第一節　內外合一　以敬爲本

一、儒者之學，內外合一

　　吳澄曾將學分爲三種，一爲記誦之學，一爲詞章之學，一爲儒者之學。〔註1〕其中只有儒者之學才是內外合一之實學。所謂內外合一，吳澄說：

> 知者，心之靈而智之用也，未有出於德性之外者。曰「德性之知」，曰「聞見之知」，然則知有二乎哉？夫聞見者，所以致其知也……蓋聞見雖得於外，而所聞見之理則具於心。故外之物格，則內之知致。此儒者內外合一之學。〔註2〕

〔註1〕　《吳文正公集》卷2〈評鄭夾漈通志答劉教諭〉，頁88上。
〔註2〕　《吳文正公集》卷2〈評鄭夾漈通志答劉教諭〉，頁88上～下。

「德性之知」與「聞見之知」的區分，由張載首先提出，而定於程頤。張載說：「聖人盡性，不以見聞梏其心；其視天下，無一物非我。……見聞之知，乃物交而知，非德性所知。德性所知，不萌於見聞」〔註3〕張載所言，主要目的在說明聖人何以能超越自我而與萬物為一體，「德性所知，不萌於見聞」一言，只是說明德性不始於聞見，但未清楚說明是否完全不需要聞見。程頤則進一步將兩者加以分別，他說：「聞見之知非德性之知，……德性之知，不假見聞」。〔註4〕程頤改「萌」字為「假」字，表示「德性」自始自終都與「聞見」無關，將「德性」與「聞見」正式分為兩種截然不同之知，而認為德性之知可獨立於見聞之外。在吳澄的看法中，「知」非指知識，而是心智的知覺作用，而心智所能知覺者，未有出乎德性之外，然要知覺內在的德性，卻必須先多聞多見。他根據朱子「格物致知」的說法，認為只要外之物格，則內之知致，即：就一一事物分殊之理而窮究之，待物格至盡時，將豁然明白，萬理同出一原，而此理也就是吾心所具之理。故吳澄才會說：「聞見雖得於外，而所聞見之理則具於心」，〔註5〕一旦達到「物格而知致」的境界，內外、物我的間隔便被打破，內外得以合一。

　　吳澄反對記誦之徒，因為他們「博覽於外，而無得於內，……雖有聞見，實未嘗有知也」，〔註6〕因為此輩以徇外誇多為務，而根本之是非真妄無法分辨。但吳澄也不贊成「外聞見之知於德性之知」，〔註7〕因為這將流於異端，空談心性。可見吳澄所主張的內外合一之學，「固非如記誦之徒，博覽於外，而無得於內；亦非如釋氏之徒，專求於內而無事於外也」，〔註8〕乃是一方面主內求以救務外，一方面重讀書以濟虛空。分述如下。

　　（一）在本文第三章第三節曾提到，朱門後學流於訓詁、支離、務外，

〔註3〕　《張載集》（台北，里人書局，民國70年）〈正蒙・大心篇〉，頁24。

〔註4〕　《二程集》（四部刊要本，台北，漢京文化事業公司，民國72年）〈遺書〉卷25，伊川先生語十一，頁317。

〔註5〕　要注意吳澄所說的是「所聞見之理具於心」，而非「聞見之知具於心」，因為心所具有的是萬物之「理」，而非有關萬物之詳細知識。吳澄認為：「聖人生而知也，然其所知者，降衷秉彝之善而已，若夫山川、風土、民情、世故、名物、度數，前言往行，非博其聞見於外，雖上智亦何能悉知也？」（《吳文正公集》卷19〈送何太虛北游序〉，頁346上。），上智之聖，亦無法詳知外在萬物萬事於胸。

〔註6〕　同註2。

〔註7〕　同上。

〔註8〕　《宋元學案》卷92〈草廬學案〉，頁3040。

此風到元初仍未減。有鑑於此，吳澄在任職國子學時，對國子生說：

> 朱子道問學工夫多，陸子靜卻以尊德性爲主。問學不本於德性，則
> 其弊偏於言語訓釋之末，……今學者當以尊德性爲本。〔註9〕

將朱陸二人之學以尊德性與道問學爲之分別，朱子早有此說。〔註10〕吳澄此
處的本意在指出當時朱門後學偏於一旁之弊，〔註11〕並思以陸子之說矯正之，
而非完全偏向陸子之學，但卻引來國子學中朱門後學的爭議，吳澄也因而離
職，但其離職之舉，卻更被用來誣說其爲陸學之證明！〔註12〕

事實上，朱子本身也反對爲學而偏於一旁，他在答項平父另一書中云：

> 近世學者務反求者，便以博觀爲外馳；務博觀者又以內省爲狹隘。
> 左右配劍，各主一偏，而道術分裂，不可復合。此學者之大病也。
>
> 〔註13〕

從朱子之說來看，吳澄主內求以救務外之用心，應可得到諒解，何況吳澄曾說：

> 蓋德性之內無所不備，而理之固然不可不知也……欲知所固然……
> 捨問學奚可。〔註14〕

又說：

> 書之所言，我之所固有。實用其力，明之於心，誠之於身，非但讀誦
> 講說其文辭義理而已。此朱子之所以教，亦陸子之所以教也。〔註15〕

〔註9〕　《道園學古錄》卷44〈行狀〉，頁627上～下。

〔註10〕　《朱子大全》（四部備要本，台灣中華書局）〈文集〉卷54〈答項平父〉，葉五
　　　　b：「大抵子思以來，教人之法，惟以尊德性、道問學兩事爲用力之要。今子
　　　　靜所說專是尊德性之事，而熹平日所論卻是問學上多了」。

〔註11〕　《吳文正公集》卷22〈尊德性道問學齋記〉，頁393上載吳澄語曰：「（朱子）
　　　　文義之精密，句談而字議，孟氏以來所未有者。而其學徒往往滯於此而溺其
　　　　心……其爲學亦未離乎言語文字之末，甚至專守一藝而不復旁通它書……此
　　　　則嘉定以後朱門末學之弊，而未有能救之者也」。指出自嘉定之後，朱門後學
　　　　偏於言語文字之弊，而此風到元代似乎仍未能矯正。

〔註12〕　David Gedalecia ' Wu Ch'eng's Approach to Internal Self-cultivation and External
　　　　Knowledge-seeking'（in "Yüan Thought—Chinese Thought and Religion Under
　　　　the Mongols" ed. by Hok-lam Chan and Wm. Theodore de Bary，Columbia
　　　　University Press, 1982, New York）P.282。但孫克寬先生從另一角度來看待此
　　　　事，以爲此乃南北儒士之爭，而非純然爲朱陸異同之爭。見氏著《元代漢文
　　　　化之活動》（台北，台灣中華書局，民國57年）頁194。

〔註13〕　《朱子大全・文集》卷54〈答項平父書〉，葉六a～b。

〔註14〕　《吳文正公集》卷23〈凝道山房記〉，頁420下。

〔註15〕　《吳文正公集》卷15〈送陳洪範序〉，頁293下。

明白主張讀書問學的重要性，更足以證明吳澄要人先尊德性，是為了糾正朱門後學務外的偏向，且顯示其調和朱陸兩家之說的傾向。

（二）陸門後學為人所詬病者，即在空談心性，猶如狂禪。吳澄雖主內求而反之於身，但也並非主張束書不觀，雖認為「徒求之五經而不反之吾心，是買櫝而棄珠」，故若有「學者來此講問，每先令其主一持敬以尊德性」，但接下來的工夫則是「令其讀書窮理以道問學」。〔註16〕可見吳澄對讀書仍非常重視。吳澄說：

> 人之異於物者，以其心能全天所與我之理也；所貴乎讀書者，欲其
> 因古聖賢之言以明此理、存此心也。〔註17〕

在吳澄的思想中，聖賢之書「皆所以傳其心者」，〔註18〕故讀書有其必要性，只有透過讀書，才能認知到吾心所具之理。而讀書有法，必要能真知實踐，「若夫日講聖賢之書，而不真知不實踐……則亦剽竊訓詁、涉獵文義而已」！〔註19〕所謂的真知實踐，吳澄解釋道：「（讀書）必究竟其理而有實悟，非徒誦習文句而已；必敦謹其行而有實踐，非徒出入口耳而已」。〔註20〕由此可知吳澄的主張，正可濟陸門後學之空談蹈虛，使其避免流於狂禪。

吳澄主張內外合一之學，明顯為一調和朱陸之說，而吳澄自己也明白表示：

> 夫朱子之教人也，必先之讀書講學；陸子之教人也，必使之真知實
> 踐。讀書講學者，固以為真知實踐之地，真知實踐者，亦必自讀書
> 講學而入。二師之為教一也，而二家庸劣之門人，各立標榜，互相
> 詆訾至於今，學者猶惑。〔註21〕

從此文可知吳澄和會兩家學說的用心，也更清楚吳澄所謂「內外合一」之學，乃是將陸子的「尊德性」與朱子的「道問學」一爐而治，主張讀書講學以防陸學陷入空疏之弊；而持德性本具於心之說，以為讀書的目的是為了知理存心，以救朱學外馳之病。

〔註16〕《吳文正公集》卷 3〈答田副使第三書〉，頁 108 下～109 上。
〔註17〕《吳文正公集》卷 29〈題讀書說後〉，頁 496 下。
〔註18〕《吳文正公集》卷 6〈楊忞楊德字說〉，頁 152 上。
〔註19〕《吳文正公集》卷 31〈滁州重修孔子廟記〉，頁 390 下。
〔註20〕《吳文正公集》卷 14〈贈學錄陳華瑞序〉，頁 275 下。
〔註21〕《吳文正公集》卷 15〈送陳洪範序〉，頁 293 下。

二、知行兼該

　　吳澄認爲讀書講學，要眞知實踐，即讀書必須眞知，眞知則必能實踐而行。因此吳澄主張知行兼該，他說：

　　　　周官三德之教，一至德、二敏德、三孝德。至德者何？能知能行，
　　　　明誠兩盡，德之極至者也。敏德者何？知有未遍，行無不篤，德之
　　　　敦敏者也。孝德者何？百行之中，莫先於孝，庸德之行，專務其本
　　　　者也。蓋知行兼該者，上也。二者不可得兼，則篤於行，而知未逮
　　　　者，亦其似也。夫行之而不知，有矣，知之而不行，未之有也。知
　　　　之而不行者，未嘗眞知也，果知之，豈有不行者哉？……若徒知而
　　　　不行，雖知猶不知也。〔註22〕

知行關係，一般說來，是指人的知識與人把既有知識付諸於行爲行動，這兩者間的關係。但在儒家的知行說中，所要討論的主要是道德知識與道德實踐的關係。吳澄此處所談的，就是專指道德方面而言。

　　吳澄以爲，人的德性可依其知行關係而分爲三個等級：知行兼該的，爲至德；篤行而知未遍的，爲敏德；不知而行孝者，爲孝德。知行兼該，是道德修養的極至，能知能行，又能明善、誠善〔註23〕兩盡。但若知行不能兼該時，應如何取捨？吳澄的答案是「則篤於行」。表面上看來，吳澄似乎較重視「行」，但行重於知的說法，在吳澄的思想中主要是爲了針砭當時「知之不行」的傾向。

　　吳澄指出「知之而不行者，未嘗眞知也，果知之，豈有不行者哉？」此處的「眞知」指的是徹底的道德自覺，而不是一般地瞭解事物當然之則，如知應孝、應敬，卻不孝、不敬之類。眞知者必能循理而行，不會發生知而不行的問題。「眞知」，在吳澄的觀念中，已包含了必能行的意義。反過來說，若僅知理之當然，而未能內化爲道德自覺，只是常知，〔註24〕吳澄認爲這樣

〔註22〕《吳文正公集》卷12〈學則序〉，頁246上～下。
〔註23〕《吳文正公集》卷22〈修齊堂記〉，頁409上云：「修身之本果安在？曰有二，
　　　　明善一也，誠善二也。明善者何？讀書以開其智識而不昧於理也；誠善者何？
　　　　慎獨以正其操履而不愧於天也」。
〔註24〕眞知、常知的用法，並不是出自吳澄，而是筆者借用自《二程集》〈遺書〉卷
　　　　2上頁16所載：「眞知與常知異。常見一田夫，曾被虎傷。有人說虎傷人，衆
　　　　莫不懼，獨田夫色動異於衆。若虎能傷人，雖三歲童子莫不知之，然未嘗眞
　　　　知。眞知須如田夫乃是，故人知不善而猶爲不善，是亦未嘗眞知，若眞知，
　　　　決不爲矣」。

「雖知猶不知」。他舉讀《四書》爲例，認爲「今世之士，知讀其書，乃慕其名以爲高，而不究其實之可用。徒知從事於口耳，而不知反之於身心。終身誦之，而不知一言爲可行，不亦《四書》之罪人也乎？」〔註25〕指出口誦《四書》而不知躬行的士風，是徒知而不行，乃是未嘗眞知，是雖知猶不知也。

吳澄的知行說，主張知行兼該，認爲眞知必能篤行。而爲了針砭時風，又特別強調行的重要性，指出在知行不能兼得的情況下，應篤於行。因爲若要求學者一定要先徹底致知後，才專意踐行，那豈不是一輩子達不到知至，就一輩子不去力行？這將會成爲只知（常知）不行的藉口。何況眞知的養成，也必須在行中不斷加深才能達至。吳澄論知行的關係，正如朱子所說的：

> 知與行工夫須著並到……如人兩足相先後行，便會漸漸行得到，若一邊軟了，便一步也進不得。〔註26〕

> 論先後，當以致知爲先；論輕重，當以力行爲重。〔註27〕

可見吳澄知行兼該、行重於知之說乃承自朱子，並有所發揮，認爲知與行要「一以貫之」，〔註28〕已可見明代王陽明「知行合一」說的端倪。〔註29〕

三、以敬爲本

吳澄既主內外合一之學，故倡知行兼該之說，然在平日的修養工夫上，則守孔門「修己以敬」之說，認爲「學者之爲學……必以敬爲之本」，〔註30〕

〔註25〕《吳文正公外集》卷2〈雜識・題四書後〉，頁136上。

〔註26〕《朱子語類》（傳經堂本，台北，華世出版社，1987）卷14，頁281。

〔註27〕《朱子語類》卷9，頁148。侯外廬等主張吳澄的知行觀與朱子不同，因吳澄並無先知後行的觀念（見《宋明理學史》，北京，人民出版社1984，上卷，頁747），但事實上吳澄也說：「中庸先言戒慎所不睹，恐懼所不聞，而後言慎其獨。此是順體用先後之序而言，學者工夫當先於用處著力……至若平日讀書窮理，其功又在此之先」（《吳文正公集》卷2〈答王參政儀伯問〉，頁91上。）明白表示知行的先後關係。有關朱子的知行觀，可參看牟宗三《心體與性體》第三冊，頁342～348；355～357 和陳來《朱熹哲學研究》，頁282～293。

〔註28〕《吳文正公集》卷6〈曹貫字說〉，頁159下云：「凡學之大端有二，知必至也，行必篤也。子貢之於知，每物而致焉；曾子之於行，每事而篤焉。及其日久而功深也，物物無不致，事事無不篤，乃舉一以貫之之語以告，俾其所知所行……渾然而通於一，故曰貫」。知行貫通於一，而非只是兼該，近乎陽明知行合一之說。

〔註29〕關於此論點，可參見侯外廬等編《宋明理學史》上卷，頁747～748。

〔註30〕《吳文正公集》卷7〈余浚字說〉，頁162下。

以為「敬者，人心之宰，聖學之基」，〔註31〕又說：「修己治人之道，一言而撮其要，曰敬而已」。〔註32〕吳澄又認為朱子註論語首章，引程頤之言解「學而時習之」，又繼之以謝良佐「坐如尸，立如齊」之說，於是認為朱子主張「以敬為知行之本」，〔註33〕並以為此與子思「揭尊德性於道問學之先」的用意相同。〔註34〕在吳澄思想中，「敬」成為求學最基本的修養工夫，不論是內在的精神狀態，或外在的言行舉動，都必須以「敬」為指導原則。

　　如何才能算是「敬」？吳澄以為黃榦「近於畏」的說法最為切近易學，他說：

> 唯朱門黃直卿先生謂：「敬字之義，近於畏者，最切於己。凡一念之發、一事之動，必思之曰：此天理與？抑人欲也？苟人欲而非天理，則不敢為。揣揣儆慎，無或有慢忽之心，其為敬之也已。」〔註35〕

心念之發，應一一檢視，凡不合乎天理者，當懷畏懼之心並驅除之，不容乎慢，這便是敬。學者應念念若是，並養之久，行之習，因為所謂聖學之基，亦由是而積，不待他求。〔註36〕

　　但吳澄又說：

> 敬之法，主一無適也。學者遽聞主一無適之說，儻未之能，且當由謹畏入。事事知所謹，而於所不當為者有不肯為；念念知所畏，而於所不當為者有不敢為。充不肯為、不敢為之心而進進焉，凡事主於一而不二乎。〔註37〕

可見「近於畏」只是初學入手處，「主一無適」才是最佳的持敬方法。關於「主

〔註31〕《吳文正公集》卷4〈敬堂說〉，頁124上。
〔註32〕《吳文正公集》卷32〈儼齋記〉，頁394上。又卷7〈陳幼德思敬字說〉，頁164下載：「德具於心者也，欲不失其心豈有他術？敬以持之而已矣」。
〔註33〕事實上，黃榦在〈朱熹行狀〉中稱朱子是「窮理以致其知，反躬以踐其實；居敬者所以成始成終也。謂致知不以敬，則昏惑紛擾，無以察義理之歸；躬行不以敬，則怠惰放肆，無以致義理之實」（《勉齋集》，四庫全書本，卷36，頁423下）已說明朱子之敬乃是貫徹於知行、內外的共同精神狀態，。
〔註34〕《吳文正公集》卷7〈余浚字說〉，頁162下。吳澄於此又再一次強調「尊德性」在「道問學」之先，且認定朱子亦如此主張。吳澄似乎認為敬對知行的功用，和尊德性對道問學的功用相同，皆是最基本的為學態度。
〔註35〕《吳文正公集》卷6〈朱肅字說〉，頁150上。
〔註36〕《吳文正公集》卷7〈丁儼字說〉，頁168下～169上。
〔註37〕《吳文正公集》卷7〈陳幼德思敬字說〉，頁164下云：「敬之法，主一無適也。學者遽聞主一無適之說，儻未之能，且當由謹畏入」。

一無適」，吳澄自己的解釋爲：

> 凡所接應，皆當主於一，心主於一，則此心有主，而暗室屋漏之處
> 自無非僻，使所行皆由乎天理。如是積久，無一事而不主一，則應
> 接之處，心專無二。能如此，則事物未接之時把捉得住，心能無適
> 矣。〔註38〕

主一者，從心的把捉上言，無適爲一，主一即心專無二；但從心所守之則言，
一者，天理也，心有主乃主於理，故才能所行皆由乎天理。〔註39〕

關於持敬的方法，可有內外之分，「近於畏」和「主一無適」皆是指內在
的持敬，而吳澄所說之敬，同時也包括外在行爲的莊整嚴肅。吳澄說：

> 敬之道……形於外者，儼是也。外肅則內安，貌莊則心一，儼所以
> 爲敬之第一義也。〔註40〕

內在修養與在外言行是具聯結關係的，外貌莊則內自然敬（主一），外貌不莊
則內怠。程頤曾言：「言不莊不敬，則鄙詐之心生矣；貌不莊不敬，則怠慢之
心生矣」，〔註41〕又說：「無他，只是整齊嚴肅，則心便一，一則自是無非僻
之奸，此意且涵養久之，則天理自然明」，〔註42〕認爲經由外在行爲舉止的長
期修養，就可取得時時刻刻「天理自然明」的內在效果，亦即認爲從外在行
爲的規範，可以深化內在的道德修養。吳澄儼敬之說乃承其言而發，故吳澄
以儼爲持敬的第一義，是有其學理根據的。

吳澄認爲，儒者之學應內外合一，尊德性與道問學並重，不可偏於一旁；
〔註43〕並力求眞知道德之理，以便能篤行於言行中。而「敬」則是貫徹於知

〔註38〕 《吳文正公集》卷2〈答王參政儀伯問〉，頁91上。

〔註39〕 《二程集》〈遺書〉卷15，頁149載程頤論「主一無適」曰：「主一，則既不
之東，又不之西，如是則只是中；既不之此，又不之彼，如是則只是內。存
此，則自然天理明」。頁169又說：「所謂一者，無適之謂一」。程頤的主一，
要人意念集中在自己內心，而不四處走作，這樣存久自明天理。而所謂意念
集中在內心，並不是要強制心去寄寓在某一特定形象上，而應是集中注意力
在養善之上，對其他事物無所用心。

〔註40〕 《吳文正公集》卷32〈儼齋記〉，頁394上。

〔註41〕 《二程集》〈遺書〉卷1，頁7。

〔註42〕 《二程集》〈遺書〉卷15，頁150。

〔註43〕 《吳文正公集》卷22〈尊德性道問學齋記〉，頁393上云：「夫所貴乎聖人之
學，以能全天之所以與我者爾。天之與我，德性是也……捨此而他求，所學
果何學哉？」強調學以尊德性爲本；但在卷23〈凝道山房記〉，頁420下，吳
澄又說：「德性之內無所不備，而理之固然不可不知也，事之當然不可不行也。

識學習和道德實踐中的共同精神狀態，是一個人精神的凝斂與集中。〔註44〕
吳澄說：

> 書之所言，我之所固有，實用其力，明之於心，誠之於身，非但讀
> 誦講說其文辭義理而已。此朱子之所以教，亦陸子之所以教也。然
> 則其要安在？外貌必莊，中心必一。不如是，不可以讀書講學，又
> 豈能眞知實踐也哉！〔註45〕

又一次強調德性本具，但須求之於書；然知其理後，必付諸實踐，非徒知誦
其文義。此爲朱陸兩家共同之旨，學者應遵循之，而遵循之方則爲「外貌必
莊，中心必一」，正是前文所談的「外儀」和「主一無適」，乃分爲「敬」之
外在與內心的修養之方。於是可知，吳澄主張在內外持敬的情況下，對來學
者進行知識與道德的教育，以達外在熏習和內在化育並進之功。

第二節　循序漸積　博學反約

一、爲學之次

　　吳澄主張在持敬的前提下對學者進行教育，而其教育兼重內外，因論述
之便，本節將先談其關於外在知識學習的看法。

　　吳澄說：

> 九仞之山，基於一簣之覆，九層之臺，基於尺土之累，爲學亦然，
> 有其漸而不可驟也，有其序而不可紊也。若躐等、若陵節，驟而不
> 漸，紊而失序，學之雖勞，而無所成矣。〔註46〕

指出讀書求學必須循序而積，不可躐等、陵節，否則將一無所成。因爲教育、
學習不能急於求成，必須「已能一事然後再學一事，若無節次，雜然施之，
而不順序，則所學多端，必皆隳毀棼亂，而不修治也」。〔註47〕既然求學之序

　　欲知所固然，欲行所當然，捨問學奚可！」指出德性之內雖然無所不備，然
　　用力之方卻是捨道問學無他，故吳澄又說：「問學之力到功深，則德之體全用
　　博」（頁420下）。由此可知，吳澄乃是合尊德性與道問學於一而不偏。
〔註44〕徐復觀先生主此說，見其《中國思想史論集》（台北，台灣學生書局，民國77
　　　　年）頁5、頁6。筆者以爲很能說明吳澄的思想，故用之。
〔註45〕《吳文正公集》卷15〈送陳洪範序〉，頁293下。
〔註46〕《吳文正公集》卷6〈徐基士崇字說〉，頁154上。
〔註47〕《禮記纂言》卷35，頁644下，吳澄案語。

如此重要，那求學之序爲何？吳澄說：

> 先之以小學之明倫敬身，繼之以大學之窮理愼獨。〔註48〕

以爲必須先依小學書習敬身明倫之事，目的在封培大人之學的根基；〔註49〕而大人之學中，又以〈大學〉之讀書窮理爲優先，而繼之以愼獨的修身功夫。

孔子曾教人「下學而上達」，〔註50〕朱子《四書集注》引程子注云：「學者須守下學上達之語，乃學之要。蓋凡下學人事，便是上達天理」，程子注似乎隱含重視下學之意，但朱子本身則頗致力於兩者之均衡兼顧，故朱子於修身與明倫關係外，另於微奧之問題如理、氣、心、理一分殊等之闡發，用力甚多。逮至元朝，許衡則專以下達之教懸爲教育鵠的。

所謂下達之學，指初學者修己之方，而以朱子所輯《小學》一書最爲完備。〔註51〕許衡曾撰《小學大義》以說明此書之旨與結構，而其教人，必先之以小學，虞集在〈送李擴序〉中說：「文正（許衡）表彰朱子小學一書以先之」，〔註52〕而許衡在其致兒家書中說：「小學四書，吾敬信如神明」，又說：「自汝孩提，便令講習，望於此有得，他書雖不治，無憾也」，〔註53〕由此可見許衡確信小學對於修德日用之重要。而許衡於元初，實爲儒學界之首腦，故其說或對吳澄有所影響。

而另一更值得注意者，是朱子將教育過程劃分爲兩個階段：十五歲以前的小學階段，和十五歲以後的大學階段。朱子解釋小學和大學的關係說：「學之大小，固有不同，然其爲道，則一而已。是以方其幼也，不習之於小學，則無以收其放心，養其德性，而爲大學之基本。及其長也，不進之於大學，則無以察乎義理，措諸事業，而收小學之成功。」〔註54〕在朱子看來，小學是大學的根基，大學則是小學的深化，他說：「蓋古人由小學而進於大學，期於灑掃應對進退之間，持守堅定，涵養純熟固已久矣。是以大學之序特因小

〔註48〕《吳文正公集》卷17〈贈成用大序〉，頁319上。
〔註49〕《吳文正公集》卷2〈答王參政儀伯問〉，頁91上。
〔註50〕《論語》憲問第十四，第37章。
〔註51〕《小學》書分六篇，內篇有立教、明倫、敬身、及稽古四卷，外篇有嘉言、善行二卷。參見陳榮捷《朱學論集》，頁310。
〔註52〕《道園學古錄》卷5，頁80上。
〔註53〕《魯齋遺書》卷9〈與子師可〉，頁411下。
〔註54〕《小學輯說》，轉引自黃書光《理學教育思想與中國文化》（上海教育出版社，1993），頁108。

學已成之功，而以格物致知爲始」﹝註55﹞也就是說，大學、小學兩者是一連貫的教育過程，而小學則爲根基者，不經由小學階段，則無以成就大學之功。職是之故，吳澄才會說：「依小學書，習敬身明倫之事以封培大學根基，此又在讀書窮理之先者」。﹝註56﹞

二、四書爲要 大學爲首

吳澄主張爲學必先要有小學明倫敬身之功，而後才能繼之以讀書窮理。然先聖先賢所留經典卷帙浩瀚如海，應以何者爲先？吳澄認爲：

> 讀聖經者，先四書，讀四書者，先大學。﹝註57﹞

因爲在吳澄看來「於四書用功，字通而句悟，心體而身驗之。於此洞然無疑，則他書有如破竹之勢」。﹝註58﹞

自朱子盡一生之力爲論孟學庸作集注，並將之合輯成《四書》後，迨至晚宋，《四書》和朱子的集注已成爲治儒學最基本的資料。如何基，視《四書》最爲重要，認爲讀「《四書》當以（朱子）集注爲主，而以《語錄》輔翼之」，﹝註59﹞而黃宗羲以其重視《四書》，故謂：「北山之宗旨，熟讀《四書》而已」。﹝註60﹞。又如王柏與其友汪開之同讀《四書》，「取論、孟集義，別以鉛黃朱墨，求朱子去取之意」。﹝註61﹞至元代，更因許衡的關係，《四書》乃盛行於世，﹝註62﹞且自仁宗皇慶二年（1313）後，更成爲國家取士的基本書籍。由此，我們約略可知吳澄主張讀聖賢書先之《四書》的內在原因了。

而讀《四書》，吳澄主先讀〈大學〉，此觀念亦從朱子而來。朱子言讀《四書》之次序曰：「先讀大學以定其規模，次讀論語以言其根本，次讀孟子以觀其發越，次讀中庸以求古人之微妙」，﹝註63﹞而朱子高足黃榦闡其意曰：「先師文公之學，見之《四書》，而其要則尤以〈大學〉爲入道之序」，﹝註64﹞可

﹝註55﹞《朱子大全》〈文集〉卷42〈答胡廣仲〉，葉一b。
﹝註56﹞《吳文正公集》卷2〈答王參政儀伯問〉，頁91上。
﹝註57﹞《吳文正公集》卷6〈何自明仲德字說〉，頁159下。
﹝註58﹞《吳文正公集》卷7〈答鄧以脩書〉，頁172上。
﹝註59﹞《宋元學案》卷82〈北山四先生學案〉，頁2727。
﹝註60﹞同上。
﹝註61﹞《宋元學案》卷82〈北山四先生學案〉，頁2730。
﹝註62﹞見陳榮捷先生《朱學論集》，頁312。
﹝註63﹞《朱子語類》卷14，頁249。
﹝註64﹞《宋元學案》卷63〈勉齋學案〉，頁2023。

知吳澄在讀書先讀《四書》方面的見解，乃依從朱子之說。〔註65〕

三、博學反約　勤勉實踐

　　除《四書》之外，吳澄更重視經學之教，並主張要旁及史子文集，他說：

　　通天地人曰儒，一物不知，一事不能，恥也。洞觀時變，不可無諸

　　史；廣求名理，不可無諸子；遊戲詞林，不可無諸集；旁通多知，

　　亦不可無諸雜記錄也；而其要唯在聖人之經。〔註66〕

儒者爲學，當以聖人之經爲重，但史子集也須涉獵，否則無以成其博。吳澄
本身非常重視《五經》，一生從事於經學研究，《元史・吳澄傳》說他：「於《易》、
《春秋》、《禮記》各有纂言，盡破傳注穿鑿，以發其蘊，條歸記敘，精明簡
潔，卓然成一家之言」，〔註67〕而其弟子虞集，記載吳澄平日教學：「辯傳注
之得失，而達群經之會同」，〔註68〕可知吳澄平日教學，以經學爲重。但學者
求學，必有其序，如前文所言，先習小學明倫修身之教，再修《四書》大學
之教，而經學和子史文集繼之。

　　據危素所撰吳澄〈年譜〉，吳澄在 63 歲任國子司業時，曾提出四條教法，
一爲經學（《易》、《詩》、三禮、《春秋》、二傳），二爲行實（孝、悌、睦、姻、
任、恤），三爲文藝（古文、詩），四爲治事（選舉、食貨、水利、數、儀禮、
樂律、通典、刑統）。其中吳澄強調「凡治經學者，皆要兼通小學書及《四書》」，
〔註69〕可見在吳澄的規畫中，小學書和《四書》乃是爲學之基礎，而非終點，
必須更進一步廣泛學習，包括經史子集等書，即上述經學、文藝、治事三類。

　　孔子有「多聞闕疑」、「多見闕殆」之說，〔註70〕子夏也說「博學而篤志」，
〔註71〕而孟子也有「博學而詳說之」之言，〔註72〕可知「博學」是儒學傳統，

〔註65〕陳榮捷先生認爲，朱子學中的「道統」、《四書》、〈大學〉三者，實給予元代
　　　　學者極大的衝擊（《朱學論集》，〈元代之朱子學〉，頁 303）從吳澄之例來說，
　　　　此論確然可成立。

〔註66〕《吳文正公集》卷29〈題楊氏志雅堂記後〉，頁 499 上。

〔註67〕《元史》（鼎文版）卷 171〈吳澄傳〉，頁 4014。

〔註68〕《道園學古錄》卷 5〈送李括序〉，頁 80 下。

〔註69〕《吳文正公集》附錄〈年譜〉，頁 23 上，又見《吳文正公外集》卷 1〈教法〉，
　　　　頁 116 上。

〔註70〕《論語・爲政》。朱子注曰：「多聞見者，學之博」。

〔註71〕《論語・子張》。

〔註72〕《孟子・離婁下》。

吳澄也十分重視博學，他認爲：

> 博學者，讀書、論人、處事、觀物、無事不學。有一理不通，一事
> 不能，非博也。〔註 73〕

博學第一事便是讀書，此外，論人、處事、觀物，皆應學習。因爲吳澄認爲「士
貴通古而通今」，〔註 74〕而「經史傳記諸書，靡所不讀，所以通古也；居則有過
從，出則有交游，於郡縣山川無不遍覽，於政教風俗靡不周知，所以通今也」。
〔註 75〕博學不能只滿足於書本知識，更要走出書齋，四處遊歷，觀察社會之人
事物。吳澄早年拒絕程鉅夫出仕元朝之邀，但卻願隨程鉅夫北遊中原（詳見第
二章第一節），可知他對遊歷的重視。他曾針對遊歷一事，提出自己的看法：

> 男子生而射六矢，有志乎上下四方也，而何可以不游也？夫子上智
> 也，適周而問禮，在齊而聞韶，自衛而復歸於魯，而後雅頌各得其
> 所也。夫子而不周不齊不衛也，則猶有未問之理、未聞之韶、未得
> 所之雅頌也。上智且然，而況下者乎？士何可以不游也？〔註 76〕

吳澄在此指出即便是上智之聖人，也要靠遊歷才能成其外在功業，因爲：

> 聖人生而知也，然其所知者，降衷秉彝之善而已，若夫山川、風土、
> 民情、世故、名物、度數，前言往行，非博其聞見於外，雖上智亦
> 何能悉知也？〔註 77〕

聖人生而知之者，所知爲上天所賦予吾人的道德良知，也就是所謂的德性之
知，是不待聞見而有；但聖人者，除內聖之德外，更有其外王之功，非如老
氏「治身心而外天下國家」，〔註 78〕因此必有待遊歷以增聞見，以成外王事業。
聖人尚且重遊歷如此，何況吾輩非上智者乎！

　　先秦儒家主張在博學之後應反之約，如孔子言：「博學於文，約之以禮」，
〔註 79〕又如孟子言：「博學而詳說之，將以反說約」。〔註 80〕南宋朱陸之爭，
在某一方面言，即是博與約先後之爭，〔註 81〕吳澄在這點上，其主張較接

〔註 73〕 《吳文正公外集》卷 2〈雜識・四〉，頁 127 下。
〔註 74〕 《吳文正公集》卷 15〈送陳中吉序〉，頁 294 下。
〔註 75〕 《吳文正公集》卷 16〈送曾淑誠序〉頁 303 下。
〔註 76〕 《吳文正公集》卷 19〈送何太虛北游序〉，頁 346 上。
〔註 77〕 同上。
〔註 78〕 《吳文正公集》卷 19〈送何太虛北游序〉，頁 346 上。
〔註 79〕 《論語・雍也》。
〔註 80〕 《孟子・離婁下》。
〔註 81〕 朱子重道問學，故教人先讀書窮理；陸子重尊德性，故教人先立其大。〈陸象山

近朱子，認為：「不廣不博不多，則不無孤陋之譏……雖然，既廣矣，既博矣，既多矣，有及諸約之道焉？未廣未博未多而徑約，則不可也」，〔註82〕也是主張先廣博多學，而不主張徑約，〔註83〕因為「徑約則其流或入於異端」，〔註84〕但吳澄也反對流於記誦誇多，他說：

> 記誦之徒雖有聞見，而實未嘗有知矣……彼以徇外誇多為務，而不覈其表裏真妄之實然，是以識愈多而心欲窒。〔註85〕

又說：

> 世之為學者比比，知務約者幾何人哉？工詞章、衒記覽、書五車、牘三千，……靡而誇多，此俗儒之俗學，固無足道，幸窺聖人門牆矣，格物窮理以致知，識前言往行以蓄德，而終身汗漫如游騎之無所歸，亦豈善學者哉？〔註86〕

明白指出博學不可漫無目的，徒誇多為務，而必如孟子之言，詳說將以反約，而以孔子「一以貫之」為約之極致。〔註87〕

怎樣才叫反之約呢？吳澄認為讀書博學有其目的，乃在求吾心所固有之仁義禮智，並實踐之於日常生活中，反之約者，就是要能把捉住此根本，加以踐行。吳澄說：

> 書不可不熟讀也，讀之將何求？必有以也。……書之所載，果何言與？理也，義也。理義也者，吾心所固有，聖賢先得之寓之於書者也。善讀而有得，則書之所言皆吾之所有，不待外求也。不然，買其櫝而還其珠，雖手不停披，口不絕吟，一日百千卷，書自書，我自我，讀之終身，猶夫人也。〔註88〕

年譜〉（見台北，世界書局民國79年出版之《陸象山全集・陽明傳習錄》合輯）載：「鵝湖之會，論及教人，元晦之意欲令人泛觀博覽而後歸之約，二陸之意欲先發明人之本心，而後使之博覽。朱以陸之教人為太簡，陸以朱之教人為支離，此頗不合」（見上揭書頁323）。朱陸鵝湖之會所爭可說即是博約先後之爭。

〔註82〕《吳文正公集》卷15〈送陳中吉序〉，頁295上。
〔註83〕《朱子語類》卷33，論語十五，雍也篇四，載朱子言：「聖人教人有序，未有不先於博者」（頁834）而朱子注孟子「博學而詳說之，將以反之約也」章曰：「學非欲其徒博，而亦不可以徑約」，吳澄之說，顯然是從朱子而來。
〔註84〕《吳文正公集》卷22〈約齋記〉，頁399上。
〔註85〕《吳文正公集》卷2〈評鄭夾漈通志答劉教諭〉，頁88下。
〔註86〕《吳文正公集》卷22〈約齋記〉，頁399上。
〔註87〕同上。
〔註88〕《吳文正公集》卷23〈卷舒堂記〉，頁412下。

讀書必須知有一目的，知求吾所固有者，明白「五常萬善之理，皆吾之得於心者，苟能精思力踐而妙契焉，則心之得其得不失矣」。〔註89〕也就是說，讀書博學所獲得的是外在的知識和道德的原則，但求取這些知識、道德原則的目的在圓滿吾人之道德人格，故不能僅滿足於知而不行，不能僅為知而求知，漫無止境，往而不反。吳澄批評當時的學者說：「窮物理者，多不切於人倫日用；析精義者，亦無關於身心性情。如此而博文，非復如夫子之所以教，顏子之所以學者矣」，〔註90〕吳澄此說與朱子「博學是致知，約禮則非徒知而已，乃是踐履之實」〔註91〕之言相同，明白顯示將「博學」與「反約」分屬「求知」與「力行」兩境的立場，而且，對吳澄來說，「反約」乃是「博學」的最後歸宿。

整體而言，吳澄關於外在知識學習的看法，主張循序漸進，以為「必進之以漸而待之以久」，因為「天下之理非可以急迫而求也，天下之事非可以苟且而趨也。用功用力之久，待其自然有得而後可」，〔註92〕而教者也必須注意學者的學習能力，若教育者「不觀其（學者）已知已能，而進之以未知未能，是其施教於人者，先後失宜，故曰悖；不俟其自知自能，而強之以必知必能，是其求責於人者淺深莫辨，故曰佛（拂）。如是，則莫能明其所受於師之學」，〔註93〕不但受學者沒能明白所學，甚而「不願親其師而反疾其師矣」，〔註94〕如此一來，師生關係將破裂，也就談不上什麼教育了。

在裁量學生能力的情況下，施以適當的教育，鼓勵其博學多識，通古通今，而且在學習的過程中必須保持勤勉的態度。吳澄認為勤奮是學習的根本態度，他說：「敏不敏天也，學不學人也，天者不可恃，而人者可勉也。蟹不如蟓，駑可以及驥，何也？敏而不學，猶不敏；不敏而學，猶敏也」，〔註95〕引《荀子‧勸學》之言，指出聰敏與否在天，但勤不勤勉在人，天賜之聰敏並不足恃，唯有努力學習才是正道。吳澄本身就是一勤學的明證，據危素〈年譜〉載：「（公）十五歲知厭科舉之業，而用力聖賢之學，作勤謹二箴」，〔註96〕其〈勤箴〉有言

〔註89〕《吳文正公集》卷6〈楊忑楊德字說〉，頁152上。
〔註90〕《吳文正公集》卷7〈答孫教諭說書〉，頁169下。
〔註91〕《朱子語類》卷33，頁836。
〔註92〕《吳文正公集》卷24〈自得齋記〉，頁425（原書有篇目，而無文字，此處引文出自四庫全書本，第1197冊，卷44，頁464下。）
〔註93〕《禮記纂言》卷35，頁644上。
〔註94〕同上。
〔註95〕《吳文正公集》卷5〈饒文饒字說〉，頁137上。
〔註96〕《吳文正公集》，附錄，頁19上。

曰：「我思古人，關洛之儒，勤哉勤哉，毋替厥初」，〔註97〕可知其對勤勉之重視。後來吳澄更寫了四首〈勉學吟〉，茲錄一首，以明其意：

> 三十年前好用工，爲師不過發其蒙，
>
> 十分底蘊從人說，百倍工夫自己充。
>
> 舊學要加新學養，今朝不與昨朝同，
>
> 拳拳相勉無他意，三十年前好用工。〔註98〕

吳澄在此詩中表現出不斷自我充實的重要性，並以「舊學要加新學養」之語，要人勤勉精進，此即前文所言吳澄「博學」的主張。然如前文所言，「博學」終歸要「反約」，讀書博學的目的不外乎在圓滿道德人格，因此，吳澄說：「得之於心，踐之於身者，上也；索之辭，驗之於事者，次也；聒聒於口耳，而姑以爲名焉者，下而已」，〔註99〕因爲「古人之教，乃躬行之實事，而非只口誦之虛文」。〔註100〕觀此，吳澄博學反約之說，昭昭自明矣。

第三節　反之於心　學貴得中

一、思之功

從上節的論述可知，吳澄所主張的外在的知識學習，最後是以實踐篤行爲依歸。但知識的學習如何能轉化爲道德的行爲呢？有關道德和知識的關係，孔子教人「博我以文，約我以禮」，似乎兩方面都要管照，但孔子更重視一貫的忠恕之道，強調道德的優先性，而知識則是爲了建立人文秩序而有其需要，原則上可與道德的建立劃分爲不同的領域，但孔子並沒有清楚的表示兩者的關係。

〔註97〕《吳文正公外集》卷1〈箴銘·勤箴〉，頁118上。

〔註98〕《吳文正公集》卷46〈勉學首尾吟〉之三，（元人文集珍本叢刊，第四冊），頁72下。

〔註99〕《吳文正公集》卷17〈贈成大用序〉，頁319上。吳澄此處所說，雖然是專指讀《易》，但筆者以爲，正可用以說明吳澄對讀書博學和反約實踐兩者關係的看法。在吳澄的看法中，「行」重於「知」，故「博學」工夫的高低上下，就取決於「反約」的實踐篤行是否眞切了。

〔註100〕《吳文正公集》卷5〈高諒字說〉，頁144上。另在卷6〈黃珏玉成字說〉中，吳澄說：「予所謂學，非欲其學記誦以誇博，非欲其學辭章以衒文也。其學在處善循禮，在信言謹行，在孝弟忠順，在睦姻任恤，於家而一家和，於族而一族和，於鄉而一鄉和，於官而一府和。推而廣之，無施不宜」（頁150下），指出學的最終目的在修己接人之道，在行爲的踐履。

孟子強調道德本心，仁義內在，對於道德與知識的區分有較爲確定的表示，而荀子則肯定化性起僞有賴於知識的功能，知識是通向成善的途徑。〈中庸〉似乎尊德性與道問學並舉，而〈大學〉在荀學的影響下，〔註101〕以格物致知與誠意正心間有聯屬關係，似乎指出在知識與道德之間，有一定的關連。朱子一生致力於〈大學〉的探究，〔註102〕尤其重視格物致知的工夫，和何以格物致知就能誠意正心？〔註103〕然對於知識和道德的關係，吳澄並非從〈大學〉格物論著手，卻從〈中庸〉所說：博學、審問、愼思、明辨、篤行的過程來解說，並特別點出愼思的重要性。他說：

> 博學者，讀書、論人、處事、觀物，無所不學，有一理不通，一事不能，非博也，……審問者，難疑答問……反覆詳於問者，……學於己，問於人，此二者皆得於外者也。苟徒從事於記誦、口耳，而不能反之於心以驗其實，則是徒徇外誇多以爲人，而非反身窮理以爲己，亦將察之不精、信之不篤、而其所通之理、所能之事、所質之疑、所聞之訓，亦皆在外之物，而非自得於心者。故又必思索以精之，然後心與理一，融會貫通。而凡所學之所得，問之所聞，皆我之所自得。……辨者無他，即其所思，而省察於念慮之微，擇於事爲之著，剖判分別其孰爲天理，孰爲人欲而已，……辨之明矣，則知得某爲天理當行，某爲人欲不當行……行之又不可以不篤。學問得之於外者也，思辨反之於心者也，所謂知至、至之可與幾也。

〔註104〕

〔註101〕馮友蘭在所著《中國哲學史》（台北，台灣商務印書館，1996）第十四章中指出：「〈大學〉中所說「大學之道」，當亦用荀學之觀點以解釋之」（頁 439）蓋馮氏以爲秦漢之際，荀學勢力甚大，〈大學〉成書必受有荀學之影響。徐復觀則雖承認〈大學〉受荀學影響，但認爲〈大學〉在其主要內容上，則是孟子思想系統之影響大於荀子。見氏著《中國人性論史》（台北，台灣商務印書館，1994），頁 273。

〔註102〕朱子自言：「某於〈大學〉用工甚多。溫公作《通鑑》，言：『臣平生精力，盡在此書』，某於〈大學〉亦然」（《朱子語類》卷14，頁 258）可知朱子於〈大學〉所下的心力甚多，而且對朱子而言，〈大學〉並非出自荀學，而是曾子所傳（見其〈大學章句序〉）。

〔註103〕有關朱子學中道德與知識關係，可參考胡森永〈朱子思想中道德與知識的關係〉（台灣大學中文研究所碩士論文，民國 72 年 5 月），第四章，特別是頁 80、81、88。

〔註104〕《吳文正公外集》卷 2〈雜識·四〉，頁 127 下～128 下。

在這一段文字中，有幾個重點：（1）博學、審問都屬於外在的學習。（2）外在學習的目的在使心與理一，融會貫通，而後加以實踐、篤行。（3）要達到學習的目的，必須先使外在的學習自得於心，而其首要工夫則為「思」。（4）思辨的工夫可等同於〈大學〉的知至，而在〈大學〉中，知至（屬知識學習）即可意誠（屬道德修養）。由此可見，「思」在吳澄的思想中成為由知識到德行的一個關鍵處。〔註105〕

　　吳澄很重視「思」的工夫，以為「思者，作聖之基也」，〔註106〕並因周敦頤「思者，聖功之本」〔註107〕之說，倡言：

> 夫子生知安行之聖，未嘗不思，思而弗得弗措者，子思所以繼聖統也。子思傳之孟子，以心官之能思而先立乎其大，實發前聖不傳之秘。至汝南周氏，直指思為聖功之本，有以上接孟氏之傳，而關西之張、河南之程，其學不約而同，可見其真得孔聖之心印。〔註108〕

在吳澄看來，「思」成為聖門心傳，是聖功之本，而其所持的理由，便是上述外在知識的學習，唯有透過慎思的工夫，才能內化為真知，而才能篤行，「思」是溝通「知」、「行」的環節，是使知、行能連結的重要關鍵。

　　《論語‧季氏篇》有所謂「九思」之說，即：視思明、聽思聰、色思溫、貌思恭、言思忠、事思敬、疑思問、忿思難、見得思義。吳澄認為前六者，存心治身之要；後三者，明理克己之務，而其要在「思」。他說：

> 目之視、耳之聽、見面之色、舉動之貌、出口之言、應接之事，皆屬於身者，……思者，心之官也，身之職統於心之官，內有主而外從其令……此類子之視聽言動悉由乎禮，孟子之先立乎其大者，而小者不能奪也。六者之思，其聖學之根基與！……蓋欲之易誘者利

〔註105〕在吳澄的思想中，「人心之虛靈知覺，其神明無所不通」，「心所以具眾理而應萬事」，心不但具有眾理，且具有知覺作用。上述引文中之「反之於心以驗其實」、「自得於心」者，指將心之知覺作用於所得之外在知識和心所本具之理作一番比照，再加以明辨是非，然後「心（所知覺的外在知識）與理（心本具之理）一」，自可付諸實踐篤行。「思」即指運用心的知覺作用，來作內外比照之功。而依吳澄的看法只要繼之以明辨的工夫，就可知何者當行，何者不當為。故筆者說「思」為由知識到德行的關鍵工夫。

〔註106〕《吳文正公集》卷6〈孔得之字說〉，頁145上。

〔註107〕《周元公集》（四庫全書本）〈通書‧思第九〉：「不思則不能通微，不審則不能無不通。是則無不通生於通微，通微生於思。……故思者，聖功之本而吉凶之幾也」。頁425上～425下。

〔註108〕《吳文正公集》卷6〈孔得之字說〉，頁145上。

爲甚，見得而思，必不捨義而汙己也。情之難制者怒爲甚，當忿而
思，必不趨難而害己也。疑而未通，必問於人，彼不思而恥下問者，
寧終身而不知。疑而思問，則理無不明，思難思義則己無不克。……
思之功大矣。〔註109〕

在此文吳澄指出，「思」乃心之功用，而身體外在的言行，都須依從內在之主，
也就是心之思的掌控，而此種以內制外的工夫，就是「思」的作用，是聖學
的根基。而且「思」的功用不僅於此，更可明理克己，因此我們可確信「思」
並非只有前文所說居化「知」爲「行」的關鍵，更是平日克己存心必具的功
夫，吾人的一言一行，皆須時時以「思」來省察自己，無怪乎吳澄會說：

思於行之先，則能知其所當知；思於行之際，則能不爲其所不當爲。
〔註110〕

也可見「思」在吳澄思想中，何以成爲「作聖之基」、「聖功之本」了。

二、自誠愼獨

在本章第一節曾指出吳澄主張內外合一之學，一方面重讀書以濟虛空，
一方面主內求以救務外。吳澄說：

齊家之本在修身，而修身之本安果在？曰：有二，明善一也，誠善
二也。明善者何？讀書以開其智識而不昧於理也；誠善者何？愼獨
以正其操履而無愧於天也。〔註111〕

對天理的體認，必須藉助於讀書，因爲德性雖是天生俱有，卻有賴於外在的
學習而啓發，只有先博學才能反約（見本章第二節）。而一般人雖「知此爲理
爲善，彼之爲欲爲惡，而志不勝氣，閒居獨處之際，邪思興焉」，〔註112〕於是
需要一克己之功夫，吳澄認爲「愼獨」是最重要的修養工夫。故他說：「中庸

〔註109〕《吳文正公集》卷23〈九思堂記〉，頁411上。
〔註110〕《吳文正公集》卷6〈陳幼實思誠字說〉，頁150上。
〔註111〕《吳文正公集》卷23〈脩齋堂記〉，頁409上，指出個人的修身，不管是外
　　　　在的讀書求知，還是內在的道德涵養，都必須兼備。但吳澄也曾說：「聖之德
　　　　雖如天如海，然亦有從入之門也。子思子於中庸末章……示人以入聖之門……
　　　　俾學者先立志……次……俾學者急修行也。立志在務內，修行在愼獨。務內
　　　　者，篤行不衒，爲所當爲，而其志不求人知也；愼獨者，幽暗不欺，不爲所
　　　　不當爲，而其行可與人知也。」（《吳文正公集》卷6〈柴溥伯淵字說〉，頁156
　　　　下。）表示其讀〈中庸〉而得，以德性爲本的立場。
〔註112〕《吳文正公集》卷4〈思無邪齋說〉，頁128上。

大中之學亦當自日用常行始……若其用功之初，亦惟博於文以明經，慎於獨以克己而已」，〔註113〕再次強調讀書和慎獨對個人修身的重要性。

　　博學多識的重要性在上節已談過，此處要談的是「慎獨」。「慎獨」在〈大學〉和〈中庸〉中皆被提出，可見其在儒學成德之教中的重要性。朱子解「獨」為：「人所不知，而己所獨知之地也」，〔註114〕人前的善言善行，並不能保證一個人的道德涵養如何，唯有在一人獨居之時，還能在意念初動時，省察其是出於理？抑或出於欲望？才能確實證明他是真正遵循天理者，也就是唯有能堅持「慎獨」的功夫者，才算是真正的仁人君子。吳澄說：

> 朱子嘗謂大學有三關：格物者，夢覺之關；誠意者，人獸之關。……
> 物之格在研精，意之誠在慎獨。〔註115〕

吳澄根據朱子的看法，凸顯「誠意」在道德修養過程中的作用，並以「慎獨」為誠意之功夫落實處，我們可說，吳澄將「慎獨」列為道德涵養的第一關。因為一般人只是順著欲望而生活，並不是順著天性而生活，若要使天性不為欲望所壓抑，使潛伏的天性解放出來，引導欲望（而非完全否定欲望），這便須有戒慎恐懼的「慎獨」功夫。能「慎獨」，自然其意必誠，自然能「幽暗不欺，不為所不當為，而其行可與人知也。」，〔註116〕如〈大學〉所言「誠於中，形於外」者。

　　由此可知吳澄在道德修養方面，除了注重以慎思檢視之外，更重視平日的涵養功夫。而為吳澄所著重的涵養功夫是「慎獨」。而合思與慎獨的功夫，則為「誠」。

　　「誠」在吳澄的思想中有兩種不同的內涵：

（1）將「誠」視為天生之性，如仁義禮智者。吳澄說：「人之初生，已知愛其親，此實心自幼而有者，所謂誠也……誠也者，與生俱生，無時不然也」。〔註117〕

（2）以不自欺釋「誠」。吳澄說：「凡人昧於理欲善惡之分者，從欲作惡如病狂之人，蹈水入火，安然不以為非……與禽獸無異。其次頗知此之為理為善，彼之為欲為惡，而志不勝氣，閒居獨處之際，邪思

〔註113〕《吳文正公集》卷23〈大中堂記〉，頁410下。
〔註114〕《四書集注》（台北，世界書局，民國74年版），頁7。
〔註115〕《吳文正公集》卷14〈贈學錄陳華瑞序〉，頁275下。
〔註116〕《吳文正公集》卷6〈柴溥伯淵字說〉，頁156下。
〔註117〕《吳文正公集》卷6〈陳幼實思誠字說〉，頁150上。

興焉。一有邪思，即扼制之，乃不自欺之誠也」，〔註118〕以不自欺
說「誠」。

在第一個解釋中，，吳澄分別借用〈中庸〉和周敦頤《通書》的說法來
講「誠」。吳澄說：

〈中庸〉曰：誠者，天之道；誠之者，人之道也。孟子……不曰誠
之而曰思誠，何也？思也者，所以誠之也。《通書》云：誠者，聖人
之本，而又云：思者，聖功之本……〔註119〕

吳澄以「誠」爲人性之本，爲人人所共有，而「其弗能有者，弗思焉爾矣」，
認爲「思也者，所以誠之也」，就是說透過思的功夫，就能「心與理一」、就
可「復其眞實固有之誠也」。〔註120〕「思」成爲「學誠之階梯」，〔註121〕是成
就個人之「誠」的重要功夫。若合上一小節所言，「思」可將外在知識的學習，
內化爲眞知（眞知，所知爲吾人之天性），似乎更能明白何以「思」能成就個
人之「誠」了。

吳澄對於「誠」的第二個解釋是以「不自欺」釋「誠」，指出人在閒居獨
處時，容易產生邪思，一有邪思則欲望便會驅遣心知性的一面，編造出一套
原諒自己的理由，以欺騙本善之心，以求能得到良心的寬假，這便是自欺，
便是不能自誠。故平日即必須以「愼獨」爲道德涵養功夫，才能摒除私欲邪
念，故吳澄說：「愼獨不欺而自慊於己，夫是之謂誠」。〔註122〕

三、反求吾心

「思」是學誠（天性之誠）之階梯，「愼獨」是自誠（不自欺之誠）的功
夫，而兩者卻都與「心」有關。「思」是心的思考、知覺功能，能產生反省內
求的作用；而「愼獨」則是將反省內求而得的道德情境，戒愼恐懼地加以涵
養，以求即使在一人獨處之地，心也不會不產生邪思。由此分說可知，「心」
在吳澄的道德教育思想中，應佔有極重要的地位。

吳澄說：

〔註118〕《吳文正公集》卷4〈思無邪齋說〉，頁128上。
〔註119〕《吳文正公集》卷4〈思誠說〉，頁126下。
〔註120〕《吳文正公集》卷6〈陳幼實思誠字說〉，頁150上。
〔註121〕同上。
〔註122〕《吳文正公集》卷30〈題誠悅堂記後〉，頁514下。

> 凡古聖先賢之書，皆所以傳其心者。〔註123〕

又說：

> 夫學……孰爲要？孰爲至？心是已。天之所以與我，人之所以爲人
> 者，在是。不是之求而他求焉，所學何學哉？〔註124〕

因爲「聖門之教，……雖不言心，無非心也」，〔註125〕故學者求學問道，最重
要的是求其本心，並且以爲「此心也，人人所同有，反求諸身，即此而是」，
〔註126〕可見「反求本心」對吳澄而言，是爲學的重要目的，是學爲聖人必經
之路。

但，在吳澄思想中，「心」的涵意到底是如何？「反求本心」又是什麼樣
的功夫？他說：

> 心也者，形之生宰，性之郭郭也。此一心也，自堯、舜、禹、湯、
> 文、武、周公傳之以至孔子，其道同。道之爲道具於心，豈有外心
> 而求道者哉？……蓋日用事物，莫非此心之用，於其用處，各當其
> 理，而心之體在是矣。操舍存亡，惟心之謂……應接酬酢，千變萬
> 化，無一而非本心之發見，於此而見天理之當然，是之謂不失其本
> 心。是非專離去事物，寂然不動以固守其心而以也。〔註127〕

此段引文，有幾個重點：（1）吳澄認爲心是形體的主宰，並引用邵雍「心者，
性之郭郭」〔註128〕的說法，指出「道具於心」，即心具此理。（2）日常應接事
物，皆是心之用，而「於其用處，各當其理」即是本心的發見。（3）只有在
本心發見之處才得見天理，而不是寂然固守其心就能識見天理，故有「於此
（本心之發見處）而見天理之當然」之說。

「心」具有天理，是「性之郭郭」，而非即是「性」或「理」，而所謂「反
求吾心」、「不失本心」者，必須於心之發用處求之，而非空懸寂然之「本心」
以求之。吳澄曾說：「學者功夫，則當先於用處著力」，〔註129〕所謂「用處」指
的就是心接應事物之時，而所謂「著力」則是指接應之時都能「主於一心」，「主

〔註123〕《吳文正公集》卷6〈楊忞楊德字說〉，頁152上。
〔註124〕《吳文正公集》卷5〈王學心字說〉，頁142上。
〔註125〕同上。
〔註126〕《吳文正公集》卷26〈仙城本心樓記〉，頁454上。
〔註127〕《吳文正公集》卷26〈仙城本心樓記〉，頁453下～454上。
〔註128〕見陳來《宋明理學》，頁109。
〔註129〕《吳文正公集》卷2〈答王參政儀伯問〉，頁91上。亦見王結《文忠集》（四
　　　　庫全書本，第1206冊）卷五〈與臨川吳先生問答〉，頁240下。

於一心，則此心有主，而闇室屋漏之處自無非僻，所行皆由乎天理」，〔註130〕
這樣便可說是「反之吾心」，便是求學的主要道德修養功夫。而事實上，所謂「主
於一心」便是本章第一節所說的「敬」，可見在吳澄思想中，「敬」就是不失本
心的修養功夫，〔註131〕但敬的功夫不能只在虛守本心，而必須從本心的發用處
來反求，他說：

> 仁，人心也，然體事而無不在，專求於心而不務周於事，則無所執
> 著，而或流於空虛。聖賢教人，使之隨事用力，及其至也，無一事
> 之非仁，而本心之全德在是矣。〔註132〕

故吳澄雖很贊同朱子「靜而不知所以存之，則天理昧而大本有所不立」之說，
但在功夫進路上則主張「若先於動處不能養其性，則於靜時豈能有其心」，
〔註133〕此處吳澄所謂的「動處」、「靜處」指的是心之已發、未發，是從朱
子處得來的觀念，他說：

> 朱子所謂本然未發者，實理之體，善應而不測者，實理之用，此
> 則就人身上言，與造化之動靜體用又不同……人心之或與物接，
> 或不與物接，初無定時，或動多而靜少，非如天地之動靜有常度
> 也。〔註134〕

人心在應接事物前後，動靜不定，而吳澄主張應於動處見天理，因爲吳澄認
爲「眾人之心，特無未發耳」，〔註135〕只有聖賢之人，才能有所謂未發之中、
寂然不動之心。但只要：

> 凡所應接，必求至當，無毫釐之過，無毫釐之不及，累積日久，無
> 一事非中。〔註136〕

「中」指的是「心之不偏不倚」，〔註137〕也就是心在應接事物之時，能「無一
而非本心之發見」，這也就是使「本心」居於主導的地位來支配情慾的表現，

〔註130〕《吳文正公集》卷2〈答王參政儀伯問〉，頁91上。王結《文忠集》卷五〈與
　　　　臨川吳先生問答〉，頁240下。
〔註131〕《吳文正公集》卷4〈仁本堂說〉載吳澄之說：「仁，人心也，敬則存，不敬
　　　　則亡」，明白指出「敬」的功夫對自存本心的必要性，見頁118下。
〔註132〕《吳文正公集》卷10〈四書言仁錄序〉，頁208下～209上。
〔註133〕《吳文正公集》卷2〈答王參政儀伯問〉，頁91上。
〔註134〕《吳文正公集》卷2〈答王參政儀伯問〉，頁91下～92上。
〔註135〕王結《文忠集》卷五〈與臨川吳先生問答〉，頁239下。
〔註136〕《吳文正公集》卷23〈大中堂記〉，頁410下。
〔註137〕同上，頁410上。

自然言行得當，無過與不及了。〔註138〕可見吳澄主張「反求吾心」其結果是能「不失本心」，使「本心」爲一身之主宰，使言行舉止都能得中。

從本章所論可知，吳澄所講求的是內外合一之學，要學者知行兼該：既講求博學多識，又歸之於約，使學者能反求吾心，讓本心發見而能時時得中。因此吳澄主張以敬爲本，「敬」成爲求學最基本的修養工夫，不論是內在的精神狀態，或外在的言行舉動，都必須以「敬」爲指導原則。而在求知方面，指出讀書求學必須循序而積，而且在學習的過程中必須保持勤勉的態度，而最後則以實踐爲目標。而在知識學習和道德實踐之間，必須以「愼思」之功來加以連結，讓心之發用、應接，都能至當不偏，進而在平日閒居獨處，以「愼獨」之功來涵養此道德本心，使本心能成爲主宰，才能保證時時、處處言行得中，無過與不及，這就是爲學的最終目標。而吳澄所以有以上的主張，不外乎一方面主內求以就務外，一方面重讀書以濟虛空，內外並重，既知尊德性，又能道問學，「和會朱陸」以救兩家末學的用心，昭昭然矣！

〔註138〕其實從動處察知本心的發見，乃是朱子早年的說法（中和舊說）。朱子早年有詩曰：「惟應酬酢處，特達見本根」（《朱子文集》卷五。轉引自劉述先《朱子哲學思想的發展與完成》，頁 80。）主張就心之已發處做致察操存的功夫，和吳澄的說法如出一轍。

第六章 結 論

吳澄自幼穎悟過人,加以自視甚高,隱隱然以道統自任,奮發努力於馳
鶩空言、汨亂實學的宋學末流之間。在國將亡而未亡之時,又慨然有效法諸
葛武侯「抱膝梁父吟,浩歌出師表」的救世之心。無奈,宋室既亡,乃隱居
山林,寄情山水,專心於經籍之研讀與教學。一生從教近六十年,而其生活
過得相當清苦,自言:「澄酒肉甚絕而無所於費也,中餒久虛而無所於奉也。
二三兒軀幹壯健,寫字讀書之餘各務耕桑,自營衣食於家,可以不飢不寒而
無俟於其父之遺也。蕭然一身,二豎給使,令紙張布衿如道寮禪榻,所寓而
安。案上古《易》一卷、香一炷,多一褐、夏一綌,朝夕飯一盂、蔬一盤,
所至有學徒給之……此區區自樂之實,而無所資於人」,〔註1〕為我們描繪出
一幅吳澄講學的實況。〔註2〕

吳澄過的雖是粗茶淡飯的日子,但卻是自得其樂。之所以能如此,跟他
超人一等的高尚人格有關,他認為無論處於什麼境地,都要保持內心的淡泊,
而唯有如此,才能超脫於世俗價值之外。他說:「人有混跡世俗之中而超超乎
埃□之表者,亦有遁跡幽閉之境而役役乎聲利之途者,是何也?心與跡異也。
均是人也,或跡近而心遠;或跡遠而心近。居屠肆而芥視三旌者,何人也?
跡非遠也,心則遠也。身在江海而神馳魏闕者,何人也?跡非不遠也,心不

〔註1〕 《吳文正公集》卷7〈答姜教授〉,頁174下。
〔註2〕 吳澄的學生元明善描述吳澄生活是:「吳先生居于深山曠澤之間五十餘年,耕
釣以供衣食,無所仰給於人」(《清河集》【元人文集珍本叢刊,第五冊,新文
豐出版公司】卷4〈吳幼清先生南歸序〉,頁182上。),可見吳澄的自述並非
空言。

-101-

遠也。君子之觀人也，惡可于其跡而不于其心哉」，〔註3〕所以一個人是否生活的安樂自得，不在於是否居高官、享厚祿，而在於心境是否淡泊寧靜。而吳澄自身的表現正足以說明此人格的表現。也無怪乎後人稱說：「公（吳澄）之學問道德，海內皆所知尊，聞其風而興起者，豈無其人」。〔註4〕不過吳澄並不是一生主張隱居而反對出仕，吳澄早年即有用世之心，但宋亡之後，基於民族大義，不願出仕是可想見的，但在隱居山林近三十年後，遺民思想已薄弱，且瞭解對故國的懷思並無助於現實，加上其好友如程鉅夫、趙孟頫都在朝身任高官，並不受民族大義所拘，〔註5〕因此吳澄在五十八歲時首次任官，而其官職是與文化延續至為密切的儒學副提舉。吳澄對此次赴任，抱有很大的期望，認為「獻在是，文即在是」，自我期許甚高。此後吳澄又曾任朝官兩次，一次任國子監丞，旋升國子司業（六十一歲～六十三歲）；另一次任翰林學士、知制誥、同修國史，又任經筵講官（七十五歲～七十七歲）。但我們不能因此便對他加以批評，如清朝四庫館臣所說：「（澄於）元代至位通顯，號曰太儒，然實宋咸淳鄉貢士，出處之間，猶不免責備於賢者」，〔註6〕又如近人陳援庵先生說：「《明儒學案》卷58〈顧涇陽箚記〉，『或問魯齋、草廬之出仕何如，曰在魯齋則可，在草廬則不可。曰得非以魯齋生於其地，而草廬故國人，嘗舉進士歟，曰固然，亦尚有說。考魯齋臨終謂其子曰，我平生為虛名所累，不能辭官，死後慎勿請諡，但書許某之墓四字足矣。此分明表所仕之非得已，又分明認所仕為非，媿恨之意，溢於言表也，草廬則居之不疑，以為固然矣。故魯齋所以為不可者，乃吾之所謂可，草廬之所自以為可者，乃吾之所謂不可，自其心論之也。』嗚呼，吳有媿於張者多矣。或引元太祖告耶律楚材之言為吳解嘲，曰遼金世仇，朕為汝雪之，亦可曰宋金世仇，朕為汝復之，則吳之於元，當感恩圖報之不暇，可以挾孔孟之時義，程朱之名理往歸之矣。此大道教諸人所睥睨而竊笑者。嗚呼，吳張高風」，〔註7〕陳先

〔註3〕 《吳文正公集》卷24〈心遠亭記〉，頁422上。
〔註4〕 胡行簡《樗隱集》（四庫全書本，第1221冊）卷4〈晦園記〉，頁133下。
〔註5〕 程鉅夫受到忽必烈的特別知遇，任職新朝（見姚從吾〈程鉅夫與忽必烈平宋以後的安定南人問題〉，《台大文史哲學報》17期，頁358），自不會有遺民思想。而趙孟頫因得程鉅夫推薦，出仕元朝，並得忽必烈的喜愛與敬重。趙曾自賦詩言：「此行登仕版，未覺負儒冠」（《松雪齋文集》卷4〈送楊幼澄教授歸江南兼寄吳幼清〉，頁38下。），以其宋朝宗室的身份，也不以仕元為非。
〔註6〕 吳當《學言稿》（四庫全書本，1217冊）提要，頁253下～254上。
〔註7〕 見陳援庵《南宋初河北新道教考》（台北，新文豐出版公司，民國67年），頁

生以顧憲成對許衡、吳澄的評論為據，而深以為吳澄仕元為非，並以為正是
如吳澄等輩，才使孔孟之道為後人所睥睨而竊笑，但筆者並不同意此看法。

首先，顧憲成說「草廬則居之不疑」，不知有何根據？如前所言，吳澄在
宋元之際，對出仕元朝並不熱衷，甚且抱持反對態度，這可從其所賦的〈感
興詩〉中看出端倪（請參看本文第二章第一節），又他在給程鉅夫的信中說：
「畏天命，悲人窮，君子大公至正之心也，事業不必出於己，名聲不必歸於
己，竭吾誠，輸吾所學，有能用之，天下被其福，則君子之志願得矣，此外
何求哉？」，〔註8〕可見當時吳澄對出仕並不樂意，何來顧憲成所說「草廬則
居之不疑」？其次，吳澄在近三十年後出仕元朝，依筆者的觀察，乃是出於
經世致用之心。儒家講求「內聖外王」，而「外王」的理想最終必須要落在「用」
上才有意義，因此幾乎所有儒者都有用世的願望，然而這種願望在缺乏外在
條件的情況下，當然只有隱藏不露，這是孔子所說的「用之則行，捨之則藏」。
吳澄晚年幾次任官，或不久即退，或拜命而不行，都是在實踐孔子此言。明
世宗嘉靖九年（1530）吳澄從孔廟中罷祀，〔註9〕原因是「榮處中國而居然夷
狄，忘君親而不恥仇虜，以為未合於聖賢之進退」，〔註10〕想來顧憲成以為吳
澄晚年出仕之「不可」，便源於此。這樣的說法並未考量吳澄晚年所處的特殊
政治環境，清代學者李紱（1675～1750）曾說：「謂居中撫外不得不有親疏遠
邇之殊，若既為中國之共主，即中國矣。舜，東夷之人；文王，西夷之人；
得志行乎中國，不聞以此貶聖。元既撫有中國，踐其土、食其毛者必推其從
出之地，紬而外之，去將焉往；聖人素位之學豈如是哉」，〔註11〕根據李紱的
說法，舜是東夷，文王是西夷，二者在入主中國後，都帶來盛世，以此推想，
元代雖非盛世，但基本上已維持相當穩定的政治秩序，加上天下歸元已久，
可說率土皆臣。所以筆者認為吳澄在宋亡三十多年後出仕，應無可厚責者。
何況吳澄並非熱衷名利之徒，吳澄出仕任官，其所關心者在民生、在文化，

77。其中所引顧憲成之箚記，見《明儒學案》（台北，華世出版社，1987 年）
　　卷 58，頁 1383～1384。而有關「吳張高風」的原由，是起因於吳澄任職國史
　　館之時，與道教第九代張真人之間有一段為時人所稱讚的往來，詳細經過可
　　參見虞集《道園學古錄》卷 6〈吳張高風圖序〉頁 98 下～99 下。
〔註8〕 《吳文正公集》卷 7〈與程侍御書〉，頁 169 上。
〔註9〕 《明史》卷 50〈禮四〉，頁 1300。
〔註10〕《穆堂初稿》卷 24，轉引自黃進興《優入聖域：權力、信仰與正當性》，頁
　　　402。
〔註11〕同上，頁 403。

他在回復董中丞勸其出仕之信中說：「仕者，非以自榮其身也，欲其惠澤及于人而已矣」，〔註12〕又第一次任官是因為吳澄認為：「獻在是，文即在是」（筆者案，以上兩事詳見第二章所附年表），在在表明吳澄為公不為己之心，若如顧憲成所說觀人必「自其心論之也」，那吳澄可說無愧乎孔孟、無愧乎儒名，如何會如陳援庵先生所說，正是吳澄等輩使孔孟之道為後人所睥睨而竊笑！

事實上，吳澄晚年雖為生民、為文化而幾次任官，但卻都在位不久，因為吳澄生命的基調是屬於學術的，並不宜於出仕，他的學生危素就說他：「研經籍之微，玩天人之妙。朝廷歷聘起，或不久而即退，或拜命而不行。要之，無意為世之用。著書立言，以示後學，蓋燦然乎簡編。」〔註13〕這個評論已點出吳澄一生精神之所在，乃於學術文化而不在功名利祿！

吳澄生於朱子死後 49 年（1249），而此時的朱陸之學皆已失之於偏：朱學流為訓詁考據而更顯支離氾濫，陸學則一往蹈空而淪為玄談空虛。然而與此同時，一批有心之士，則取兩家之長，補兩家之短，努力於和會兩家，並形成一股思潮，許多學者深受影響。吳澄一方面從其師承上接受了「和會朱陸」思想的灌溉，另一方面也感受到時代「朱陸和會」之風，於是形成了自己和會兼綜的思想體系。吳澄在著述上，雖校定諸經，寫成《五經纂言》，但並不以此為為學之目的，在面對朱陸末學各執一偏以為是的風氣中，吳澄指出：「夫朱子之教人也，必先之讀書講學；陸子之教人也，必使之真知實踐。讀書講學者，固以為真知實踐之地，真知實踐者，亦必自讀書講學而入。二師之為教一也，而二家庸劣之門人，各立標榜，互相詆訾至於今，學者猶惑。」〔註14〕此說明顯地具有消弭朱陸兩學派的門戶之爭的企圖，進而希望能使雙方優點並存。他批評朱陸後學，指出其弊端，目的也在去蕪存菁，保留優良學風於蒙族統治下的時代。職是之故，吳澄的教育思想也明顯地涵蓋朱陸兩家，有調和兩家末流之意。

心性論是吳澄教育思想的基礎，而其心性論又深受本體論的影響，因吳澄一直努力於使形上世界與經驗世界有一連繫，以充分肯定人的道德價值，且為人性找到最終的價值根源。對吳澄而言，「理」才是宇宙萬物生成的主宰，是一形而上的指導原則，因此在吳澄思想中，「理」同時也是萬事萬物

〔註12〕《吳文正公集》卷7〈復董中丞書〉，頁170下。
〔註13〕《吳文正公集》卷首〈年譜〉，頁17上～17下。
〔註14〕《吳文正公集》卷15〈送陳洪範序〉，頁293下。

形成所以然之理，故吳澄才說：「凡物必有所以然之故，……所以然者，理也」。〔註 15〕因此就作爲宇宙運行指導原則的「理」而言，同時又可指人類社會的倫理原則，所以天地間所有有形有跡之事物（即「氣」），都必須依從此「理」，故曰「無理外之氣」；然而形而上之「理」卻必須透過形而下之事物才得以彰顯，故曰「無氣外之理」。〔註 16〕且吳澄認爲理氣是不可分離的，理不能離開氣而單獨存在，同樣地，也沒有單獨存在的氣。

吳澄還認爲理和氣的結合能化生成天地間的萬物，人亦應是如此而形成。他說：「人之生也，以天地之氣凝聚而有形，以天地之理付畀而有性。」，〔註 17〕人在生成之時皆受有理氣以成其形，而理之在人者即爲人性。而且對吳澄來說，人性就是天理，都是良善的，在這一點上，每個個體都是相同。不過因爲人在成形之時從父母那兒所稟受之氣或清或濁、或美或惡，有種種不同，因而有了善惡之分，也就是說，「氣質」的好壞，才是決定了人們後天善惡的原因。

吳澄的人性論，明顯可以看出是立足於從張載到朱子的氣質說，主張人之有善惡，乃是因人之天性被氣質所拘限，只要能去除氣質的影響，人就能恢復良善本性。不過除了氣質的因素外，吳澄也很強調「心」的重要性。在吳澄看來，「心」是一身之主，且萬理都根於心，只要不失其心，就可得到天理之當然，但如何才算是不失其心？吳澄說：「蓋德性之內無所不備，而理之固然不可不知也……欲知所固然……捨問學奚可。」，〔註 18〕又說：「書之所言，我之所固有。實用其力，明之於心，誠之於身，非但讀誦講說其文辭義理而已。」，〔註 19〕可見吳澄一方面主張從讀書入手，另一方面又主張從自身上實學。侯外廬等主編的《宋明理學史》上卷，在談及吳澄心性說時，主張「就如何識見天理，以恢復天地之性的問題上，吳澄並沒有沿著朱熹格物窮理的方法，而主張從自身去發現善端，……」〔註 20〕筆者以爲這個看法並不完全正確，因爲吳澄在修養方法上，是主張內外兼顧的，吳澄所主張的內外

〔註 15〕 《吳文正公集》卷 2〈評鄭浹漈〈通志〉答劉教諭〉，頁 88 下。
〔註 16〕 《吳文正公集》卷 2，頁 93 下云：「理者，非別有一物在氣中，只是爲氣之主宰者，即是無理外之氣，亦無氣外之理」。
〔註 17〕 《宋元學案》卷 92〈草廬學案〉，頁 3046。
〔註 18〕 《吳文正公集》卷 23〈凝道山房記〉，頁 420 下。
〔註 19〕 《吳文正公集》卷 15〈送陳洪範序〉，頁 293 下。
〔註 20〕 侯外廬等編《宋明理學史》（北京，人民出版社，1984），頁 744。

合一之學，「固非如記誦之徒，博覽於外，而無得於內；亦非如釋氏之徒，專求於內而無事於外也」，〔註21〕乃是一方面主內求以救務外，一方面重讀書以濟虛空。雖然吳澄晚年較強調「尊德性」，〔註22〕但卻也未放棄「道問學」一途，這可從其去世前完成《禮記纂言》一書看出端倪。〔註23〕

　　而吳澄內外兼顧的修養方法，又各有其理論背景。在外在的修養方面，吳澄主張從讀書著手的說法，這和吳澄的理氣論有極大關係，因為吳澄認為人之善惡不同，出自氣質的不同，因此必須變化氣質，使氣質對天性的影響降低，而「心」所具備的反思能力，則提供了識見天理、恢復本性的可能性，而其具體的方法是先博學後反約於心。

　　吳澄十分重視博學，而他認為博學第一事便是讀書，此外，論人、處事、觀物，也皆應學習。吳澄認為：「不廣不博不多，則不無孤陋之譏……雖然，既廣矣，既博矣，既多矣，有及諸約之道焉？未廣未博未多而徑約，則不可也」，〔註24〕主張先廣博多學，而不主張徑約，〔註25〕因為「徑約則其流或入於異端」，〔註26〕在這點上，吳澄的主張是較接近朱子的。

　　但博學也不可漫無目的，徒以誇多為務，而必如孟子之言，詳說將以反約。吳澄認為讀書博學的目的，乃在求吾心所固有之義理，並實踐之於日常生活中，反之約者，就是要能把捉住此根本，加以踐行。因此對吳澄而言，

〔註21〕《宋元學案》卷92〈草廬學案〉，頁3040。
〔註22〕這個轉變可從其晚年所作〈尊德性道問學齋記〉一文看出。而趙汸（虞集的學生）也說：「臨川吳公，當弱冠時即以斯道自任，據經析理，窮深極微，莫之能尚也。及乎壯歲猶幡然以為非是」（《東山存稿》【四庫全書本，第1221冊】卷6〈劭庵先生虞公行狀〉，頁333上。）可見吳澄在晚年的思想上的確有所轉變。
〔註23〕吳澄的《禮記纂言》的完成，虞集記此事於至順四年（1333），即元統元年。（見《道園學古錄》卷44，〈行狀〉，頁630下。）與危素〈年譜〉之載差一年，而虞集為吳澄之及門弟子，其記載應較可信。而註解經書之事，以陸學的觀點是次要的，陸子言「學苟知本，六經皆我註腳」就連六經也只是用來印證本心，則註解經書，顯然多餘。但從朱學角度觀之，經典是聖人言行的記錄，是「格物」的重要泉源，故註解經書有其必要性。（以上之論，詳見本文第三章第一節）故吳澄晚年仍注經不輟，表示其未放棄朱門道問學的取向。
〔註24〕《吳文正公集》卷15〈送陳中吉序〉，頁295上。
〔註25〕《朱子語類》卷33，載朱子言：「聖人教人有序，未有不先於博者」（頁834）而朱子注孟子「博學而詳說之，將以反之約也」章曰：「學非欲其徒博，而亦不可以徑約」，吳澄之說，顯然是從朱子而來。
〔註26〕《吳文正公集》卷22〈約齋記〉，頁399上。

讀書必須知有一目的，知求吾所固有者，在此，吳澄已將書本所載的聖賢之
道和吾心所固有的義理結合：讀書博學所獲得的是道德的原則和外在的知
識，但求取這些知識、道德原則的目的終在圓滿吾人之道德人格。但要達此
博學反約的目標，首要的的工夫便是「思」，因爲「思」，正是溝通知（博學）
行（反約）、內外的一個關鍵工夫。

可知吳澄認爲，要變化氣質，須先博學而加以慎思，才能行所當行。就
如吳澄所說的：「氣質不美者，其本性不免有所污壞，故學者當用反之之功反
之……謂反之於身而學焉，以至變化其不清不美之氣質。」，〔註27〕之所以要
「反之於身而學」，正是因爲心爲一身之主，本具有天理，只要經過一番學習，
且能運用人心所具有的反思能力，即人人可識見天理，恢復本然之性。

關於內在修養之方，主張以尊德性爲本。吳澄任職國子學時，有鑑於朱
門後學流於訓詁、支離之病，應以陸子之說矯正之，故曾說「今學者當以尊
德性爲主」，〔註28〕未料卻引起紛爭，致使吳澄離職求去。〔註29〕這次的紛爭
似乎促使吳澄進一步反省本身的學問途徑，〈尊德性道問學齋記〉一文的出
現，標示吳澄思想的轉變。在此文中，吳澄大肆批評朱門後學之弊，〔註30〕
同時也自悔其四十多年來的爲學途徑——註解、訓釋經書，轉而要人「尊德
性」，而吳澄又說：「蓋德具於心者也」，〔註31〕因此在強調德性的重要情況下，
「不失本心」便成爲重要的修養方法。

在吳澄思想中，「不失本心」指若在心之發用處能各當其理，自能見天理
之當然，也就能不失本心。然如何才能使心之發用都能各當其理？這便需要
「敬」的工夫。吳澄曾說：「學者功夫，則當先於用處著力」，〔註32〕所謂「用
處」指的就是心接應事物之時，而所謂「著力」則是指接應之時都能「主敬」，

〔註27〕《吳文正公集》卷2〈答人問性理〉，頁94下。

〔註28〕《道園學古錄》卷44〈行狀〉，頁627下。

〔註29〕詳細經過可參看虞集《道園學古錄》卷5〈送李括序〉，頁79下～81上。。

〔註30〕David Gedalecia 在 'Wu Ch'eng's Approach to Internal Self-cultivation and
External Knowledge-seeking'（in "Yüan Thought—Chinese Thought and Religion
Under the Mongols" ed. by Hok-lam Chan and Wm. Theodore de Bary, Columbia
University Press, 1982, New York）P.298 中指出，吳澄此文所批評的對象除南
宋朱子後學外，也包括元初許衡學派的學者，即吳澄於1309～1311任國子司
業時的同僚。

〔註31〕《吳文正公集》卷7〈陳幼德思敬字說〉，頁164下。

〔註32〕《吳文正公集》卷2〈答王參政儀伯問〉，頁91上。亦見王結《文忠集》（四
庫全書本，第1206冊）卷五〈與臨川吳先生問答〉，頁240下。

吳澄說：「仁，人心也，敬則存，不敬則亡」，﹝註33﹞而「敬」便是「主於一心」，能「主於一心，則此心有主，而闇室屋漏之處自無非僻，所行皆由乎天理」，﹝註34﹞這樣便可說是不失本心，並能以之為主，這便是求學的主要道德修養功夫。

　　以上兩種修養方法，一主先讀書窮理而後反之約，才能變化氣質；一主求其放心，使本心於發用處能主一，自可所行皆為天理。但兩者都與「心」有關。讀書窮理之後，必須靠心的反思才能獲得真知，去除氣質拘限，也才能行所當行；反求吾心則是要使本心成為一身之主，才能在心發用時，省察其是出乎天理？還是出於欲望？由此可知，在吳澄的教育思想中，「心」佔有極重要的角色。而吳澄正是以此心統合內外，主張內外合一、知行兼該，要人以敬為本，使學者知尊德性、道問學應並重，以除朱陸兩派後學之偏。

　　筆者研究吳澄的教育思想，發現吳澄論學，主張內外兼顧，求知與實踐並重，而為學的態度應以敬為本。這樣的論點，乃是和會朱陸兩家後所形成的獨特學說，特別是吳澄以「心」為知識和實踐的結合點，要學者先知尊「本心」，然後讀書問學才有意義，也才能將書中知識和心中本具的義理結合，如此方是真知，也就必能實行。侯外廬等編著的《宋明理學史》就認為王陽明的「知行合一」論和吳澄的知行說一脈相承，﹝註35﹞但吳澄思想與明代心學的實際關連，卻非筆者目前所能言，實有待日後的研探。

　　雖然本文有一些小小的研究成果，但筆者並不敢言已能將吳澄的思想完全呈現，這一方面是因吳澄文集中的文章，幾乎都無法辯之成於何時，因此想要探討吳澄思想轉變的軌跡，有其困難；另一方面，吳澄文章多因事而發，而吳澄也未對自身的思想加以整理成體系，故造成研究的侷限。但本文的目的，更多是希望能使後人瞭解，在元代朱陸和會之風下，吳澄如何調和朱陸兩家學說，成一家之言，以造就後進成為一優秀儒士，進而能實現儒家博施濟眾的遠大理想。

﹝註33﹞《吳文正公集》卷4〈仁本堂說〉，頁118下。
﹝註34﹞《吳文正公集》卷2〈答王參政儀伯問〉，頁91上。王結《文忠集》卷五〈與臨川吳先生問答〉，頁240下。
﹝註35﹞《宋明理學史》，頁748。

附表　吳澄生平大事年表

年號	西元	年齡	事　件	撰　著	備　註
理宗淳祐9年	1249	1	正月壬戌日申時生。(十九日公生前一夕，鄰媼夢神物蜿蜒降於舍旁之地者。里父老云，豐城徐覺得望氣之術，見紫氣於華蓋、臨川二山之間，謂人曰：「是必有蓋世常人生焉」)		
10年	1250	2			
11年	1251	3	(游夫人攜過里姥姥，惠以錢果，公敬受之。終有愧色，密置之而去)		
12年	1252	4			
寶祐元年	1253	5	五歲就外傅。(公五歲始就外傅，穎敏殊絕。讀書累千餘言，數過即能記。自是日務勤學，或至達旦。游夫人慮其過勤致疾，量給膏油僅可夜分，乃密市油，伺母寢復觀書且障其明，恐為母所覺)		
2年	1254	6			
3年	1255	7	(論語、孟子五經皆成誦，能屬文，通進士賦)		
4年	1256	8			
5年	1257	9			
6年	1258	10	十歲始得朱子、大學等書讀之(十歲偶於故書中得大學、中庸章句，讀之喜甚。自是，清晨必誦大學二十過，如是者三年)		
開慶元年	1259	11			

景定元年	1260	12			元世祖中統元年
2年	1261	13	十三歲大肆力於群書,應舉之文盡通(時麻沙新刻古文集成成,(公)家貧,從鬻書者借讀,逾月而歸之。鬻書者曰:「子能盡讀之乎?」公曰:「試抽以問我」隨鬻書者舉問,輒盡其章。鬻書者驚異,遂贈以此書)		
3年	1262	14	就撫州補試		
4年	1263	15	知厭科舉之業而用力聖賢之學	作勤、謹二箴。作敬、和二箴	
5年	1264	16	秋侍大父如郡城(時……程先生若庸於臨汝書院……程先生嘗游石洞饒氏之門,獨以朱子之學授諸生。公謁見……一一請問如所謂大學乃正大高明之學,然則小學其卑小淺陋之學乎?程先生悚然曰:「若庸處此未見有知學能問如子者。余之子仔復、族子橋之(鉅夫)皆與子同年生,可相與為交。」)		至元元年
度宗咸淳元年	1265	17	十二月戊子大父卒。喪葬凡役公悉考古禮稟於父左丞公而行(大父寢疾,公代其父視藥食,不就寢席者十餘夕無怠容。大父嘆曰:「吾察此孫服勤連晝夜不懈,而神氣有餘,此大器,可望其善教之」)	八月作雜識五章、十月作顏冉銘	2年
2年	1266	18	冬葬大父於坑原之古宅。	十一月作理一箴	3年
3年	1267	19		作道統圖並敘、校正孝經、作皇極經世續書	4年
4年	1268	20		作提四書一章、紀夢一章、雜識一章、矯輕、警惰二銘	5年
5年	1269	21			6年

6 年	1270	22	八月應鄉貢中舉（第二十八名）	答繆郡守書、答程教授書、作雜識二章	7 年
7 年	1271	23	春省下第，八月至臨汝書院（留只數月）	三月，纂次舊作，題曰私錄（程先生識其後曰：「若庸來此二十二年，閱人多矣未見年方弱冠而有此志量也」）	世祖定國號為「元」（至元 8 年）
8 年	1272	24	授徒山中。		9 年
9 年	1273	25			10 年
10 年	1274	26	以縣丞黃西卿招，授徒樂安縣。		11 年（行狀記此事於至元十二年，與文集卷七十二〈樂安縣丞黃墓碣銘〉之記載同）
恭宗德祐元年	1275	27	撫州內附。		12 年
端宗景炎元年	1276	28	奉親避寇。		恭帝於德祐二年五月降元（至元 13 年）
2 年	1277	29			14 年
衛王祥興元年	1278	30			15 年
2 年	1279	31			宋亡（至元 16 年）
世祖至元 17 年	1280	32	隱居布水谷。（公與前貢士樂安鄭松結盧谷中）		
18 年	1281	33	留布水谷。	纂次諸經、註釋孝經成	

19年	1282	34	留布水谷。	校易、書、詩、春秋；修正儀禮小戴記成。	
20年	1283	35	冬，還自布水谷。		
21年	1284	36	五月以西朔，父左丞公卒。		
22年	1285	37	居喪。		
23年	1286	38	八月釋服（程文憲公以江南行臺侍御史承詔訪求遺逸，至撫州強公出仕，力以母老辭。程公曰：「誠不肯爲朝廷出，中原山州之勝可無一覽乎？」公諾之。歸白游夫人，治行）十一月如建昌路。（同程公行故也）		
24年	1287	39	春適燕（公……力以母老辭，遂……南歸），十二月還家。	還家舟中賦感興詩二十五章。	
25年	1288	40	授徒宜黃縣明新堂。秋還家。朝命求校定易、書、詩、春秋、儀禮、大戴記、小戴記。		
26年	1289	41	進呈諸經，令藏國子監崇文閣。		
27年	1290	42			
28年	1291	43	夫人余氏卒。		
29年	1292	44			
30年	1293	45			
31年	1294	46	正月甲子如福州（程文憲公爲福建閩海道肅政廉訪使，迎至馬），十一月戊申還家。		
成宗元貞	1295	47	八月如龍興，遊西山。（江西湖東道肅政廉訪司經歷郝文……問易疑數十條……令吏從旁書之，令學者傳錄，名曰原理……時元文敏公明善自負所學..聞公至，質諸經疑難數十條，公隨問剖析，元公大加畏服……請執弟子禮終身）十一月還家。	原理成。	
2年	1296	48	如龍興。（時董忠宣公士選任江西行省左丞，元文敏公其客也，辟掾以教其子。公報謁於其館。董公聞之親饋食中堂，頗問經義治道。告元明善曰：「吳先生德容嚴屬而不失其和，吾平生未之見也」）		

大德元年	1297	49			
2年	1298	50	（董忠宣公……入覲改僉樞密，力薦公於朝堂，吏頗緩其事。一日……董公……語丞相完澤、平章……不忽木曰：「士選所薦吳澄非一才一藝之能也。其人……可輔佐治世，大受之器也」……會平章拜御史中丞，尋薨，不及用公）七月，母夫人游氏卒。		
3年	1299	51	居喪。		
4年	1300	52	六月作正中堂于咸口之原，八月釋服。		
5年	1301	53	授應奉翰林文字登仕郎同知制誥兼國史院編修官。（董公士選以私書勉公應召）復董中丞書。		
6年	1302	54	八月壬戌戒行，十月丁亥至京師。（以公之行緩，代之者已上任）		
7年	1303	55	春治歸，五月己酉至揚州（江北淮東道肅政廉訪使趙公完澤以暑熾強公留郡學，王所、張恒受業焉），答張恒問孝經，七月至眞州。		
8年	1304	56	授將仕郎、江西等處儒學副提舉。十月還家。		
9年	1305	57		校定邵子、校定葬書	
10年	1306	58	四月如袁州，十月朔上官（……公從容曰：「必欲作成人才，在於教人言忠信、行篤敬以尊德性而已」）		
11年	1307	59	正月戊辰以疾謁告，二月就醫富州（省憲趣還，公固辭以疾。嘗曰：「學校教育各有其職，錢穀出入總之有司，提舉之官本爲虛設，徒縻廩粟，故勇於去職」）六月如臨江路，十月還家。	校定老子、莊子、太玄章句	
武宗至大元年	1308	60	授從仕郎國子監丞。九月改築宅於咸口。		

2年	1309	61	正月丁未，次子袞卒。三月戒行，五月至京，六月上官（初許文正公爲國子祭酒，以朱子之書訓授諸生……公至官，六館翕然歸向……公因其才質之高下而開導誘掖之講論不倦每至夜分，寒暑不廢，感而興起者甚眾）		
3年	1310	62			
4年	1311	63	授文林郎國子司業，癸酉上官（劉公廡縣，侍御史拜集賢學士兼國子祭酒，間語諸生曰：「朝廷徒以吾舊臣，故自臺臣來領學事……司業大儒，吾猶有所質問，時不可失，師不易遇，諸生期勉之。公爲取程淳公學校奏疏、胡文公二學教法、朱文公貢舉私議三者，斟酌去取一曰經學……二曰行實……三曰文藝……四曰治事……欲改課爲試，……論議不合，遂有去志」）		
仁宗皇慶元年	1312	64	正月移疾去職，三月至眞州（舊學者強留講學）七月至建康，冬還家。		
2年	1313	65	（集賢院知公之教人不倦同至都堂，請以國子祭酒招公還朝，平章李公孟爲好言曰：「吳司業高年養病而歸，今即招還是苦之也」，遂不復招）		
延祐元年	1314	66	作久大堂，八月江西貢院考鄉試。		
2年	1315	67	正月如龍興。		
3年	1316	68	留宜黃縣五峰（公欲著易纂言，五峰僧舍辟靜，門人往從者二十餘人）		
4年	1317	69	七月，江西省考鄉試（先是臣僚數言公姓名於上前，八月，上特問公何在？太保曲樞對：「臣聞居江西」集賢知上意所在，請以代李源道爲直學士，中書奏可，命脩撰虞集給驛聘召）		

5年	1318	70	還自永豐縣武城書院，授集賢學士奉議大夫五月戒行，八月次儀眞（疾復作，使者逕無復命，公因辭謝，遂留淮南）十一月留建康。	（十一月留建康）書纂言成	
6年	1319	71	留建康，十月留江州（寓濂溪書院，南北學者百餘人十一月庚寅，祭周元公墓）		
7年	1320	72	留江州，七月湖廣省請考鄉試（以疾辭）還家（北方學者皆從）		
英宗至治元年	1321	73			
2年	1322	74	如建康（定王氏義塾規制，有司上其事，賜額江東書院）十月還家。	易纂言成。	
3年	1323	75	授翰林學士太中大夫知制誥同脩國史，二月庚寅戒行三月甲辰次龍興，五月至京師，六月己巳上官，七月敕譔金書佛經序，八月丁卯，上還次南坡，崩，十一月晉王入即位，十二月癸酉，逆賊以次伏誅（公盍謀治歸，河凍不可行）敕譔國子監崇文閣碑。		
泰定帝泰定元年	1324	76	正月，推登極恩（賜銀百兩，金織文錦四匹）二月開經筵（命公、同中書平章張珪與祭酒鄧文原爲講官），壬午會議進講事宜條奏，敕講官賜坐，三月壬寅上御明仁殿聽講，甲寅上御流杯池亭聽講（公講舜其大孝章及資治通鑑數條，上大悅）四月壬戌中書集義太廟神主，七月脩英宗皇帝實錄。		
2年	1325	77	正月朔辛卯移疾，辛丑中書遣官問疾，庚戌中書請議事，辛卯中書具燕，閏月辛未翰林國史院開局纂脩英宗皇帝實錄，二月進講，八月辛亥移疾（實錄既畢）丙子中書具燕舉留，十一月至龍興，十二月還家。		
3年	1326	78	授翰林學士資善大夫知制誥同脩國史，三月己巳拜命，蔡國公張珪薦章。	答田副憲問。	

4 年	1327	79	三月省墓樂安縣，留清江縣（荊襄來學者十有五人）八月還家。		
文宗天曆元年	1328	80			
2 年	1329	81	七月江西省請考鄉試（辭疾不起）	易纂言外翼成。	明宗即帝位三月而崩
至順元年	1330	82	伯子文以蔭授官，叔子京以侍養授官。	答王參政問。	
2 年	1331	83	八月，家婦曾氏卒，十一月，孫卒。	答危素問。	
3 年	1332	84	留郡學。	禮記纂言成。	寧宗即帝位二月而崩
順帝元統元年	1333	85	六月甲子感暑得疾（辛巳公命孫當日：「吾疾異於常時矣」招學者曾仁曰：「死生常事，可須使吾子孫知之」拱手胸前正臥不動者數日，乙酉揮藥不進，漱水畢，瞑目不語。里中人是夕見一大星隕於屋之東北隅）丙戌薨，年八十有五（午時神思泰然而逝）事聞，詔加贈資德大夫江西等處行中書省左丞上護軍追封臨川郡公諡曰文正（諡法：經天緯地曰文，內外賓服曰正）		

此表據危素所撰之〈年譜〉作成，而校以虞集之〈行狀〉。

徵引書目

一、主要史料

1. （元）吳澄：《吳文正公集》，元人文集珍本叢刊第三、四冊，台北：新文豐出版公司，民國 74 年。
2. （元）吳澄：《易纂言》，四庫全書本，第 22 冊，台北：台灣商務印書館。
3. （元）吳澄：《書纂言》，四庫全書本，第 61 冊，台北：台灣商務印書館。
4. （元）吳澄：《禮記纂言》，四庫全書本，第 121 冊，台北：台灣商務印書館。
5. （元）吳澄：《春秋纂言》，四庫全書本，第 159 冊，台北：台灣商務印書館。

二、一般史料（依著者姓名筆劃排列）

1. 《大元聖政國朝典章》，影印元本，台北：國立故宮博物院，民國 65 年。
2. （元）元明善：《清河集》，元人文集珍本叢刊第五冊，台北：新文豐出版公司，民國 74 年。
3. （元）王結：《文忠集》，四庫全書本，第 1206 冊，台北：台灣商務印書館。
4. （元）王惲：《秋澗先生大全文集》，四部叢書初編，台北：臺灣商務印書
5. 館，民國 54 年。
6. （明）王陽明：《陽明傳習錄》（與《陸象山全集》合刊），台北：世界書局，民國 79 年。
7. 王頲點校：《廟學典禮》，元代史料叢刊，浙江：古籍出版社，1991 年。

8. （宋）王應麟：《困學紀聞》，明，吳獻台重刊本，中國子學名著集成編印基金會出版。

9. （清）皮錫瑞：《經學歷史》，台北：漢京文化公司，民國 72 年。

10. （宋）朱熹：《朱子大全》，四部備要本，台北：台灣中華書局。

11. （宋）朱熹編：《近思錄》，台北：世界書局，民國 70 年。

12. （宋）朱熹：《四書章句集注》，台北：長安出版社，民國 80 年。

13. （元）李存：《俟菴集》，四庫全書本，第 1213 冊，台北：台灣商務印書館。

14. （元）岑安卿：《栲栳山人詩集》，四庫全書本，第 1215 冊，台北：台灣商務印書館。

15. （明）宋濂等撰：《元史》，台北：鼎文書局，民國 69 年。

16. （元）吳當：《學言稿》，四庫全書本，1217 冊，台北：台灣商務印書館。

17. （元）胡行簡：《樗隱集》，四庫全書本，第 1221 冊，台北：台灣商務印書館。

18. （宋）周敦頤：《周元公集》，四庫全書本，第 1101 冊，台北：台灣商務印書館。

19. （元）袁桷：《清容居士集》，四部叢刊集部，台北：藝文印書館，民國 64 年。

20. （元）許衡：《魯齋遺書》，四庫全書本，第 1198 冊，台北：臺灣商務印書館。

21. （宋）陸九淵：《陸象山全集》（與陽明《傳習錄》合輯），台北：世界書局，民國 79 年。

22. （明）陳建：《學蔀通辯》，叢書集成簡編，台北：台灣商務印書館。

23. （清）張廷玉等撰：《明史》，新校本，台北：鼎文書局，民國 64 年。

24. （宋）張載：《張載集》，台北：里仁書局，民國 70 年。

25. （清）黃宗羲原著、全祖望補修：《宋元學案》，台北：華世出版社，1987 年台一版。

26. （清）黃宗羲：《明儒學案》，台北：華世出版社，1987 年台一版。

27. （宋）黃榦：《勉齋集》，四庫全書本，第 1168 冊，台北：台灣商務印書館。

28. （元）程鉅夫：《程雪樓文集》，元代珍稿文集彙刊，台北：國立中央圖書館，民國 59 年。

29. （元）程鉅夫：《雪樓集》，四庫全書本，第 1202 冊，台北：台灣商務印書館。

30. （元）程端學：《積齋集》，四庫全書本，第 1212 冊，台北：台灣商務印

書館。

31. （明）程敏政：《篁墩集》，四庫全書本，第 1252 冊，台北：台灣商務印書館。

32. （宋）程頤、程顥：《二程集》，台北：漢京文化事業有限公司，民國 72 年。

33. （元）虞集：《道園學古錄》，影印文淵閣四庫全書，集部第 264、265 冊，台北：台灣商務印書館，民國 75 年。

34. （元）趙汸：《東山存稿》，四庫全書本，第 1221 冊，台北：臺灣商務印書館。

35. （元）趙孟頫：《松雪齋文集》，四部叢刊初編，台北：臺灣商務印書館，民國 54 年。

36. （宋）黎靖德：《朱子語類》，台北：華世出版社，1987 年元月台一版。

37. （明）葉子奇：《草木子》，四庫全書珍本十集，台北：臺灣商務印書館，民國 69 年。

38. （元）劉岳申：《申齋劉先生文集》，元代珍本文集彙刊，國立中央圖書館，民國 59 年 3 月初版。

39. （元）蘇天爵：《國朝名臣事略》，武英殿聚珍版叢書，板橋市：藝文印書館，民國 55 年。

40. （元）蘇天爵：《國朝文類》，四部叢刊初編，上海：上海商務印書館，民國 54 年。

三、中文專書（依作者姓名筆劃排列）

1. 王明蓀：《元代的士人與政治》，台北：學生書局，民國 81 年。

2. 王曉欣、李治安編著：《元史學概說》，天津：天津教育出版社，1989 年。

3. 毛禮銳、沈灌群主編：《中國教育通史》，山東：山東教育出版社，1995 年一版二刷。

4. 宇野哲人著，馬福辰譯：《中國近世儒學史》，台北：中國文化大學出版部，民國 71 年。

5. 李弘祺：《宋代教育與科舉》，台北：聯經出版公司，民國 82 年。

6. 李國均主編：《中國書院史》，湖南教育出版社，1994 年。

7. 牟宗三：《從陸象山到劉蕺山》，台北：學生書局，民國 73 年再版。

8. 牟宗三：《心體與性體》，第一冊，台北：正中書局，民國 76 年 5 月初版七刷。

9. 牟宗三：《心體與性體》，第二冊，台北：正中書局，民國 76 年 5 月初版七刷。

10. 牟宗三：《心體與性體》，第三冊，台北：正中書局，民國 75 年 1 月初版七刷。

11. 侯外盧：《宋明理學史》，上卷第三編，北京：人民出版社，1984 年。

12. 胡青：《吳澄教育思想研究》，南昌：江西教育出版社，1996 年。

13. 孫克寬：《元代漢文化活動》，台北：臺灣中華書局，民國 57 年。

14. 徐遠和：《理學與元代社會》，北京：人民出版社，1992 年。

15. 徐復觀：《中國思想史論集》，台北：學生書局，民國 77 年 2 月八版。

16. 徐復觀：《中國人性論史》，台北：台灣商務印書館，1994 年四月初版 11 刷。

17. 袁冀：《吳草盧評述》，台北：文史哲出版社，民國 67 年。

18. 許凡：《元代吏制研究》，北京：勞動人事出版社，1987 年。

19. 陳來：《宋明理學》，台北：洪葉出版社，民國 83 年。

20. 陳來：《朱熹哲學研究》，台北：文津出版社，民國 79 年。

21. 陳援庵：《南宋初河北新道教考》，台北：新文豐出版公司，民國 67 年。

22. 陳植鍔：《北宋文化史述論》，北京：中國社會科學出版社，1992 年。

23. 陳榮捷：《朱學論集》，台北：台灣學生書局，民國 77 年 4 月增訂再版。

24. 陳榮捷：《朱子門人》，台北：台灣學生書局，民國 71 年。

25. 郭齊家顧春：《陸九淵教育思想研究》，南昌：江西教育出版社，1996 年。

26. 程方平：《遼金元教育史》，四川：重慶出版社，1993 年。

27. 張立文：《走向心學之路——陸象山思想的足跡》，北京：中華書局，1992 年。

28. 黃書光：《理學教育思想與中國文化》，上海：上海教育出版社，1993 年。

29. 黃進興：《優入聖域：權力、信仰與正當性》，台北：允晨文化公司，民國 83 年。

30. 馮友蘭：《中國哲學史》，台北：台灣商務印書館，1996 年。

31. 馮耀明：《中國哲學的方法論問題》，台北：允晨文化公司，民國 78 年。

32. 劉述先：《朱子哲學思想的發展與完成》，台北：台灣學生出版社，民國 71 年。

33. 蕭啓慶：《元代史新探》，台北：新文豐出版公司，民國 72 年。

34. 蕭啓慶：《蒙元史新研》，台北：允晨文化公司，民國 83 年。

35. 錢穆：《錢賓四先生全集》，第九冊，台北：聯經出版公司，民國 83 年。

36. 韓儒林主編：《元朝史》，北京：人民出版社，1986 年。

37. 南京大學歷史系元史研究室編：《元史論集》，南京：人民出版社，1984

年。

38. 蒙培元：《理學的演變》，福建：人民出版社，1984 年。

四、中文論文：（依作者姓名筆劃排列）

1. 丁崑健：〈蒙古征伐時期（1208～1259）華北的儒學教育〉，《華學月刊》，一二九期 ，1982 年。

2. 丁崑健：〈元世祖時代的儒學教育〉，《華學月刊》，一三七期，1983 年。

3. 王明蓀：〈略述元代朱學之盛〉，《中華文化復興月刊》第 16 卷，第 12 期，民國 72 年。

4. 王頲：〈元代書院考略〉，《中國史研究》，第一期，1984 年。

5. 余英時：〈清代學術思想史重要觀念通釋〉，《史學評論》，第五期，民國 72 年。

6. 何淑貞：〈元儒吳草盧的生平〉，《高雄師院學報》，第十一期，民國 72 年。

7. 狄百瑞：〈元代朱熹正統思想之興起〉，《中外文學》，八卷三期，民國 68 年。

8. 安部健夫：〈元代知識份子和科舉〉收入劉俊文主編《日本學者研究中國史論著選譯》第五冊（北京：中華書局，1993 年）。

9. 沈享民：〈朱熹理一分殊哲學之溯源與開展〉，台灣大學哲學研究所碩士論文，民國 83 年。

10. 金永炫：〈元代「北許南吳」理學思想研究〉，台北：輔仁大學哲學研究所博士論文，民國 76 年。

11. 胡森永〈朱子思想中道德與知識的關係〉，台灣大學中文研究所碩士論文，民國 72 年 5 月。

12. 姚大力：〈元朝科舉制度的行廢及其社會背景〉，《元史及北方民族史研究集刊》，第六期，1982 年。

13. 姚大力：〈金末元初理學在北方的傳播〉，《元史論叢》，第二輯（北京：中華書局，1983 年）

14. 姚大力：〈蒙古人最初怎樣看待儒學〉，《元史及北方民族史研究集刊》第七期，1983 年。

15. 姚從吾：〈程鉅夫與忽必烈平宋以後的南人問題〉，《台灣大學文史哲學報》第十七期，民國 57 年。

16. 唐宇元：〈元代的朱陸合流與元代的理學〉，《文史哲》，第三期，1982 年。

17. 唐宇元：〈論許衡的哲學思想在中國哲學史上的地位〉，《哲學研究》，第七期，1982 年。

18. 陳高華：〈理學在元代的傳播和紅巾軍對理學的衝擊〉，《文史哲》，第二期，

1976 年。

19. 陳高華：〈陸學在元代〉，《中國哲學》第九輯（北京：三聯書店，1983 年）

20. 陳高華：〈元代的地方官學〉，《元史論叢》，第五輯，1993 年。

21. 勞延煊：〈元初江南知識份子〉，《香港中文大學中國文化研究學報》，第十期，上冊，1979 年。

22. 黃進興：〈「學案」體裁產生的思想背景：從李紱的《陸子學譜》談起〉收入氏著《優入聖域：權力、信仰與正當性》（台北：允晨文化公司，民國 83 年）。

23. 黃進興：〈「朱陸異同」：一個哲學的詮釋〉，收入氏著《優入聖域：權力、信仰與正當性》（台北：允晨文化公司，民國 83 年）。

24. 黃書光：〈論元代理學教育的特點〉，《孔孟月刊》，三十一卷九期，民國 82 年。

25. 楊儒賓：〈朱子的格物補傳所衍生的問題〉，《史學評論》，第五期，民國 72 年。

26. 蕭啟慶：〈宋元之際的遺民與貳臣〉，《歷史月刊》，1996 年 4 月。

27. 蕭啟慶：〈元代科舉與菁英流動〉，《漢學研究》第 5 卷第一期，民國 76 年 6 月。

28. William T. de Bary 著，侯健譯〈元代朱熹正統思想之興起〉，《中外文學》第 8 卷第 3 期，民國 68 年。

五、西 文

1. David Gedalecia 'Wu Ch'eng's Approach to Internal Self-cultivation and External Knowledge-seeking' in "Yüan Thought—Chinese Thought and Religion Under the Mongols" ed. by Hok-lam Chan and Wm. Theodore de Bary, Columbia University Press, 1982, New York。

2. David Gedalecia 'The Life and Career of Wu Ch'eng: A Biography and Introduction', in "Journal of the American Oriental Society", 99, 4, 1979。